W0417485

L'assujetti
ou l'oubli de soi

Infographie: Chantal Landry
Révision: Maryse Barbance
Correction: Brigitte Lépine

Catalogage avant publication de Bibliothèque et Archives nationales du Québec et Bibliothèque et Archives Canada

Gaubert, Thierry

L'assujetti, ou, L'oubli de soi : le chemin pour se retrouver

Comprend des réf. bibliogr.

ISBN 978-2-7619-3139-7

1. Assertivité. 2. Confiance en soi. I. Titre. II. Titre: Oubli de soi.

BF575.A85G38 2011 158.2 C2011-941460-0

08-11

© 2011, Les Éditions de l'Homme,
division du Groupe Sogides inc.,
filiale de Quebecor Media inc.
(Montréal, Québec)

Tous droits réservés

Dépôt légal: 2011
Bibliothèque et Archives nationales du Québec

ISBN 978-2-7619-3139-7

DISTRIBUTEURS EXCLUSIFS:

Pour le Canada et les États-Unis:
MESSAGERIES ADP*
2315, rue de la Province
Longueuil, Québec J4G 1G4
Téléphone: 450 640-1237
Télécopieur: 450 674-6237
Internet: www.messageries-adp.com
* filiale du Groupe Sogides inc.,
filiale de Quebecor Media inc.

Pour la France et les autres pays:
INTERFORUM editis
Immeuble Paryseine, 3, Allée de la Seine
94854 Ivry CEDEX
Téléphone: 33 (0) 1 49 59 11 56/91
Télécopieur: 33 (0) 1 49 59 11 33
Service commandes France Métropolitaine
Téléphone: 33 (0) 2 38 32 71 00
Télécopieur: 33 (0) 2 38 32 71 28
Internet: www.interforum.fr
Service commandes Export – DOM-TOM
Télécopieur: 33 (0) 2 38 32 78 86
Internet: www.interforum.fr
Courriel: cdes-export@interforum.fr

Pour la Suisse:
INTERFORUM editis SUISSE
Case postale 69 – CH 1701 Fribourg – Suisse
Téléphone: 41 (0) 26 460 80 60
Télécopieur: 41 (0) 26 460 80 68
Internet: www.interforumsuisse.ch
Courriel: office@interforumsuisse.ch
Distributeur: OLF S.A.
ZI. 3, Corminboeuf
Case postale 1061 – CH 1701 Fribourg – Suisse
Commandes:
Téléphone: 41 (0) 26 467 53 33
Télécopieur: 41 (0) 26 467 54 66
Internet: www.olf.ch
Courriel: information@olf.ch

Pour la Belgique et le Luxembourg:
INTERFORUM BENELUX S.A.
Fond Jean-Pâques, 6
B-1348 Louvain-La-Neuve
Téléphone: 32 (0) 10 42 03 20
Télécopieur: 32 (0) 10 41 20 24
Internet: www.interforum.be
Courriel: info@interforum.be

Gouvernement du Québec – Programme de crédit d'impôt pour l'édition de livres – Gestion SODEC – www.sodec.gouv.qc.ca

L'Éditeur bénéficie du soutien de la Société de développement des entreprises culturelles du Québec pour son programme d'édition.

Le Conseil des Arts du Canada
The Canada Council for the Arts

Nous remercions le Conseil des Arts du Canada de l'aide accordée à notre programme de publication.

Nous reconnaissons l'aide financière du gouvernement du Canada par l'entremise du Fonds du livre du Canada pour nos activités d'édition.

Thierry Gaubert

L'assujetti ou l'oubli de soi

Le chemin pour se retrouver

LES ÉDITIONS DE L'HOMME
Une compagnie de Quebecor Media

« Si je diffère de toi, loin de te léser, je t'augmente. »
SAINT-EXUPÉRY

À tous mes patients qui ont enrichi mes connaissances…

Introduction

Tout organisme pour s'adapter doit innover,
tenter une aventure hors de la norme,
engendrer de l'anormalité afin de voir si ça marche,
car vivre, c'est prendre un risque…
BORIS CYRULNIK

Nous ne sommes pas des « Robinson » sur une île. Rechercher la présence humaine est essentiel car l'appartenance à un groupe est source de liens et d'amour. De la naissance à la mort, la communication entre les êtres est donc fondamentale pour qu'ils puissent se comprendre et vivre ensemble. Ainsi, est-on confronté à des décisions à prendre, à accepter ou à refuser en fonction de ce que l'on veut être et ne pas être, ce que l'on veut faire et ne pas faire, ce que l'on veut avoir et ne pas avoir. Ce positionnement nous oblige à utiliser deux mots que nous avons tous immanquablement appris très tôt dans notre enfance : Oui et Non. Nous devrions pouvoir prononcer aussi facilement le Non que le Oui.

Pour l'assujetti, toujours prêt à répondre en priorité aux besoins des autres, le mot Non est un arrache-cœur. Oublié ou interdit, il ne sait pas ou bien ne peut pas le dire et l'affirmer. Incapable de nier l'interprétation affective que l'autre ou les autres auront à son égard, il s'épuise en pratiquant le jeu du donné et encore donné plutôt que celui du donnant-donnant. L'armée des «je dois» et des «il faut que» l'oblige à plus de travail, plus de responsabilités, plus de don de soi, plus de frustration... Ainsi, acceptant les situations qui sont sources de désagrément, de compromis, mais aussi de sacrifice et plus encore de déni de soi, il peut tout au mieux réagir. Entre inaction et réaction, il n'y a rien, entre passivité et agressivité, il n'y a rien. L'équilibre est impossible et l'absence ou le trop de conflits l'abîme.

Avec une base affective insécurisée et inorganisée, un attachement aux autres ambivalent et une probable anxiété, l'assujetti est comme un arbre aux racines fragiles et au tronc calleux. Difficile dans ces conditions de s'épanouir et de déployer des branches belles comme des ailes!

Son manque d'estime de lui, sa peur de déplaire, son besoin d'aimer et d'être aimé permettent ainsi à l'autre (ou aux autres), que nous appellerons «assujettisseur», de se croire plus fort. Alors se produit une sorte d'alchimie interactionnelle, une polarisation qui fait des merveilles. Le bourreau cherche sa victime et la victime aime son bourreau. Le sentiment d'impuissance et l'incapacité à agir de l'un rassure l'autre sur ses propres failles affectives.

Se désassujettir, c'est d'abord comprendre son tempérament et sa psychologie, car l'assujetti, par sa construction biologique, a des prédispositions à emmagasiner des croyances sur lui et les autres qui l'empêchent de donner un sens à sa vie. Se désassujettir, c'est donc observer puis analyser les pensées, les émotions et les comportements appris dans les paysages de l'enfance afin de les modifier. Car ni les gênes, ni l'éducation reçue, ni le milieu familial et social dans lequel l'assujetti a évolué n'interdisent, tôt ou tard, le changement. Si la compréhension de son histoire est importante, la volonté de changer est essentielle. En l'absence de cette volonté, l'assujettissement persiste et s'enracine plus encore, fragilisant l'être sur les plans psychique et physique.

Se désassujettir, ce n'est plus perdre le sens de sa vie mais donner enfin un sens à sa vie. Alors fini de ne jamais dire ce que vous pensez, d'éviter les discussions, de refuser les responsabilités, de faire profil bas, d'être trop gentil, de céder avant même que l'autre ait demandé, d'être conformiste, de rentrer dans le moule, d'obéir systématiquement... Oser le conflit, c'est oser négocier ce que vous voulez être, avoir ou faire sans attendre de reconnaissance particulière. Et si le Non est insuffisamment entendu et respecté, un autre mot viendra à la rescousse pour affirmer votre positionnement: STOP. Se désassujettir, c'est donc prendre des risques en regardant le monde autrement.

Combien de patients[1] assujettis ai-je vu revenir en me disant: « *Yes !* J'ai dit mon premier STOP ». Quelle victoire après des années de soumission, d'incompréhension, de critique, de rejet, d'abandon, d'abus, de privation, d'abnégation, de peur, de culpabilité, de dépendance... Merveilleux premiers balbutiements vers l'affirmation et le respect de soi. Quelle brillance dans leurs yeux le jour où ils s'autorisent enfin l'équilibre en s'exprimant avec le bon ton, au bon moment et face à la bonne personne... sans peur ni d'eux-mêmes, ni des autres.

Alors, avez-vous le profil d'un assujetti ? Vous retrouvez-vous dans les différentes caractéristiques de son tempérament et dans ses croyances ? Ce profil est-il envahissant tout le temps, souvent, parfois ? Dans certains domaines ou avec certaines personnes ? Ce que je peux déjà avancer, c'est que ce dysfonctionnement maintenu dans le but de vous sécuriser vous installe un peu plus chaque jour dans un environnement insécurisant. Étrange paradoxe !

Je voudrais terminer cette introduction en vous précisant, cher lecteur, que ce livre n'est pas censé présenter les différentes techniques d'affirmation de soi et de négociation. Il existe tant d'ouvrages sur ce sujet ! Non, il décrit *un personnage animé par des*

1. Le mot « patient » sera utilisé dans ce livre afin de désigner la personne en relation d'aide thérapeutique, sans pour autant se référer à un contexte proprement médical.

pensées, des émotions et des comportements précis, persuadé que son bonheur passe avant tout par celui des autres. Fenêtre sur l'étendue du possible, invitation au voyage, je vous propose un itinéraire vers la découverte de soi où chacun avance à son rythme en respectant ses priorités et ses stops. Le voyageur s'autorise ainsi la réflexion sur «Qui suis-je?» et «Pourquoi en suis-je là?» Empruntant cet itinéraire, il découvrira l'étape de la conception de son assujettissement, sa signification, puis l'étape du repositionnement, de l'apprentissage et du développement des changements qui le conduiront vers des terres qu'il n'osait imaginer: celles de l'autonomie, de l'estime de soi, du respect de soi mais aussi des autres.

Sans doute ce bonheur est-il possible maintenant que vous êtes prêt à explorer l'étendue des erreurs qui ont fait votre malheur. Rassurez-vous, nous n'avons pas qu'une vie mais une multitude d'étapes de vie vis-à-vis desquelles ce livre s'offre à vous comme une ouverture à votre envie de changer. Alors, acceptez de prendre position sur la ligne de départ en vue de la première étape.

PREMIÈRE PARTIE
Quelques notions indispensables

Pourquoi je fais toujours les mauvais choix ?
J'ai l'impression que c'est de pire en pire…
PATIENT ANONYME

L'assujettissement ne s'installe pas par hasard. Il trouve son fondement dans le tempérament de l'assujetti et les failles de son histoire. D'où l'importance de s'attarder un peu sur un certain nombre de notions essentielles à la compréhension du concept développé dans ce livre.

L'itinéraire commence donc dans les paysages de l'enfance. C'est là-bas que nous inventons, grâce à nos figures d'attachement, nos pensées, nos réactions émotionnelles et nos comportements, conditionnant ainsi notre capacité à nous positionner sainement ou pas dans la relation à l'autre et aux autres. Durant la période de l'enfance, l'identité, mélange des spécificités biologiques et du développement, va propulser le futur adulte dans la sérénité ou dans l'instabilité affective. L'assujetti fait partie de la famille des carencés en quête d'amour et de reconnaissance. Il décortique, analyse chaque acte en vue d'être reconnu et aimé. Son incapacité à dire un Oui plein, un Non ferme ou un STOP respecté est le fruit des croyances qu'il a sur lui-même, les autres et le monde. Parcourir l'univers des interactions avec plus ou moins de justesse et d'aisance dépendra donc de la construction de la triade pensées-émotions-comportements que je nomme le processus PÉC. J'insiste dans cette partie du livre sur l'impact joué par cette triade car cela vous permettra de réfléchir afin de passer du « Pourquoi en suis-je là ? » au « Comment puis-je changer cela ? »

Chacun aborde les situations de la vie d'une manière tout à fait personnelle, et croire que l'autre est à notre image et qu'il pense comme nous est absurde. Ma réalité n'est pas la réalité et la réalité de mon voisin n'est pas la même que la mienne ! La réalité est subjective. C'est pourquoi nous parlons de *croyances*. Elles concernent soi, les autres et le monde. Je suis, les gens sont et le monde est tel que nous le pensons. Plus l'histoire affective d'une personne est chaotique, plus sa perception de la vie risque de s'éloigner de la réalité et moins elle acceptera que l'autre pense différemment d'elle. Ainsi, le dysfonctionnement produit par l'assujettissement enferme-t-il son propriétaire dans une perspective de pensée unique : l'autre me comprend, m'accepte, répond à mes attentes, me comble et me rassure.

Mais revenons sur ce qui constitue cette fameuse triade pensées-émotions-comportements. Je vous propose d'imaginer que dans l'installation précoce de ce processus, les pensées sont la coque du navire ; le fondement par où tout commence. Selon la forme, la matière, la qualité de cette coque, nous prendrons les mers ou les fleuves avec telle ou telle spécificité émotionnelle et comportementale. Nous développerons ou ignorerons le dysfonctionnement lié à l'assujettissement.

CHAPITRE 1
Les croyances et la façon de percevoir le monde

Face à une situation donnée, tout individu met en place une interprétation cognitive de l'événement. Cette pensée, qui repose sur trois modes dimensionnels (soi, les autres et le monde), fera éclore une émotion qui elle-même déclenchera une action comportementale. Les pensées influent donc sur tout le mécanisme de réalisation ou de non-réalisation des actes de la vie et sont bien évidemment différentes d'un individu à un autre puisqu'elles constituent une construction interprétative de la réalité. Aaron T. Beck définit les schémas de pensées comme une structure imprimée par l'expérience sur l'organisme.

Nous pouvons distinguer deux niveaux de pensées automatiques. D'une part, les *pensées profondes* qui sont inconscientes et fortement ancrées, et d'autre part, les *pensées de surface* qui peuvent être contrôlables et modifiables avec un minimum d'effort et d'attention. Par exemple, si je suis en colère intérieurement c'est parce que « Je ne dis pas ce que je pense » (pensée de surface) et je ne dis pas ce que je pense parce que « J'ai peur de ne pas être aimé » (pensée profonde). Si j'ai peur de faire de l'escalade c'est parce que « Je n'y arriverai pas » (pensée de surface) et je n'y arriverai pas parce que « Je suis nul » (pensée profonde).

Les pensées automatiques s'imposent à nous parce qu'elles sont notre référence, notre repère, notre seule manière d'envisager la vie, l'unique façon de se glisser dans un environnement et d'y interpréter son propre langage et celui des autres. Cette interprétation de la réalité a une valeur de survie dans la mesure où elle constitue une sorte de repère intégré. Les cognitivistes parlent de *croyances*. Ces croyances sont très souvent précocement apprises, parfois même avant l'apparition du langage. Elles sont tenaces et chaque individu va, tout au long de sa vie, chercher un environnement favorisant leur existence. Ainsi, on les croit justes, sources d'une possible satisfaction et d'un éventuel plaisir.

C'est dans l'enfance qu'il faut aller chercher cet enracinement cognitif. Les figures d'attachement (en priorité les parents) censées mélanger habilement, sans excès ni retenue, l'amour et l'autorité, seront à l'origine de la structure psychique de l'enfant. Ainsi, lorsque les besoins fondamentaux sont satisfaits, l'enfant puis l'adolescent acquiert des croyances sur lui-même, les autres et le monde, normalement favorables à une bonne interprétation des situations. Mais dans l'hypothèse d'une non-satisfaction des besoins, l'enfant risque de développer de mauvaises croyances, ce qui va renforcer certains de ses traits de caractère. Jeffrey Young, fondateur du Schema Therapy Institute de New York, parle de *schémas précoces inadaptés*, et Jacques Salomé, psychosociologue, utilise quant à lui le terme d'*autosaboteurs*. Ces croyances, sources de pensées erronées, d'émotions déséquilibrées et de comportements irraisonnés peuvent même à long terme abîmer la partie biologique de l'être.

Les figures d'attachement sont ainsi présentées comme des maillons indispensables sur lesquels repose une responsabilité engageante qui conduit l'enfant vers cette certitude d'exister pleinement au milieu des autres.

LES BESOINS FONDAMENTAUX

Il existe un certain nombre de conditions nécessaires à l'évolution sereine de l'enfant. L'engagement parental inclut des soins, bien évidemment, de la sécurité, mais aussi la capacité de conduire l'enfant vers l'autonomie et la certitude d'être unique. La théorie des besoins la plus connue est celle d'Abraham Maslow, père de la psychologie humaniste. Selon lui, l'équilibre psychologique d'un individu n'est possible que si les besoins de sécurité, d'amour, d'estime et d'accomplissement de soi sont atteints d'une façon hiérarchique. De nombreuses études ont contesté cette hiérarchisation. Nous verrons plus loin qu'un assujetti peut parfaitement bien réussir professionnellement alors que ses besoins d'amour et de sécurité n'ont pas été comblés. Nous serons toutefois amenés à nous demander s'il a réussi dans la vie ou s'il a réussi sa vie !

Pour ma part, je classerai l'ensemble des besoins de l'enfant en six familles.

- *Besoin de sécurité* : répondre à ses besoins physiologiques (nourriture, etc.), lui fournir un environnement sain et serein, être disponible et accessible, lui montrer l'équilibre entre plaisirs et contraintes.
- *Besoin d'appartenance sociale* : le nourrir d'une vie sociale, lui apprendre à partager en respectant l'équilibre donner-recevoir.
- *Besoin d'estime de soi* : l'encourager à aller de l'avant, remarquer ses réussites et l'aider à tirer un enseignement des échecs.
- *Besoin d'expression de soi* : lui permettre une liberté d'expression et une confiance dans son jugement.
- *Besoin d'autonomie* : favoriser son autonomie et lui apprendre le respect de soi.
- *Besoin de limites* : résister avec fermeté à ses pressions.

Si toutes ces valeurs sont présentes autour de l'enfant, celui-ci pourra normalement s'orienter et grandir dans l'amour, la confiance et l'espoir d'un avenir possiblement optimiste. A contrario, *une défaillance vis-à-vis d'un ou plusieurs besoins peut entraîner des dysfonctionnements cognitifs, dont l'assujettissement.*

LES FIGURES D'ATTACHEMENT

Nous pouvons nous passer d'étoiles mais certainement pas de la lune et du soleil. Quelle que soit la latitude ou la longitude, ces deux éléments, essentiels à la vie terrestre, guident nos existences. Nos figures d'attachement principales (normalement le père et la mère) sont lune et soleil. Les étoiles seraient alors ces figures satellites que nous côtoyons un jour ou l'autre au hasard de nos rencontres et qui laissent parfois une empreinte indélébile et nourrissante sur nos chemins de vie. Le tout formant une constellation affective sécurisante pour l'enfant.

Les figures d'attachement principales

Les figures d'attachement principales ont la charge de l'éducation et de la protection de l'enfant. Elles sont bien évidemment en premier lieu les parents, c'est-à-dire ceux qui élèvent l'enfant, l'entourent, le chérissent et l'aident à grandir vers l'autonomie. Nous verrons plus loin que l'autonomie indispensable pour explorer la vie n'est possible qu'avec une sécurité affective certaine. Dans le cas contraire, cette autonomie fait peur. C'est aller vers l'inconnu le ventre vide !

L'attachement serait donc la base à partir de laquelle nous bâtirions notre façon de nous aimer nous-mêmes et les autres. John Bowlby, pédiatre et psychanalyste anglais, explique que tous les enfants internalisent les modèles parentaux qui leur serviront de guide tout au long de leur vie dans leur relation avec autrui.

La notion d'attachement

À l'état de fœtus, le nouveau-né à venir ressent la moindre crispation, le moindre mouvement, les moindres informations sensorielles, les moindres expressions émotionnelles de sa mère. Probablement organise-t-il déjà ses perceptions du monde, y compris la teneur de son futur environnement affectif ! Boris Cyrulnik écrit : « Ce n'est donc pas une cire vierge qui débarque sur terre, mais un petit homme déjà personnalisé par son profil comportemental, son émotivité et ses premières représentations mentales[2]. »

2. Boris Cyrulnik, *Les nourritures affectives*, Paris, Odile Jacob, 1993, p. 70.

Une fois l'enfant sorti des entrailles maternelles, la qualité de l'attachement qui se développe avec les parents, et surtout dans un premier temps avec la mère, va influencer sa capacité à explorer l'environnement. Les enfants interprètent avec beaucoup de subtilité les moindres signaux émis par les figures d'attachement (les gestes, les expressions, les mimiques, les intonations...) pour fabriquer leurs perceptions affectives. Ainsi, la façon dont les bras tiennent l'enfant, la fluidité des mouvements, la présence du sein nourricier, la crispation ou la tension du corps protecteur, sont-ils autant d'indices activateurs de pensées, d'émotions et de comportements à venir. Avant même l'apparition de son propre langage, tous ces signaux vont aiguiser la représentation du monde de l'enfant et créer sa première expérimentation affective.

La mère est cette base sécurisante à laquelle l'enfant peut s'amarrer. Elle lui fournit les premières informations. Elle constitue donc ce socle nécessaire à la construction psychologique de l'enfant, et parce que tout n'est que *synchronicité* et que l'être humain ne peut reproduire à la perfection que ce qu'il connaît bien, nous pouvons logiquement avancer que les événements qui ont modelé l'affectivité de la mère vont possiblement avoir un impact sur le développement cognitif, émotionnel et comportemental de l'enfant. Ils risquent de l'atteindre par ricochet et de créer en lui une résonance qui s'apparentera à une victoire ou à un déchirement.

John Bowlby, Harry Harlow, Mary Ainsworth furent des chercheurs emblématiques dans l'analyse de l'attachement de l'enfant. Cinquante ans de recherche ont permis de définir trois types d'attachement.

- *L'attachement apportant la sécurité* (*secure* en anglais) : l'enfant en bas âge explore volontiers l'environnement car il sait que sa mère est là en cas de danger. Elle est chaleureuse, attentive, mais comprend et s'adapte aussi à ses réactions et à sa quête d'exploration. Elle le prépare sans vraiment le savoir à vivre son individuation et donc ses capacités d'autonomie et d'indépendance. Son absence le fait pleurer mais il est facilement réconforté dès qu'elle revient. Dans ce contexte, le nourrisson habitué à l'absence ponctuelle de sa mère développera plus facilement sa capacité à tolérer la frustration. Il est ainsi prêt à explorer le monde en toute sécurité.

Plus tard, devenu adolescent puis adulte, il aura cette capacité à gérer les situations et à trouver son équilibre entre autonomie et dépendance. Il pourra regarder devant lui sans crainte des lendemains inconnus, mais il pourra aussi regarder son passé sans amertume ni nostalgie. Tout est à sa place, dans la confiance en soi et en les autres.

- *L'attachement évitant :* la mère est souvent peu disponible et souhaite que l'enfant se débrouille seul. Il est peu perturbé par les situations rencontrées et peut facilement accepter le contact avec une personne non familière. Autrement dit, le nourrisson ne recherche pas activement le contact avec sa mère mais peut avoir des excès de colère imprévisibles.

  Plus tard, devenu adolescent puis adulte, il sera plutôt mal à l'aise dans la relation avec les autres. Il aura un état d'esprit détaché avec une faible confiance en les autres. Il cultivera l'indépendance et trop de proximité l'irritera.
- *L'attachement ambivalent :* l'enfant est collé à sa mère et ne supporte aucune séparation, développant une dépendance qui s'avère source d'anxiété. Sa mère se montre trop attentive et anxieuse, au point de mal analyser les situations et de mal interpréter les réactions de l'enfant, ou bien inversement, offre des absences injustifiées. L'ambivalence se cultive aussi dans le mélange du trop et du pas assez, créant une désorganisation affective chez l'enfant. Par exemple, un parent violent physiquement ou verbalement qui, le lendemain, caresse et embrasse exagérément ; ou bien de fortes critiques adressées à l'enfant sur le ton de la plaisanterie ; ou encore une mère qui demande à son enfant d'adopter telle ou telle attitude afin d'éviter la sévérité du père… Bref, dans l'attachement ambivalent, il y a des jours avec et des jours sans, et parfois, des jours d'affect et des jours de sang.

Plus tard, l'adolescent puis l'adulte qui aura connu ce type d'attachement aura besoin de se fondre dans l'autre ou les autres. Son discours s'avérera ambigu. Ce qui sera important pour lui à l'instant T ne le sera plus à l'instant suivant. La connaissance de soi sera minime et la communication ne constituera pas son point fort. Il apparaîtra désorganisé et sa boussole affective perdra souvent le Nord. La dépendance sera alors au rendez-vous et son manque de confiance en lui flagrant.

Les styles d'attachement polarisent l'avenir et je peux déjà avancer qu'une personne assujettie a généralement *une base affective insécurisée, un attachement aux autres ambivalent et une probable anxiété.*

Et le père dans tout cela ? La théorie de l'attachement a longtemps donné un rôle central à la mère mais aujourd'hui, beaucoup d'études admettent que le père tient également une place fondamentale dans la sécurité affective de l'enfant.

Si la mère enfante et ouvre la porte du chemin de vie, le père encourage à prendre le bon chemin. Il est l'autre figure d'attachement principale, l'autre pilier indispensable à l'enfant, qui lui permettra d'avoir ses « re-pères ». Bien évidemment, d'autres personnages peuvent également entrer en scène, mais le père est bien l'autre tuteur indispensable dans sa façon différente d'aimer et de guider l'enfant.

L'enfant a donc à sa disposition deux piliers formateurs de son expérience. De ce fait, ses croyances seront le fruit de ce qu'il aura absorbé soit dans la relation parentale globale, soit dans l'une de ces deux relations prioritaires. Autrement dit, ou bien l'enfant observe la scène familiale dans sa globalité, ou bien il fixe son attention sur un personnage particulier. Précisons que *le choix ne se fait pas en fonction de la qualité de la relation* : un enfant peut choisir comme modèle d'expérimentation celui qui le place dans un attachement insécurisé ! Ne serait-ce que pour mériter son amour. L'idéal, bien évidemment, est que chaque parent joue son rôle du mieux possible et que l'enfant entretienne une relation privilégiée avec chacun d'eux, tout en observant globalement la façon dont ils s'aiment, se parlent, se soutiennent. Ainsi, il enregistre les atouts de l'un et de l'autre mais aussi les stratégies relationnelles mises en place par tous les deux.

Les notions d'illusion et de désillusion

L'enfant naît avec cette belle illusion d'être unique et adoré. Tous les parents prenant leur rôle de parents à cœur ont nourri cette illusion. Freud parle de *narcissisme primaire* pour évoquer cette période d'illusion de toute-puissance. Ainsi, pendant les deux premières années de vie, l'enfant braille, réclame le sein plus que de raison et abuse de sa toute nouvelle autorité jusqu'au jour où celle-ci se révèle inefficace.

C'est alors que débute le processus d'individuation, avec cette perte d'illusion qui permet à l'enfant d'aller vers son avenir en traversant les différents stades de son évolution pour atteindre celui de l'autonomie. Il est venu le temps des premières frustrations et de la construction du *moi*. L'enfant va ainsi descendre de son piédestal et perdre l'invisible couronne. Il quitte le royaume de l'illusion pour pénétrer dans le monde de la désillusion en prenant conscience que la vie n'est pas ce qu'il avait pu croire, et que les figures d'attachement lui dispensant soins et protection ne sont pas des serviteurs au service de sa « majesté ». Rendons-nous à l'évidence, même dans une construction affective stable, la vie n'est pas toujours un long fleuve tranquille !

Les figures d'attachement satellites

Dans sa phase de socialisation et de construction du *surmoi*, l'enfant peut, avec la sécurité affective acquise, échapper à ses parents pour découvrir d'autres figures d'attachement qui lui ouvriront des horizons insoupçonnés. Pas toujours facile à accepter pour les figures parentales qui ont à s'adapter aux cycles d'évolution de leur enfant ! Les parents connaîtront la vénération puis la blessure de l'éloignement. Ils seront indispensables puis ensuite relégués et parfois reniés au profit d'autres liens, jusqu'à ce que, le temps passant, ils soient reconnus à leur juste valeur pour l'ouvrage affectif accompli. Ce va-et-vient comme un mouvement de balançoire permet à terme à l'enfant de trouver un équilibre, de s'enrichir au contact des autres et de tirer des leçons d'une vie en société où chacun trouve sa place au prix d'une négociation socialisante.

Selon la légende, Pygmalion était roi de Chypre et sculpteur. Il tomba amoureux de la statue d'ivoire qu'il avait sculptée. La déesse Aphrodite exauça son vœu et transforma la statue en une véritable femme. De nos jours, un pygmalion est celui qui prend une personne sous son aile et la fait progresser. Ainsi, d'autres figures que les parents peuvent constituer un pygmalion pour l'enfant : un ami, un grand-père, un enseignant, un oncle… Robert Rosenthal parle d'*effet pygmalion*, Boris Cyrulnik de *relation privilégiée* intra ou extrafamiliale définie par la notion de tuteur.

Même si la cellule familiale dispose de multiples ressources et joue pleinement son indispensable rôle, il est intéressant qu'un enfant tisse des liens avec des personnes satellites. Leur rôle est non négligeable car elles constituent une sorte d'alternative qui peut permettre à l'enfant de modifier ou d'élargir le spectre de ses croyances sur le monde ; une ouverture supplémentaire, source d'expérimentation et d'apprentissage de la confiance en soi.

LES TROIS CRITÈRES À PRENDRE EN COMPTE DANS LA CONSTRUCTION D'UN ENFANT

Les croyances se développent à partir d'un certain nombre d'éléments : les *facteurs internes*, à savoir la personnalité de l'enfant, qui repose sur le tempérament et sur les traits de caractère, et les *facteurs externes*, à savoir l'éducation proposée à l'enfant ainsi que le milieu dans lequel il va évoluer. Charlotte Herfray, dans son livre *Vivre avec autrui… ou le tuer !*, affirme : « Celui qui n'a pas bénéficié d'une grande attention lors de ses années de croissance est exposé à beaucoup de risques car comme une plante sans tuteur, il peut pousser tordu[3]. »

L'enfant porteur du flambeau familial et maillon de la chaîne humaine reçoit cet ensemble de dons constitué d'un mélange d'acquis et d'appris qu'il est malgré tout possible de retravailler, stimuler ou abandonner. Rien n'est immuable ! Hormis un traumatisme violent et sévère durant la prime enfance qui fige l'être humain dans un désarroi extrême, source de troubles psychologiques, les croyances peuvent, avec conviction et volonté, être modifiées.

La personnalité

Éternel débat qui oppose l'inné et l'acquis. Déjà, au IIe siècle apr. J.-C., Galien, médecin grec à qui on a attribué la théorie des quatre humeurs, établissait un certain nombre de fondements théoriques. Au Moyen Âge apparaît la notion d'*atavisme*. Les Lumières, avec des penseurs comme Rousseau, parlent ensuite d'égalité entre les hommes, égalité modifiée par l'éducation et le milieu dans lequel chacun évolue. Par la suite, psychanalystes et béhavioristes vont aborder le thème de la personnalité sous des angles différents. S'opposant aux théories psychanalytiques, les théories comportementalistes mettent en évidence l'influence parentale, certes, mais pas uniquement.

Le tempérament

L'enfant possède des atouts et des faiblesses directement liés à son tempérament. Par exemple, certains bébés rient lorsqu'on les jette en l'air, alors que d'autres seront terrorisés par cette expérience. Jérôme Kagan définit le tempérament comme étant d'origine biologique, c'est-à-dire dépendant des circuits neurologiques, et donc inné.

Cela voudrait-il dire qu'un enfant sans structure parentale de qualité peut réussir à mener une vie tout à fait épanouie ? Je pense que si le rôle des figures d'attachement est primordial, tout ne se joue pas exclusivement dans les premières années de

3. Charlotte Herfray, *Vivre avec autrui… ou le tuer !*, Toulouse, Érès, 2009, p. 31.

l'enfance et tout n'est pas de la faute des parents ! Robert Cloninger fait référence au *noyau émotionnel*. Le tempérament a quelque chose d'instinctif et tout dépendra des facteurs de stabilité propres à l'enfant. Par exemple, la façon d'appréhender les émotions fera que l'on accepte différemment la souffrance sur l'échelle de la douleur. Mary K. Rothbart parle d'autorégulation pour signifier les capacités d'un enfant à réguler ses réactions dans certaines situations précises.

Mais cette autorégulation, cette capacité à gérer l'instinct, l'inné, dépendra de la faculté à mettre en place le changement. Raison pour laquelle je parle d'aspects de personnalité modifiables, influençables et façonnables : les *traits de caractère*.

Le caractère

Le caractère fait donc plutôt référence à l'appris. Cela signifie par exemple que l'anxiété ou l'irritabilité de l'un peut un jour se stabiliser et *a contrario* naître chez l'autre. La Rochefoucauld disait que l'« on est quelquefois aussi différent de soi que des autres ». Le caractère serait un peu comme un régulateur de notre tempérament. Il est exact que la biologie nous prédispose, mais les circonstances de la vie vont façonner notre personnalité. On pourrait parler d'un potentiel de base qui va se trouver influencé avec le temps. Il me paraît important d'insister sur plusieurs critères à prendre en compte lors de l'éducation de l'enfant pour l'aider à une bonne structuration de ses traits de caractère.

- *La flexibilité* offre une meilleure adaptabilité face aux situations. Elle permet à l'enfant d'éviter l'exclusion et donc le repli sur lui-même. Elle l'invite à la coopération avec les autres. Elle autorise également le lâcher-prise vis-à-vis des émotions dites négatives qui enferment et empêchent d'entrevoir la sortie du tunnel.
- *La curiosité* permet d'aller vers l'inconnu. Elle donne l'envie d'avoir envie d'apprendre, de voir, de découvrir… Elle évite le regard trop insistant sur un passé qu'il faut pouvoir dépasser après l'avoir accepté.

- *La créativité* offre la possibilité d'aller plus loin en osant se sublimer, se transcender, en prenant sa place dans le monde avec tous les atouts que l'on possède mais que l'on ignore trop souvent. La créativité nourrit nos plus belles émotions et aide à cultiver l'optimisme. Je présente souvent la métaphore suivante à mes patients en route vers le mieux-être : « Osez peindre les murs de votre grotte de belles couleurs gaies et lumineuses, en attendant d'en sortir ».

Nous reviendrons très précisément sur ces traits qu'il convient de développer. Le caractère a donc ce pouvoir de s'affiner, d'évoluer, de se tordre, de s'assouplir, de se courber un peu comme une route passe entre les collines, permettant ainsi à l'enfant puis à l'adulte de voyager plus confortablement !

Les figures d'attachement principales jouent donc un rôle fondamental. Il leur appartient d'encourager et de guider l'enfant en développant ou minimisant certains aspects de sa personnalité afin de lui permettre d'affronter au mieux les difficultés de la vie. Ainsi lui apprennent-elles à transformer, adoucir, nuancer ou développer certaines données de son caractère, et cela, autant que faire se peut.

La mémoire

Il s'agit d'une activité biologique et psychique permettant l'acquisition, la conservation et la restitution d'informations, certaines facilement accessibles, d'autres enfouies profondément. La mémoire est donc vivante et se manifeste à tout moment ; des moments voulus et d'autres imprévus. Toutefois, il est important de prendre garde aux *faux souvenirs* créés de toutes pièces faisant appel à l'imagination de soi et aux suggestions des autres.

Au-delà de notre mémoire autobiographique, fruit de l'expérience du parcours de vie, il existe une mémoire qui dépasse nos seules existences. Nourris de nos croyances apprises dans l'enfance, nous sommes à notre tour prêts à transmettre aux autres notre interprétation de la vie. Sans que nous en ayons conscience, se forme une mémoire transgénérationnelle, lien de transmission entre les générations. Elle trace un pont entre le passé et le futur, permettant à chacun de connaître et de transporter ses origines et son histoire familiale.

Ainsi m'est-il arrivé d'observer que le temps reproduit parfois des drames familiaux avec une sorte de fatalité, bien que ce mot me dérange car il inscrit une notion d'inévitable. Salomon Sellam, dans *Le syndrome du gisant,* raconte l'histoire tragique d'une famille du début du XXe siècle. Trois enfants ont été dévorés puis déchiquetés par des loups. Le seul survivant deviendra artisan boucher ; puis, plus tard, son fils ouvrira un commerce de prêt-à-porter en devenant tailleur pour hommes. À la génération suivante apparaît un chirurgien spécialisé en chirurgie plastique pour traumatisés de la route et un commerçant de prêt-à-porter sous l'enseigne « Cuirs et peaux ». Étonnant non ?

Accepter d'aller à la rencontre de cette forme de mémoire, c'est comprendre la vie de ses aînés et rompre des processus reproductifs ; c'est devenir chercheur de soi et comprendre indirectement les croyances sur soi, les autres et le monde pour les modifier.

L'éducation

Dans nos sociétés contemporaines avides de gains et de transactions en tous genres, l'éducation des enfants revêt une importance capitale. Les figures d'attachement doivent prévenir les conséquences d'une société assujettissante par nature. Les excès de jouissances futiles et d'envies immédiates laissent inévitablement des gens sur le carreau. Le toujours plus et toujours mieux fabrique des individus en manque de reconnaissance et d'estime d'eux-mêmes. Le premier contrepoids à une telle débauche sociétale est l'amour parental. L'enfant a besoin d'avoir quelqu'un sur qui compter ! Une évidence pour les parents, me diriez-vous, car tout parent est supposé aimer son enfant. Mais offrir une éducation affective sécurisante, c'est tout autre chose.

Qu'entend-on par éducation affective ? *Ex-ducere* signifie « conduire dehors ». C'est bien évidemment permettre à l'enfant la meilleure adaptation sociale en tenant compte de ce qui est interdit et autorisé ; mais bien au-delà, c'est lui faire connaître l'étendue du possible en toute sécurité. Cette découverte de l'inconnu fera la richesse du futur adulte. Elle développera sa capacité d'autonomie et d'estime de lui, sa différence et sa force par rapport aux autres.

Une éducation affective sécurisante permet à l'enfant de découvrir son potentiel d'être humain à part entière et de développer sa capacité d'adaptation au contact des autres. Le modèle éducatif doit donc être réfléchi et pensé par les figures d'attachement, malheureusement trop souvent elles-mêmes prises au piège de leur propre histoire et aveuglées par une société corruptrice.

Bien qu'il faille déplorer de fortes carences dans l'éducation de nos enfants modernes, l'aventure humaine montre toutefois une progression. En effet, jusqu'au XVIIIe siècle, l'enfant comptait peu. Puis, lentement, le lien parent-enfant a été valorisé, l'éducation a pris un sens et la notion de responsabilité parentale a vu le jour. Les dernières décennies montrent cependant une fragilité du lien parent-enfant. On aime l'enfant mais on ne l'éduque plus. Il est livré à lui-même dans la compréhension des choses. Il manque de repères et la transmission des valeurs est aléatoire. Ce bouleversement est dû en partie à la modification de la structure familiale : mères engagées dans la vie professionnelle, structures familiales souvent recomposées... Ainsi, l'autorité et le respect de certaines règles indispensables font défaut et l'enfant porte sur ses épaules des responsabilités qui ne lui reviennent pas.

Négligé ou bien mis sur un piédestal, il semble rythmer le fonctionnement des nouvelles familles. Il en est le catalyseur. Trop d'attention avec une surmultiplication d'activités et de courses à la performance développe des enfants fragiles et hyperactifs. *A contrario,* d'autres enfants, en manque d'attention, deviennent les otages des écrans de télévision, des ordinateurs et des consoles de jeu. Des otages complaisants pour des parents insouciants et sans doute trop préoccupés par l'urgence du quotidien. La facilité et la non-volonté ne font pas bon ménage avec une éducation censée offrir de l'amour et des limites. Ainsi, ce trop ou ce pas assez fait-il naître des générations nombrilistes. Or, si l'individuation est essentielle au développement de l'enfant, elle ne doit pas aboutir à faire éclore des individualités qui oublient l'existence du monde.

Aimer est donc nécessaire mais pas suffisant. Aimer c'est autre chose, c'est autrement. L'enfant ne doit pas être le fruit d'une sacralisation qui l'élève au rang de star en herbe. Il doit au contraire échapper à cette illusion, à ce narcissisme primaire dont nous avons parlé plus haut. *Se contenter d'aimer son enfant sans l'éduquer, c'est l'empêcher d'accéder à la désillusion ; c'est lui refuser d'entrer dans l'autonomie.* On ne doit pas aimer son enfant comme on s'aime ou comme on aurait aimé être aimé. L'équilibre amour-autorité-limite doit trouver son point de stabilité. Lui faire du bien c'est se faire du bien, mais ne rien exiger de lui c'est ne rien exiger de soi.

Il n'est pas non plus un objet ou une peluche que l'on possède et que l'on rend dépendant, soumis. Tout ceci coupe l'enfant de l'extérieur et d'une vie sociale indispensable. Aimer son enfant, c'est prendre conscience que l'on est investi d'une tâche, à savoir le conduire vers un projet de vie sain et durable. Cela demande du temps et de l'énergie. Cela demande des paroles, des mots justes pour expliquer sans imposer. Tout est communication. Aimer son enfant, c'est lui donner les clés d'une bonne connaissance de lui-même et des autres en développant en lui la capacité d'être bien tout seul et la faculté d'être heureux avec les autres. Claude Halmos écrit : « Affirmer que l'on aime un enfant alors que l'on n'a pour lui aucun projet de vie, que l'on ne s'emploie pas à lui enseigner le monde et ses lois, qu'on ne le soutient pas dans ses études, que l'on ne se préoccupe ni de sa vie sociale ni de ce qu'il ressent, n'a aucun sens[4]. » L'amour prodigué doit viser à la construction affective, sociale et plus tard professionnelle de l'enfant.

4. Claude Halmos, *Pourquoi l'amour ne suffit pas*, Paris, Pocket, 2008, p. 29.

Le couvrir d'amour ou inversement le laisser libre de faire sa petite vie n'est pas le signe d'une bonne construction affective. L'amour parental ne se mesure pas en quantité mais en qualité. Cette qualité est le fruit d'une volonté consciente et d'une présence de la part des figures d'attachement, même si cela est parfois source de doute et de souffrance. En effet, punir un enfant, lui imposer des limites, des obligations, des interdits demande de la persévérance ; de même, autoriser l'enfant à s'opposer, s'échapper, sortir, conduire, flirter, aimer d'autres personnes est affolant. L'enfant est une personne à part entière, en construction certes, mais fait pour, un jour, se détacher. L'éducation affective est à ce prix, une perpétuelle question d'équilibre qui conduit l'enfant vers l'autonomie d'être, d'avoir et de faire.

L'environnement culturel et social

L'éducation offerte à l'enfant est influencée par des données sociétales. Or, nos sociétés actuelles prônent le plaisir immédiat, l'absence de frustration et l'individualisation des actes, et en même temps, elles nous obligent à respecter des règles communautaires au détriment d'une certaine autonomie. Difficile donc de trouver l'équilibre, difficile de s'y retrouver dans ce dédale où chacun fait comme il peut.

Déjà, dans le ventre de la mère, l'enfant intègre des données culturelles, ne serait-ce qu'à travers la conception de la grossesse adoptée par la mère. Une mère qui travaille et s'active jusqu'au terme de sa grossesse apporte à son enfant des informations différentes d'une mère qui couve et prépare sans brutalité la venue du nouveau-né.

L'environnement culturel et social, dès les premiers instants de vie, impose certains codes cognitifs, émotionnels et comportementaux et façonne l'enfant à travers toutes sortes de stimulations sensorielles. Il va également lui présenter des événements qui auront un impact sur sa construction. Un enfant serré dans les bras d'une mère fuyant des rafales de mitraillettes risque de connaître très tôt des états d'anxiété. Son oreille appuyée sur le cœur battant de sa mère apeurée enregistrera le drame vécu.

Le milieu culturel et social a donc une influence considérable sur le développement de l'enfant. Il va le guider vers certaines rencontres, certains liens. S'il est trop pauvre ou, inversement, trop riche, il va transmettre à l'enfant une perception erronée de la réalité qui l'isolera.

L'ORIGINE DES DYSFONCTIONNEMENTS

Nous avons déjà expliqué que les aires sensorielles de l'enfant vont capter autour de lui, un peu comme des antennes, un certain nombre d'informations. Une captation mal appréhendée sera à l'origine de dysfonctionnements. La mise en place d'un sentiment de frustration, d'une sous-protection, d'une surprotection, d'une suridentification, ou bien un traumatisme, a de fortes chances de déclencher des déséquilibres intérieurs et des faims affectives trop ou insuffisamment nourries.

« On n'en veut pas à la pierre contre laquelle on se cogne, on a mal c'est tout[5] », affirme Boris Cyrulnik. Ces vides ou ces trop-pleins affectifs sont rarement retournés contre les figures d'attachement que leurs propres fondements rendent profondément incapables de construire solidement leurs enfants ; à moins qu'elles n'en prennent conscience !

Toutefois, les figures d'attachement ne sont pas toujours l'unique cause des dysfonctionnements affectifs de l'enfant. Ceux-ci peuvent aussi venir d'un excès réclamé par l'enfant. Son tempérament craintif, exigeant, dépendant favorise ses gourmandes demandes, bien évidemment jamais complètement assouvies.

Un enfant dysfonctionnel se prépare à être un futur maître ou un futur valet, un futur bourreau ou une future victime, un futur chat ou une future souris… Autant de rôles inconfortables qu'il devra jouer parce qu'il est lié à l'autre par l'interprétation de son jeu. Le valet n'existe que parce qu'il a un maître et le maître

5. Boris Cyrulnik, *Le murmure des fantômes*, Paris, Odile Jacob, 2005, p. 18.

ne vit qu'à travers les services de son valet... Étrange va-et-vient, indispensable présence de l'autre ; une danse à deux où le plus fort n'est pas celui qui danse le mieux !

La sous-protection et la surprotection

Enfant rienou enfant roi ? Vous pourriez croire que le plus vaut mieux que le moins ! Eh bien, il n'en est pas tout à fait ainsi car un amour parental exacerbé devient une source de pouvoir pour l'enfant et fabrique en lui une incapacité à mériter l'estime de lui. L'excès d'amour est source de fusion et d'incompréhension à venir. Le lien qui unit est le gage d'une forme de propriété réciproque. Chacun appartient à l'autre : l'enfant a ses parents et les parents ont l'enfant. L'absence d'identité bloque le processus d'individuation. Freud, dans ses essais sur la théorie sexuelle, rappelle que les parents névropathes, enclins à une tendresse démesurée, éveillent par leurs caresses les prédispositions de l'enfant à des névroses.

Une figure d'attachement trop intrusive dans la vie de l'enfant ne fait pas mieux ou à peine mieux qu'une figure d'attachement absente, instable ou irresponsable physiquement ou moralement. Un enfant qui grandit dans un palais brillant de diamants affectifs est aussi pauvre que celui qui grandit dans un désert affectif. Tous ceux qui me servent me desservent !

Le manque d'amour n'est bien évidemment pas mieux. Pire peut être !

Je me souviens d'un patient assujetti me confiant : « Non seulement mes parents ne se sont pas occupés de moi mais en plus il fallait que je m'occupe d'eux. Je n'ai pas eu d'enfance, je ne me suis pas senti aimé et protégé ; ils m'ont propulsé dans une vie d'adulte avant l'âge. »

Aucun des deux états n'est équilibre. Des parents fonctionnant en sous-protection mettent leur enfant en péril au même titre que des parents le surprotégeant. Firouzeh Mehran, psychologue clinicienne, affirme que les individus avec des figures d'attachement peu chaleureuses et peu empathiques, ou surprotectrices et contrôlantes, risquent de développer un style d'attachement insécurisé et d'expérimenter plus tard l'anxiété, la dépression et des troubles de personnalité.

Ainsi, l'absence de protection ou inversement une présence trop envahissante pour l'enfant est annonciatrice de peurs préparant le fort possible enracinement du dysfonctionnement de l'assujettissement. L'obligation de s'assumer seul trop tôt ou de rester dépendant trop tard est un préjudice fonctionnel important pour le futur adulte. Son abandon ou son abondance affective, selon le cas, le poussera à quémander l'amour de l'autre ou des autres, au prix d'une subordination assujettissante.

Il arrive souvent que sous-protection et surprotection se mélangent au sein d'un même foyer. Le père applique l'un et la mère applique l'autre. Combien de patients nous présentent l'un de leurs deux parents comme un monstre d'instabilité, de mauvaise humeur et de violence au profit de l'autre parent décrit comme merveilleux et complètement disponible pour eux. Combien de fois n'ai-je pas entendu: «Ma mère c'est tout pour moi» ou bien «Mon père est un dieu». Comme si ce deuxième parent apparaissait comme un sauveur face à l'autre parent. En apparence, et en apparence seulement, ce parent permet à l'enfant de maintenir sa stabilité, mais au prix d'une fusion dont il lui sera difficile de sortir. Les problèmes de l'un sont les problèmes de l'autre. Le parent surprotecteur voit dans l'enfant sa raison de vivre, sa bulle d'air pur dans la maison parentale de la discorde et l'enfant voit dans ce parent son réconfort affectif. Chacun est à sa place; une place certes mauvaise car la modification du lien ainsi tissé est inenvisageable et le triangle déséquilibré indispensable au fonctionnement de la cellule familiale.

La suridentification

L'identification est un processus psychique fondamental à l'origine de la construction de tout individu. R. Levy affirme que l'enfant est assujetti à l'inconscient du couple parental. L'identification est le regard que l'enfant porte sur les grands qui l'entourent. Des mots, des attitudes, des gestes, des expressions, des injonctions reçues sont autant de messages que l'enfant va enregistrer d'une façon plus ou moins inconsciente. S'identifier à quelqu'un ou bien être identifié à quelqu'un est donc un processus humain normal et indispensable à la construction individuelle.

L'enfant transporte donc dans son « sac à dos » des informations clairement énoncées. D'autres sont plus ambiguës et peuvent lui être imposées avec amour mais parfois avec peu de respect. Nombreuses sont ces petites phrases anodines qui, mises bout à bout, constituent des croyances : « Tel père, tel fils », « À la maison c'est la reine mère », « Il va vous en faire voir de toutes les couleurs », « Aussi têtu que son grand-père », ou bien encore « Tu es le portrait de ta mère tout craché »... Chacun fait de son mieux pour chercher chez l'enfant des traits physiques, des ressemblances ou des non-ressemblances signes du lien d'affiliation.

Chacun essaye d'être à sa manière source de repères dans le couloir de la filiation mais cette identification peut très vite devenir préjudiciable à l'enfant qui se suridentifiera au plus fort que lui ou bien au contraire au plus faible que lui. « Ressembler à » parce qu'il rassure par sa force apparente ou réelle, ou bien « ressembler à » pour comprendre sa faiblesse et épouser son mal-être. S'identifier à l'auteur de son malheur est absurde et pourtant si fréquent. C'est ainsi qu'un enfant maltraité pourra plus tard reproduire la violence apprise. Au niveau sociétal, ce processus de suridentification peut conduire aux portes de l'enfer et entraîner des sociétés humaines à la dérive.

S'identifier à quelqu'un sans excès est cohérent, la recherche d'une proximité permanente est destructrice. La fusion est un état de suridentification, où l'espace entre soi et l'extérieur disparaît. L'enfant fusionnel est ficelé au spectre maternel ou paternel qui l'aveugle dans sa quête personnelle de développement.

Rappelons que l'enfant doit parcourir différents stades d'évolution au cours desquels il percevra différemment le repère parental. Enfant, il vénère ses parents : ils sont tout pour lui, quoi qu'ils fassent, quels qu'ils soient. À l'adolescence, les vents tournent : il se permet de voir leurs failles et s'autorise la critique et le jugement. Et puis le temps accomplit son œuvre, la maturité et l'autonomie lui permettent de prendre du recul et de reconnaître l'héritage reçu de ses parents. Or, dans une fusion maintenue, ces étapes indispensables sont bafouées, enfermant la personne dans un mode enfant.

Je me souviens d'une patiente d'une quarantaine d'années, fille unique, qui me disait à propos de sa mère très fusionnelle et de son père extrêmement exigeant : « Même à mon âge, il faut que je sois ce que mes parents veulent que je sois. Je n'en peux plus, je rêve d'avoir une vie à moi. »

Se désassujettir, c'est déchirer la photo iconique parentale et transformer son propre rêve en réalité !

La frustration

La frustration signifie l'état d'un individu qui se trouve dans l'incapacité de réaliser ou d'obtenir ce qu'il espère.

Les figures d'attachement sont là pour poser des limites et des règles. Un cadre que l'enfant doit apprendre à respecter, même s'il génère en lui un sentiment de frustration. Or, nombreux sont les parents qui se laissent déborder, tolérant l'inacceptable, alors que d'autres font preuve d'une rigidité sans aucune possibilité d'aménagement et de compromis.

L'absence de plaisir est une cause importante de frustration. Freud défend l'idée que l'être humain s'attache avec ténacité aux sources de plaisir. L'éducation et l'environnement social de l'enfant en sont les principaux fabricants. Nos sociétés marchandes nous aveuglent en effet du soir au matin par une offre de plaisirs immédiats, permanents et surabondants. Chercher intensément et exagérément le plaisir sans prendre conscience de son utilité, c'est vivre dans l'instant et non vivre l'instant. C'est une façon de camoufler les failles qui font notre malheur. Cela permet de ne pas mourir d'ennui ou de chagrin.

Ainsi, chaque enfant frustré par tant de tentations trop accessibles, ou inversement inaccessibles, souffre et fait souffrir à son tour.

Le traumatisme

En Occident, un enfant sur quatre connaît un événement traumatisant ! Un traumatisme est un événement qui met en cause la vie ou bien la sécurité, l'intégrité ou l'identité d'une personne. Cet événement peut la plonger dans un état de stress posttraumatique et modifier ainsi toute son organisation interne. D'après une étude statistique, le stress posttraumatique toucherait 1 % de la population mondiale. De plus, le traumatisme risque d'ancrer un peu plus les dysfonctionnements cognitifs, émotionnels et comportementaux déjà présents : inhibition ou excès émotionnel, tendance à l'anxiété, sentiment de vide, hostilité, méfiance, retrait social, évitement des situations rappelant le trauma, douleurs... Sans oublier l'assujettissement.

Il est difficile de prédire l'impact d'un événement traumatique sur la construction de l'enfant. Plusieurs études ont permis de constater que les enfants abusés ou négligés présentent bien plus de risques de développer à l'âge adulte un trouble de personnalité, même si l'on sait par ailleurs que les enfants ont malgré tout une grande capacité à absorber les expériences douloureuses. C'est leur tempérament et leurs croyances internalisées acquises et apprises qui déterminent l'impact traumatique. La vulnérabilité biologique et psychologique de l'enfant entre donc fortement en ligne de compte, faisant que la menace perçue est bien plus ou bien moins marquante que la menace réelle. Ainsi, face à un événement traumatique, certains ont une capacité à rebondir, d'autres moins, d'autres pas. Ce qui sera un traumatisme pour l'un ne le sera pas pour un autre. Il m'arrive de travailler avec des fratries, et parfois des jumeaux, et force est de constater qu'un même événement vécu ne résonne pas de la même façon chez chacun d'eux. La notion de *résilience* que nous verrons plus loin, cette fameuse capacité à résister à une situation de stress, permet de le comprendre.

CHAPITRE 2
Les émotions, otages de nos pensées

Pendant des siècles, sous la pression religieuse et philosophique, les émotions furent considérées comme d'inutiles résidus de nos instincts primitifs, gênant la prise de décisions rationnelles. Le professeur Antonio Damasio, dans *L'erreur de Descartes,* défend la théorie selon laquelle les émotions sont utiles à la raison et permettent la mise en place de comportements rationnels. Sur ce sujet, je voudrais faire deux remarques capitales.

- Un monde sans émotion serait comme un plat sans saveur ! La vie ne nous met pas à l'abri d'événements et de situations impliquant des réactions émotionnelles. Vouloir l'aborder autrement, c'est-à-dire avec neutralité, est absurde et bien dommage !
- La plupart des individus n'acceptent que les émotions considérées comme positives parce qu'elles génèrent un certain plaisir. Les émotions dites négatives sont évitées, alors qu'elles ont un sens et une nécessité absolue. Par exemple, une émotion négative peut être source d'empathie (retrouvailles lors des funérailles d'un être cher et aimé de tous) tout autant qu'une émotion positive (enthousiasme lors d'une finale de coupe du monde). Toutes les émotions ont ainsi leur raison d'être, et l'évitement émotionnel nous empêche de prendre conscience du message cognitif. L'équilibre dans l'expression des émotions est toutefois essentiel afin d'éviter des émotions contre-productrices, facteurs de troubles psychiques et physiques.

Pour être juste, l'émotion doit donc être clairement identifiée, puis acceptée, puis comprise, puis vécue, puis contrôlée sans excès ni retenue. Lutter contre elle est absurde et tenter de l'ignorer par la distraction, l'hyperactivité, le retrait affectif et social, ou bien tenter de la remplacer par une émotion de substitution est périlleux !

Comme nous l'avons vu, une éducation affective insécurisante, à laquelle peuvent s'ajouter les blessures de l'enfance, fragilise les croyances cognitives. Les émotions naissantes en deviennent vite les otages. Imprégné d'une forte émotivité, l'enfant développe alors pour l'avenir une surrégulation, ou inversement, une inhibition de ses émotions. Nous verrons qu'un assujetti n'échappe évidemment pas à cette emprise émotionnelle.

DÉFINITION DE L'ÉMOTION

Le mot « émotion » est composé du verbe latin *motere* qui signifie mouvoir et du préfixe « e » qui signifie un mouvement vers l'extérieur. *L'émotion est une réponse physiologique et comportementale qui traduit la perception que l'on a d'une situation vécue.* Mais le domaine des émotions est tellement riche et passionnant qu'il est indispensable d'apporter d'autres précisions pour mieux la définir.

- L'émotion est générée par un événement interne à la personne (douleur, ressenti...), ou externe, c'est-à-dire environnemental.
- L'émotion est provoquée par des situations réelles mais aussi par des situations fictives (film, livre), et ce, malgré la non-vraisemblance de la situation ou l'absence d'implication personnelle.
- L'émotion est un phénomène bref et intense, ce qui la différencie du sentiment et de l'humeur. L'émotion précède le sentiment. Les sentiments sont des pensées au sujet des émotions. L'humeur, quant à elle, désigne plus un état qui dure dans le temps et s'enracine dans un ressenti émotionnel.

- Trop d'émotions positives ou négatives risque d'être contre-producteur, entraînant des répercussions comportementales mais aussi corporelles (transpiration, tremblements...) ; par exemple, trop de joie peut nous conduire à dépenser financièrement plus que ce qu'il faudrait, et trop de colère peut briser une amitié.
- L'émotion est physiquement et psychologiquement observable. Le corps est le support idéal des émotions. Tout ne passe pas par les mots. Les gestes, les expressions, les tremblements, la transpiration sont autant de manifestations émotionnelles. Le visage à lui seul en est un condensé : rougir, pâlir, grimacer, froncer les sourcils, serrer les dents, fermer les yeux... L'émotion provoque donc des modifications biologiques : des modifications neuronales avec, entre autres, l'activation de l'amygdale, des modifications physiologiques telles que la variation du rythme cardiaque, de la pression artérielle, et des modifications neurovégétatives comme la sueur, par exemple.

Le corps est donc le terrain fertile de l'expression de nos émotions. Il faut savoir qu'il y a plus de 400 émotions répertoriées par famille, mais que seulement quelques-unes sont dites universelles parce que présentes chez tout être humain. C'est tout d'abord Darwin, en 1872, dans *L'expression des émotions chez l'homme et les animaux,* qui prôna l'universalisme de huit émotions : la surprise, la tristesse, la colère, la joie, le mépris, le dégoût, la honte et la peur. Margaret Mead, anthropologue, s'est opposée à ce courant universaliste, estimant que les émotions sont d'abord façonnées par les cultures. Autre partisan de l'universalité des émotions, Paul Ekman qui, dans les années 1970, après plusieurs études dans 21 pays du monde entier, affirme que six émotions définies comme des réponses rapides, automatiques et quasi inévitables sont universelles : la tristesse, la colère, la joie, la peur, la surprise et le dégoût. Il pourrait y en avoir une septième, le mépris, dont l'universalité est *a priori* contestée.

Je compléterai en disant que l'influence culturelle, sociale et familiale joue un rôle non négligeable dans la manifestation des émotions ; plus particulièrement pour les émotions dites sociales telles que la honte, la culpabilité, l'orgueil, le mépris, l'admiration... Certaines émotions sont donc des partitions jouées dans le monde entier mais chaque culture peut les moduler en apportant des variations. Par exemple, au Japon, il est culturellement normal de contenir sa colère ; ce qui ne signifie pas qu'elle n'existe pas ! De même, lors d'un séjour dans une région du Sénégal, un atelier d'improvisation sur le rire que j'avais proposé fut refusé par le chef du village parce qu'il n'était pas de bon ton pour un père de famille de rire en public, et surtout devant ses enfants ! Ce qui ne signifie pas là non plus que la joie n'existe pas ! On peut donc admettre que les contraintes sociales ou personnelles obligent les individus à moduler et à réguler leurs émotions mais certainement pas à les éviter !

- Le système émotionnel est à la base un outil essentiel à la satisfaction de nos besoins vitaux. L'émotion permet l'action : bouger, attaquer, fuir, vaciller, se cacher... Outil de survie mais aussi outil de vie absolument indispensable qui nous permet de nous adapter à l'environnement dans lequel nous nous trouvons. Chaque jour engage donc au moins une émotion. Le simple fait pour un enfant de monter sur un toboggan déclenche toute une série d'émotions allant de la joie à la peur. Le vécu émotionnel entraîne donc des modifications expressives et comportementales se traduisant dans l'expression faciale, la gestuelle, la posture, la voix. La distance mise en place au cours d'une interaction est également un signe d'expression émotionnelle.
- L'émotion est un moyen de communication normalement reconnaissable par autrui. Elle est donc un vecteur relationnel individuel aussi bien que collectif. Dans les deux premières années de vie de l'enfant, l'expression des émotions est le moyen fondamental pour communiquer puisque la parole est

encore balbutiante. Par la suite, elle viendra renforcer l'impact des mots afin de maintenir le lien social ou de le rompre si nécessaire. Elle viendra aussi réhabiliter et crédibiliser la richesse créative de l'être.

LE POINT DE VUE NEUROBIOLOGIQUE

Les émotions sont au cœur de beaucoup de recherches sur les plans psychologique, neurologique, philosophique, sociologique, économique... Le domaine des émotions anime donc de nombreux débats et suscite encore beaucoup de questions et d'interrogations.

Les méthodes d'imagerie fonctionnelle (telle que l'imagerie par résonance magnétique ou IRM) permettent aujourd'hui une meilleure connaissance du tracé émotionnel dans le cerveau. Le circuit émotionnel de l'être humain implique des connexions entre un ensemble de structures ; principalement l'amygdale, le cortex préfrontal et le noyau accumbens. L'amygdale est la zone d'activation des émotions alors que le cortex préfrontal, véritable tour de contrôle, permet d'analyser une situation, d'élaborer des solutions et de moduler les émotions. Ainsi, les aires sensorielles (visuelle, auditive, olfactive, gustative, kinesthésique) reçoivent des informations de l'environnement, que le thalamus traduit ensuite en signaux intelligibles. Le cortex puis l'amygdale interviendront par la suite en fonction du message. Enfin, le noyau accumbens s'active plutôt en présence de certains stimuli ; les chercheurs parlent de *centre du plaisir.*

L'amygdale, un noyau fondamental

L'amygdale est une structure en forme d'amande située dans le système limbique de chaque hémisphère. L'amygdale, qui se trouve à l'intérieur du lobe temporal, est identifiée comme le siège principal de nos émotions. Elle s'active principalement mais non exclusivement en réponse à des stimuli négatifs, dont la peur. L'ablation de l'amygdale chez des rats les pousse à s'approcher d'un chat anesthésié et même à lui mordiller l'oreille. Nous voyons là toute l'importance de cette toute petite « pièce » nichée au creux de notre cerveau !

Le degré de réactivité de l'amygdale dépend de la construction psychique de la personne. Une suractivation de l'amygdale est observée dans le cadre de troubles anxieux et de stress post-traumatique plaçant l'individu en hypervigilance émotionnelle. En 1998, Joseph Ledoux affirme que l'émotion peut être instinctive et inconsciente ou bien consciente et fruit de l'interprétation de notre système cognitif. Il définit pour cela ce qu'il appelle la *voie courte* et la *voie longue*. La voie courte, rapide et imprécise, est utilisée dans les situations d'urgence ; dans ce cas, le cortex sensoriel qui fait intervenir la conscience est court-circuité. Cette voix courte nous prépare au danger. Elle est aussi celle utilisée par des personnes présentant des troubles émotionnels. Vous comprendrez donc qu'il est important deconscientiser nos émotions.

LES ÉMOTIONS ET LES PERCEPTIONS

Nous connaissons tous des moments de grande joie, de doute, de déception, de stress, de vague à l'âme, et de notre manière de penser dépendra la façon dont nous vivrons ces situations émotionnelles. Jean Cottraux affirme que les cognitions et les émotions sont comme les deux faces d'une feuille de papier. C'est Albert Ellis, dès 1950, qui appréhenda les émotions comme la résultante de pensées qui, si elles sont irrationnelles et abusives, déforment le paysage relationnel. Ce ne sont pas les situations qui déclenchent les émotions mais la manière dont on interprète ces situations. Plus l'interprétation cognitive est irrationnelle, plus la perception de la réalité est déformée et plus les émotions naissantes seront problématiques.

Derrière une expression émotionnelle, il y a automatiquement une pensée sous-jacente plus ou moins consciente. On parle de *sonde cognitive*. Laisser vivre nos émotions permet d'en comprendre le sens et d'en retirer une explication sur le plan cognitif.

Ainsi, la meilleure façon d'analyser nos schémas de pensées est l'activation de nos émotions. Je propose souvent à mes patients de pratiquer la technique du « saumon qui remonte la rivière ». De quoi s'agit-il ? Eh bien, lorsqu'une émotion se présente, je leur demande de se concentrer sur la pensée qui s'impose à eux. La difficulté vient souvent du fait qu'il est compliqué pour une personne hantée par une émotion de s'en extraire pour en faire l'analyse. Elle est engluée dedans et l'émotion échappe à son contrôle rationnel. C'est difficile mais c'est important car cette compétence personnelle sera déterminante dans le cadre des relations interpersonnelles.

L'identification

L'émotion est donc un vecteur de communication se traduisant par un langage verbal (les mots), paraverbal (la voix avec l'intonation, la respiration), ou non verbal (gestuelle, posture). Identifier les émotions c'est reconnaître leur existence et leur intensité. Cela permet de prendre conscience de ce qui se passe à l'intérieur de soi. On pense ses émotions.

La capacité à décoder nos propres émotions et celles des autres permet une meilleure adaptation. De nombreuses recherches démontrent que les individus connaissant un déficit de cette capacité éprouvent des difficultés à maintenir des relations conjugales, sociales et professionnelles de qualité. L'*alexithymie* se caractérise par une difficulté à identifier les émotions, voire même à les exprimer, sans doute pour ne pas souffrir. L'alexithymique fuit ses émotions, augmentant ainsi sa vulnérabilité et ses autres traits psychopathologiques. Il perçoit le domaine émotionnel comme un territoire inconnu, un ennemi de la raison et un perturbateur inutile. Il y a derrière cette fuite une interdiction de s'écouter, se faire du bien et s'aimer. Je rencontre souvent cette problématique chez les individus en attente de reconnaissance et fortement exigeants. Ils se croient fondamentalement indispensables et disent ne pas avoir droit à l'erreur, à l'absence, aux vacances... Ils courent après le temps, ignorent leurs émotions, mettant ainsi leur santé en danger. Tant de fuites pour éviter sans doute d'écouter leurs propres désirs.

L'expression

Rappelons qu'une vie sans émotions serait stérile. À l'intérieur de nous, elles contribuent à réguler notre homéostasie, via notre système sympathique, entre autres. À l'extérieur, elles permettent le lien social. Les émotions sont donc indicatrices de l'état d'une relation. Elles informent sur les besoins et les attentes de chacun et permettent d'établir des bases comportementales qui favoriseront ou pas une bonne communication interactionnelle.

Qu'elles soient positives ou négatives, elles sont indispensables. Elles sont la résultante d'événements imposés à nos vies et vouloir transformer une émotion par une autre est absurde. On parle alors d'émotion de substitution. Dans ce cas, l'émotion originelle perd son attribution fonctionnelle (des éclats de rire lors d'un enterrement, par exemple).

Il faudra donc se confronter aux émotions plutôt que les fuir. Souvent, je rappelle cette phrase à mes patients: « Apprenez à devenir le maître de vos émotions plutôt que leur esclave». Le développement sain consiste à *lâcher prise vis-à-vis des émotions négatives sans les éviter, et à cultiver les émotions positives.*

Un environnement affectif qui autorise l'enfant à dire ou ne pas dire ce qu'il ressent lui permet de faire l'apprentissage d'une expression émotionnelle juste et lui ouvre la porte à de saines relations. Faire état d'une émotion tant positive que négative incite l'autre à entendre, suscite sa curiosité et entraîne une réponse source de lien, à condition toutefois que l'expression émotionnelle soit adaptée et flexible.

La régulation

Réguler, c'est gérer, une capacité qui dépend de facteurs génétiques mais aussi de l'histoire affective de chacun. La façon dont les parents gèrent leurs propres émotions influencera l'enfant dans son propre apprentissage. Ainsi, cet ensemble de facteurs innés et appris qui construit la psyché va permettre au jeune individu d'activer à bon ou mauvais escient ses émotions et de les exprimer de façon justifiée, proportionnée et appropriée, ou non.

LA POPULARITÉ DES ÉMOTIONS

Qu'on les accepte ou qu'on les refoule, qu'on les amplifie ou qu'on les minimise, les émotions font partie de notre paysage « expressionniste » : un simple froncement de sourcils, une main crispée sont autant de signaux d'alerte qui traduisent un message.

Les émotions sont au cœur de nos vies : émoticônes (petits visages) utilisés par tous les internautes et les propriétaires de téléphone portable, ou bien expressions et locutions : *prendre ses jambes à son cou* pour exprimer la peur, *la moutarde me monte au nez* pour dire la colère, *faire grise mine* pour désigner la tristesse, *croquer la vie à pleines dents* pour signifier la joie... Les émotions sont partout, même au fin fond du pays inuit, où une quarantaine de mots décrivent émotionnellement la neige !

Les émotions sont la source de beaucoup de recherches, de discours et d'ouvrages. Pourtant, nos capacités émotionnelles sont encore très peu reconnues. L'économiste Daniel Goleman, auteur de l'ouvrage *L'intelligence émotionnelle,* a mené des recherches sur l'impact du fameux coefficient intellectuel (QI). Il semblerait qu'il entre en ligne de compte dans à peine 10 % des réussites professionnelles ! Daniel Pink, dans *L'homme aux deux cerveaux,* explique que dans de nombreuses entreprises performantes, le dirigeant le plus efficace est drôle, imaginatif... L'auteur s'interroge : existe-t-il beaucoup de tests d'embauche qui mesurent les capacités comiques d'un individu ? Ainsi, la capacité à extérioriser et à faire vivre ses émotions positives a sûrement un impact bien plus important que ce que nos sociétés capitalistes veulent bien entendre. Il affirme que la maîtrise de l'intelligence émotionnelle serait un meilleur gage de succès dans l'existence que le quotient intellectuel.

Le coefficient émotionnel (QE), permettant d'évaluer la maîtrise de soi, le respect de soi et des autres, la joie de vivre, la capacité d'adaptation, l'imagination, pourrait faire la part belle au fameux coefficient intellectuel (QI). L'intelligence, la culture, le don ne suffisent pas.

CHAPITRE 3
Des comportements victimes de nos émotions

Le comportement est le troisième maillon du processus pensées-émotions-comportements (PÉC). Il en est la résultante. Ainsi, selon l'état cognitif-émotionnel existant en amont, nos comportements seront un frein ou au contraire un accélérateur. Ils accéléreront nos fonctionnements (action positive) ou nos dysfonctionnements (action négative), les freineront ou permettront des possibilités de changement.

L'ACTION VERSUS L'INACTION

Une pensée s'accompagnant d'une émotion peut donner lieu à trois modes d'action possibles : l'inaction, l'action négative et l'action positive. La plus belle des actions est celle qui nous paraît cohérente, celle qui nous autorise à dire : « Merci la vie ». Il est évident que la personnalité d'un individu donné et l'impact de son histoire peuvent rendre difficiles le changement et la transformation d'une inaction ou d'une réaction en action positive. La volonté de changement est alors nécessaire, mais la résignation, la passivité, ou bien l'agressivité ou la fuite sont tellement plus faciles !

L'inaction

Nombreuses sont les personnes bloquées psychologiquement et physiquement. Des pathologies, des symptômes et même de simples petites douleurs sont souvent les conséquences d'une problématique enracinée que la personne ne peut ou ne veut extraire d'elle. L'inaction se traduit par une capitulation face à une problématique donnée. La personne fait preuve de passivité, subissant les situations. De nombreuses recherches ont démontré que des animaux soumis longtemps à des chocs incontrôlables pouvaient devenir durablement passifs. Ainsi, quand la détresse et l'impuissance vous tombent dessus, la capacité à rebondir devient aléatoire. Des comportements passifs tels que le manque de compétitivité, l'absence de libido, le manque d'appétit, la diminution de l'activité physique et sociale, sont fréquemment constatés.

L'action négative (ou réaction)

Elle est avant tout une action de défense. En fait, ce n'est pas une action mais une réaction qui peut prendre les deux formes suivantes : fuite ou surcompensation.

Le repli sur soi, le déni, la recherche d'excitation, l'agressivité, l'hostilité maintiennent dans l'état un mauvais processus PÉC et peuvent conduire l'individu au-delà des limites humainement et socialement acceptables.

L'action positive

Elle respecte l'individu tout en prenant en compte l'environnement. Ce mode est adapté à soi mais il est aussi engageant vis-à-vis des autres. Il n'y a là aucun positionnement de dominant-dominé, bourreau-victime, nourrisson-parent nourricier... Afin de mettre en place ce type d'action, il est fondamental de croire en ses capacités de changement, de croire que l'on peut être l'acteur de sa vie, c'est-à-dire capable d'influencer son fonctionnement initial quel qu'il soit. Albert Bandura parle d'*efficacité personnelle*. Une ou plusieurs expériences négatives ne doivent pas nous isoler et nous maintenir à tout jamais dans de fausses croyances ; chacun doit développer cette inaliénable capacité à rebondir, au moins par petites étapes successives !

L'IMPACT DE L'INACTION, DE LA RÉACTION ET DE L'ACTION SUR LE PLAN CORPOREL

Il est important de rappeler que nos comportements nécessitent l'implication du corps. Ce corps est donc à choyer, aimer, respecter. Mais il arrive malheureusement qu'il soit gangrené par nous-mêmes et subisse les mauvaises règles de notre cerveau. Or, obéir à des règles cognitives et émotionnelles dysfonctionnelles nuit au corps, créant de ce fait toutes sortes de tensions et de symptômes. Des règles qui peuvent un jour ou l'autre mettre K.-O.

Une non-action ou une suraction oblige le corps à se recroqueviller ou à se distordre déraisonnablement. Préférer l'inaction ou la réaction à l'action déclenche des cataclysmes et des ouragans à l'intérieur de soi. Éviter les difficultés ou au contraire s'y surexposer conduit invariablement à l'échec et à l'isolement. La personne n'est alors qu'une route sans issue et sans lendemain avec une peau comme un goudron fissuré par la dureté d'un climat trop chaud ou trop froid. Fatigue, troubles du sommeil, contractions musculaires, baisse de libido, migraines, perte de mémoire, irritabilité seront au rendez-vous ; sans oublier, bien évidemment, tous les symptômes cutanés (eczéma, psoriasis, herpès) puisque notre peau, en lien avec l'extérieur, n'est pas une frontière respectée. Nous verrons également plus loin que les états d'anxiété et les états dépressifs sont les deux psychopathologies le plus souvent rencontrées chez les personnes assujetties.

Je me souviens d'une patiente qui, après avoir rétabli son estime d'elle, m'annonça que ses ongles repoussaient et qu'elle ne ressentait plus le besoin de cannibaliser ses doigts ! Je me souviens également de deux associés d'une entreprise qui n'avaient vécu que pour leur profession, à leur détriment et à celui de leur entourage. Incapables de dire Stop à leur boulimie de travail, rongés par la culpabilité à l'idée d'oser baisser le rideau, ils ont commencé leur retraite avec un cancer de la prostate ! Comme si le plaisir était devenu impossible pour ces corps trop tyrannisés pendant des décennies.

Rares sont les personnes qui écoutent leur corps, non pour se plaindre mais pour comprendre le pourquoi des choses. Les symptômes sont des signes qui peuvent donner un sens à ce que nous vivons. Nous le savons au fond de nous mieux que n'importe qui. L'expression du corps est une mine d'or, une bible de renseignements sur nous-mêmes. Malheureusement, nous nous contentons souvent de geindre.

L'inconscient fait ainsi remonter des informations par le corps et sans doute pas par hasard. Fritz Perls, fondateur de la Gestalt thérapie, considérait que les pathologies proviennent en grande partie de la rupture en soi entre le corps et le verbal. Ne plus dire ce que l'on a à dire ou ce que l'on voudrait dire, c'est mourir lentement. Ne plus communiquer ses désirs, ses attentes, ses besoins, ses envies, c'est vivre en dehors de son corps, c'est n'être qu'un appareil mental, une tête posée sur rien, et le sentiment de culpabilité éprouvé à l'idée de se faire du bien et de prendre soin de soi aggrave le processus de dégradation corporelle.

Outre les bobos et les maladies plus graves, les lapsus et les actes manqués sont certainement d'autres signes révélateurs que nous devrions davantage prendre en compte. Françoise Juranville, dans *Les caprices de l'inconscient*, décrit les actes manqués comme « des petits ratés ponctuels et involontaires de la vie ordinaire, ce qui suppose qu'ils sont à la fois fréquents, brefs et intempestifs, et qu'ils se caractérisent par un décalage entre une intention et son accomplissement[6] ». Sans doute expriment-ils quelque chose que l'on ne soupçonne pas ? Ainsi, il y a ces oublis qui pénalisent soi ou les autres, un mot sur la langue qui ne veut pas sortir, d'autres qui se transforment, s'inversent, une maladresse visant quelqu'un, autant de signes qui mériteraient bien plus d'attention…

Je me souviens d'un patient qui, pour parler de sa liaison amoureuse, prononça ma « lésion » amoureuse ; d'un autre patient abusé dans son enfance par un voisin qui l'obligeait à mettre son sexe dans sa

6. Françoise Juranville, *Les caprices de l'inconscient*, Paris, Larousse, 2009, p. 20.

bouche, qui me faisait remarquer que sa langue fourchait parfois ; ou bien encore d'un troisième qui se souvenait d'un bol renversé lors d'un premier rendez-vous amoureux sur la robe de la future promise, d'avec qui il venait de divorcer...

Tous ces oublis, ces transformations, ces hésitations ou autres, ne sont pas là par hasard, parce qu'il n'y a pas de hasard, ou très peu ; tout se tient par un fil du temps invisible. Ils nous mettent sur la voie. Ils sont indicateurs de ce qui se vit au plus profond de nous. Ils sont les doublures de ce qui devrait normalement se passer. Perdre une adresse, oublier une date anniversaire, un prénom signifie quelque chose de plus important que la seule perte ou oubli. L'événement, le mot, la date, le rendez-vous sont les boucs émissaires d'une autre problématique, d'une autre cible que l'on refuse sans doute de voir.

CHAPITRE 4
Le processus pensées-émotions-comportements (PÉC)

Voilà, vous connaissez à présent les trois moteurs pensées-émotions-comportements qui peuvent vous propulser invariablement vers des horizons incertains, des personnes assujettissantes, des interactions douteuses, voire destructrices. Les pensées, les émotions et les comportements sont en effet liés entre eux comme les doigts d'une main, semblables à une guirlande d'ampoules qui s'éclairent simultanément d'un bout à l'autre.

L'assujettissement que nous allons maintenant mieux comprendre est un dysfonctionnement que je rencontre souvent. Il ne s'agit pas seulement d'une défaillance du besoin d'expression de soi. Être un assujetti est bien plus que cela. Des facteurs innés et donc internes à sa personne (biologiques), et des facteurs extérieurs éducatifs et environnementaux ont fragilisé l'ensemble des besoins fondamentaux (sécurité affective, appartenance sociale, estime de soi, expression de soi, autonomie et existence de limites) de l'assujetti. Celui-ci est donc *une personnalité parfaitement identifiable à partir de caractéristiques tempéramentales et développementales.* D'ailleurs, je ne dis pas être assujetti mais être « un » assujetti.

De plus, je pense que nos sociétés actuelles, favorisant l'émergence du doute, de l'indécision, de la peur et de la culpabilité, contribuent à fabriquer des assujettis de plus en plus nombreux. Otages de leur sensibilité et de leur vulnérabilité, ils amplifient leur propre difficulté à trouver leur place et à donner un sens à leur vie.

L'assujetti est pris au piège. Son processus PÉC s'active chaque fois qu'il croise une personne susceptible d'y répondre favorablement. C'est ce que j'appelle l'*attirance négative*. Si l'autre émet le moindre petit signal qu'il pourra décrypter comme une réponse à ses mauvaises croyances alors l'interaction a toutes les chances d'aboutir et de faire son malheur. *A contrario*, si l'autre est transparent, c'est-à-dire insensible ou non intéressé par ses dysfonctionnements, l'assujetti ne le remarquera peut-être même pas. Il sera insignifiant à ses yeux.

Il n'y a pas de hasard : l'autre est un *alter ego* dans la similitude ou dans le contraire. Il existe entre certaines personnes une sorte d'« aimantage », de polarisation réciproque faisant que chacun est une sorte de thérapeute pour l'autre. L'assujetti risque fort d'être attiré par des personnes dominantes, instables, blessées, écorchées vives, immatures, ce qui place inévitablement l'interaction dans une relation bourreau-victime vouée à une communication difficile faite de doutes, de ruptures, de jalousie, de dépendance, de fusion... Chacun tombe dans le piège de l'illusion, puisant son énergie dans les croyances de l'autre. Une alchimie comme un tour de passe-passe : une femme dans le don avec un homme qui demande à recevoir, un patron tortionnaire avec un salarié peu sûr de lui, une mère dirigiste et envahissante dans la vie de son fils en échec... Ce processus interactionnel est si simple que l'on pourrait douter d'une évidence si déconcertante !

Mais ces interactions peuvent à tout moment être renégociées. L'acquis et l'appris peuvent être façonnés avec le temps parce que l'on apprend chaque jour. Nous n'avons pas une vie mais une multitude d'étapes de vie faisant que l'espoir du changement est sans doute envisageable. Il est donc extrêmement important de s'offrir la possibilité de faire sortir ce que l'on a de meilleur en soi. Accepter l'acquis et modifier l'appris afin d'avoir une autre perception de soi, des autres et du monde est à portée de main grâce à la volonté d'un travail sur soi permettant l'analyse de la chaîne pensées-émotions-comportements. Une fois le changement entrepris, les interactions peuvent s'en trouver bouleversées : il arrive que l'on s'aime mieux ou, inversement, que l'on constate l'inutilité d'un lien.

DEUXIÈME PARTIE
Le dysfonctionnement inhérent à l'assujettissement

Je ne suis pas un assujetti, mais j'essaie juste d'être quelqu'un d'arrangeant, d'accommodant et de gentil !

PATIENT ANONYME

Rappelons que l'enfant a besoin d'une éducation affective stable, d'être pris en charge et guidé, et non de décider par lui-même. Son âge l'en rend incapable. La sécurité physiologique et affective, l'appartenance sociale, l'estime de soi, l'expression de soi, l'autonomie et l'existence de limites raisonnables sont donc autant de besoins fondamentaux présents chez tout individu venant au monde, dont celui-ci réclame avec raison la satisfaction. S'il l'obtient durant l'enfance, cette satisfaction contribuera à enraciner chez lui la sécurité affective indispensable à sa croissance et à son épanouissement.

Ainsi, le trop ou le pas assez installe des croyances erronées sur soi, les autres et le monde, fragilisant l'être dans son développement.

Être un assujetti ? Comme ce mot est bizarre ! Souvent, les patients froncent les sourcils et me demandent sa signification ; il suscite très vite l'intérêt. Interpellés et concernés, ils réclament des explications complémentaires. J'aime bien leur difficulté à le comprendre, car vouloir comprendre c'est déjà le début du changement.

Ce mot vient du verbe *assujettir. Le Petit Robert* en donne plusieurs définitions : soumettre quelqu'un à une obligation stricte ; placer un peuple ou une nation sous une domination, une dépendance plus ou moins totale. Pour ma part, et avant de rentrer dans le détail, je dirais que l'assujetti a une tendance à satisfaire en priorité les besoins des autres, au point de négliger ses propres besoins, tendance qui le conduit à reproduire indéfiniment un processus autodestructeur et destructeur de liens.

En effet, en quête d'amour et de reconnaissance affective, beaucoup d'assujettis tentent désespérément d'appliquer des stratégies d'adaptation plus ou moins conscientes. Entre inaction et réaction, entre passivité et agressivité, ces stratégies de soumission, d'évitement ou de contre-attaque maintiennent finalement la résignation. Se résigner, c'est subir les événements conjugaux, familiaux, sociaux, professionnels ainsi que toutes les personnes prêtes à se lover dans le creux de vos failles.

Quant aux émotions mises à mal par tant de dysfonctionnements cognitifs, elles perdent leur attribution fonctionnelle, ne traduisant plus avec exactitude les raisons de leur expression. L'assujetti peut d'une façon exagérée rire de tristesse et pleurer de joie, geindre de sa douleur d'être si peu respecté et se convaincre qu'il y a plus malheureux que lui.

Mais rien n'est définitif. Bien que le plus tôt soit le mieux, l'assujetti a toute la vie pour entamer un changement et l'absorber. Toute personne est en mesure de sortir correctement de l'assujettissement afin de se donner la possibilité d'être elle-même, de s'exprimer, de s'affirmer et de s'aimer pour ce qu'elle est et non pour ce qu'elle fait.

CHAPITRE 5
Portrait d'un assujetti

Qu'il soit dans une interaction ou non, l'assujetti est habité par son dysfonctionnement, qui fait de lui un personnage parfaitement identifiable, dont nous allons ensemble dresser le profil. Précisons tout d'abord…

- qu'en dehors de toute interaction, l'assujetti est l'otage de ce qu'il est et de ce qu'il a appris. Il nourrit son dysfonctionnement en s'imposant des barrières, des interdits, des limites restrictives et en se refusant le droit d'expérimenter, d'oser répondre à ses choix, ses désirs et ses envies.
- que dans toute interaction, son besoin d'amour et de reconnaissance l'englue, tant dans le *domaine amoureux* (conjoint, compagnon), que dans les domaines *familial* (parent, enfant, famille), *social* (ami, relation, quidam), *professionnel* (patron, hiérarchie, collègue, patient, partenaire).

Mais où commence l'assujettissement ? Nous avons tous des moments où nous ne réagissons pas, par fatigue, par faiblesse, par politesse, par intérêt… ou tout simplement par envie de faire plaisir. Sommes-nous pour autant des assujettis ? L'assujetti, par sa construction biologique, a des prédispositions à emmagasiner des croyances sur lui et les autres qui l'enferment dans un rituel consistant à donner sans s'assurer de recevoir.

ENTRE L'INNÉ ET L'APPRIS

Ne pas savoir dire Non épisodiquement ne signifie rien et peut même s'avérer être une bonne chose. Tant qu'il y a du plaisir, il n'y a pas de frustration, me direz-vous ! Mais attention, n'oubliez jamais que les mots « donner » et « recevoir » doivent toujours être en équilibre. Donner plus que ce que vous recevez est annonciateur d'orages et aimer les autres au détriment de soi est injuste ; une injustice qui risque de devenir plus tard source de rancœur.

Pour comprendre tout cela, tentons de définir les contours de ce dysfonctionnement avec plus de précision. Rappelons avant tout qu'une personne assujettie a très souvent *une base affective insécurisée, un attachement aux autres ambivalent et connaît probablement l'anxiété.* Bref, son histoire, marquée par un sentiment d'abandon ou d'abondance, et parfois les deux, lui a sculpté un profil comportant un certain nombre de traits relatifs au tempérament et au développement.

Je voudrais toutefois préciser qu'être un assujetti n'est pas être un faible, une personne sans caractère ! Les patients se sentent parfois vexés lorsque je leur parle de leur assujettissement ; ils éprouvent très vite le besoin de me dire qu'ils ne sont pas des guimauves ! Or, on peut avoir des difficultés à imposer ses besoins, et avoir malgré tout un tempérament affirmé.

Je me souviens d'un chef d'entreprise entreprenant et compétent, capable de prendre des décisions en temps et en heure et pourtant incapable de se positionner clairement dans sa relation amoureuse.

Les critères relatifs au tempérament

Comme nous l'avons expliqué au début de ce livre, les critères relatifs au tempérament concernent ce que la personne est biologiquement, ainsi que son bagage transgénérationnel.

- L'assujetti est très souvent une personne sensible, voir hypersensible ; à fleur de peau. Il remarque tout, voit tout, ressent tout. Son émotivité est palpable. Bien que sensibilité et susceptibilité ne soient pas liées, l'assujetti est souvent fait des deux !

- L'assujetti se connaît mal et si bien à la fois ! Il est très souvent conscient de trop donner mais il est dans une forme de déni et nie ses envies, ses choix et ses désirs. Il préfère se concentrer sur les réactions des autres plutôt que sur les siennes, car son estime de lui dépend de la vision renvoyée par les autres. Difficile dans ces conditions de trouver sa propre identité et il est rare d'entendre un assujetti affirmer : « Ah, je suis content de moi ! » Et même si on lui dit qu'il est génial ou qu'il a bien fait telle ou telle chose, il répondra souvent : « Tu trouves ? », ou bien « Tu dis ça pour me faire plaisir ! », ou encore « Oui, peut-être ». Il n'y a pas derrière ces réponses une recherche calculée d'admiration, de félicitations et d'honneurs, mais juste une difficulté à juger ses qualités et ses capacités. L'assujetti a cette fâcheuse tendance à ignorer ses forces et à exagérer ses faiblesses.
- Sa vulnérabilité lui fait programmer une hypervigilance, comme s'il avait un chien à l'intérieur de son ventre montant la garde en permanence nuit et jour ! Il sursaute facilement et se demande : « Qu'est-ce qui va bien pouvoir me tomber sur la tête ? » D'ailleurs, beaucoup d'assujettis (mais pas tous) dorment sur le ventre – sans doute est-ce une façon de se protéger...
- Son exigence, son perfectionnisme, voire sa maniaquerie sont parfois extrêmement envahissants. D'où une très grande difficulté à déléguer, par peur de perdre le contrôle des situations ! Cette exigence ne s'exerce pas nécessairement sur tout et dans tout, mais principalement dans les domaines où l'assujetti se reconnaît une certaine valeur, cherchant coûte que coûte la valorisation. Sa réussite sera alors le fruit d'une compétence mais aussi d'une résistance !
- Je dirais également que l'assujetti est une personne nerveuse, anxieuse et stressée. Se respectant peu, il a tendance à perdre le contrôle de son émotivité ; des émotions inhibées ou en surrégulation. Il somatise souvent et se montre attentif à ses

sensations corporelles. Il peut rougir assez facilement dès qu'une gêne s'empare de lui et présente une certaine timidité qui, chez lui, est plutôt une fausse timidité. Je préférerais dire qu'il est « réservé » car lorsque la confiance est au rendez-vous, je suis souvent étonné par son humour et son côté boute-en-train !

- L'assujetti a une tendance à être jaloux et possessif. Il a peur de perdre l'autre parce qu'il a peur de perdre l'amour et la reconnaissance dont il a besoin. Ainsi, dès que l'affect est concerné, voire menacé, ses pensées deviennent excessives, voire dichotomiques : c'est tout ou rien.
- Il a tendance à supporter difficilement la frustration et les objectifs à long terme. Il faut que les choses aillent vite et il ne sait malheureusement pas toujours tirer les enseignements de ses erreurs et de ses échecs passés.
- Il est rêveur, un peu naïf et a tendance à croire aux contes de fées ! Il s'imagine que tout le monde est comme lui et pense comme lui.
- L'assujetti peut être envieux de ce que les autres ont, sont ou font. Ce travers ajouté à son manque de confiance en lui le pousse à se dévaloriser et à survaloriser les autres. Il est ainsi incapable de voir ses propres ressources, qu'il lui suffirait d'accepter pour qu'elles s'expriment !
- L'assujetti est d'une nature relativement indépendante et peut même avoir du mal à supporter les limites imposées. *A contrario,* ses carences affectives peuvent le rendre dépendant. Quel paradoxe alors d'avoir besoin de liberté et en même temps de s'infliger des contraintes !

Les critères relatifs au développement

L'éducation et le milieu familial proposés par les figures d'attachement ajoutés aux possibles blessures traumatiques ont ancré des manques, projetant l'assujetti dans une perpétuelle quête d'amour et de reconnaissance.

- Ce dysfonctionnement s'appuie sur un besoin d'être reconnu affectivement et socialement, un besoin d'être aimé et accepté de tous et par tous. Les personnes prises dans les filets de l'assujettissement font très souvent l'expérience de la *triade cognitive* : assujettissement, carence affective, abandon. Celle-ci pourrait se traduire par : « Je m'assujettis ou me laisse assujettir parce que j'ai besoin de plaire, d'être aimé et d'éviter ainsi l'abandon et la solitude ». Abraham Maslow précise à ce sujet que si le seul moyen de préserver le moi consiste à perdre autrui, alors l'enfant ordinaire préfère renoncer à son moi.

  Les assujettis font également l'expérience de la *triade émotionnelle* : peur ou culpabilité-tristesse-colère. Ces trois émotions s'installent et se manifestent à tour de rôle. Nous le verrons plus loin, la colère est très souvent mal exprimée.
- La personne assujettie met un intérêt excessif à satisfaire les besoins des autres au détriment des siens, et ce, aussi bien dans ses relations amoureuses que familiales, sociales et professionnelles. Elle est attentive aux autres ; tellement attentive qu'elle perçoit la moindre paille dans l'œil du voisin alors qu'une poutre dans son œil l'aveugle ! L'assujetti est de bon conseil pour autrui mais mauvais conseiller pour sa personne. Il est une sorte de Saint-Bernard dont le tonneau abreuve tout le monde sauf lui ! Il est gentil, parfois trop, au point de se sacrifier au profit des autres, ce qui engendre les conséquences suivantes : plus de travail, davantage de responsabilités, plus de don de soi, une frustration des désirs, une diminution des plaisirs et enfin, une perte d'avantages, d'intérêts et de temps pour soi. C'est ce que j'appelle l'effet *Koh-Lanta* : dans l'émission présentée sur TF1, celui qui donne le plus de sa personne acquiert les faveurs de son équipe. Il donne son savoir-faire, sa force, son courage… Il est alors reconnu comme un leader, un héros permettant au clan tout entier d'avancer dans la compétition avec plus de confort et de sérénité. Et pourtant, lorsque sonne l'heure du conseil, il est éliminé car son excellence d'hier est perçue comme un danger potentiel pour demain. Il est alors remercié pour les

services rendus et la compétition se poursuit sans lui. Injuste, me direz-vous, eh bien sachez qu'un assujetti ne sort jamais gagnant de son dysfonctionnement. Au fil du temps, les conséquences négatives peuvent se cumuler et faire que s'élève le seuil de l'inacceptable. Il se crée alors un déséquilibre qui place inévitablement l'assujetti dans une situation de fragilité psychique ou physique.

- Ce dysfonctionnement est très souvent perçu comme la norme : il est normal d'aider, il est normal d'obéir, il est normal d'éviter les conflits et d'être accommodant et dévoué.
- L'assujetti peut être actif dans le don de soi, mais qu'on le veuille ou non, il est dans la passivité par rapport à lui-même. Cette passivité, qui le conduit parfois à accepter l'inacceptable, a quelque chose de sournois et de profondément destructeur. Elle fait regarder en arrière, avec cette peur envahissante du changement. Elle éloigne ainsi l'optimisme et colore les jours de pessimisme. Ne pas savoir dire Non fait que se développe une sous-estime de soi obligeant l'assujetti à s'exclure pour moins souffrir.
- Le déséquilibre entre donner et recevoir finit par éveiller des frustrations et une certaine tendance à l'irritabilité et l'impulsivité. Ne sachant exprimer sa colère, l'assujetti agressera sans plus de succès, bien au contraire !

LES ORIGINES POSSIBLES DE L'ASSUJETTISSEMENT

Il n'y a pas de secret : si une personne n'a pu ou ne peut s'appuyer correctement sur un entourage proche, aimant et sécurisant, elle recherchera interminablement de l'amour et de la reconnaissance. Ainsi, si les origines de l'assujettissement sont multiples, elles relèvent toutes d'une forme d'*instabilité affective* et d'un *manque de reconnaissance.*

- Les deux figures d'attachement (ou l'une) imposent une image d'autorité en délivrant des messages d'interdit, de punition, de bien et de mal. Elles contrôlent les actes de l'enfant et sanctionnent ses moindres écarts, délimitant fermement l'espace du possible. Elles appliquent la peur du gendarme ! La rébellion n'est pas autorisée et l'enfant doit s'adapter. Il ne peut développer un mode de fonctionnement adulte capable de s'exprimer, de dire Oui ou Non et de penser autrement. Il est maintenu dans son rôle d'enfant sage et discipliné. Ainsi, l'autorité affaiblit l'épanouissement et le développement de l'estime de soi.

- Les deux figures d'attachement (ou l'une) sont irresponsables, c'est-à-dire faibles, fragiles, malades ou bien absentes (physiquement ou moralement), si bien que l'enfant se prend très tôt en charge et assume des tâches qui ne sont pas de son âge, par exemple en remplaçant les parents dans la gestion de la famille. On parle en ce sens d'*enfant parentifié*.
- Les deux figures d'attachement (ou l'une), victimes dans leur enfance d'un manque affectif, mettent en place une surprotection engourdissant l'enfant dans la brillance d'un amour excessif. Ce dernier ne souffre pas d'abandon mais d'abondance. Une abondance qu'il cherchera également en dehors du cocon parental qu'il lui faudra un jour quitter pour aller vers les autres.
- Les deux figures d'attachement (ou l'une) ont instauré une fusion en plaçant l'enfant dans un rôle de confident qu'il n'a pas à assumer ; un rôle qu'il endosse pourtant par amour ou par pitié. Il est alors le témoin de mots et d'images qui le fragilisent. Cette forme d'injonction indirecte est culpabilisante, et même s'il y a beaucoup d'amour derrière tout cela, il y a rarement du respect pour le développement de la personnalité de l'enfant. Cette fusion devient confusion.
- La cellule familiale a connu un événement traumatique (décès, accident, faillite, déracinement) qui induit chez l'enfant un sentiment de culpabilité parce qu'il se sent incapable de rendre ses parents heureux. De plus, voir son père pleurer de chagrin l'oblige à internaliser la même émotion, perçue comme normale. Impossible alors de rire et de s'épanouir dans un environnement de peine et de tristesse.

- Les deux figures d'attachement (ou l'une) font preuve de violence verbale ou physique, et l'enfant, par peur justifiée, se fait tout petit et le plus obéissant possible pour éviter tout acte traumatisant supplémentaire. Il cherche à fuir son enfance, par exemple dans des rêveries qui le déconnectent de la réalité. Il maintient l'illusion d'un monde meilleur !
- Les deux figures d'attachement (ou l'une) se dévouent pour les autres d'une façon extrême, faisant naître chez l'enfant le même altruisme.

J'ajouterai que plusieurs origines peuvent se mélanger et se court-circuiter.

Je me souviens par exemple d'un patient qui fut placé dans une famille d'accueil. Il a appris à développer l'altruisme mais a également souffert d'une absence parentale engendrant un manque affectif. « C'est difficile d'accepter de ne pas avoir ses parents pour soi tout seul », m'avait-il confié !

CHAPITRE 6
Deux façons de s'assujettir

Je distingue deux façons de s'assujettir. Vous pouvez être un assujetti par culpabilité, car vous avez le sentiment de ne pas servir les autres autant que vous le pouvez, ou bien être un assujetti par crainte d'être réprimandé, critiqué, puni, violenté puis rejeté. Dans le premier cas, la personne est assujettie à elle-même, autrement dit, elle s'assujettit toute seule, alors que dans le second cas, elle est assujettie par les autres.

Chaque forme d'assujettissement inspire donc une émotion dominante : d'une part la culpabilité, et d'autre part la crainte, voire la peur.

Très souvent, les deux formes se combinent, engluant ainsi la personne dans un double assujettissement *avec toujours en toile de fond ce besoin d'aimer et d'être aimé et cette angoisse de ne plus l'être.* Alors l'assujetti fera tout pour que vive son assujettissement, générateur de stratégies d'adaptation et de décisions comportementales malheureusement peu convaincantes.

Au-delà de la peur et de la culpabilité, la tristesse et parfois un état de détresse menacent l'assujetti trop soucieux de satisfaire les besoins des autres à son détriment. Parce qu'elles sont envahissantes, récurrentes et permanentes, toutes ces émotions, pourtant essentielles à l'existence humaine, fragilisent la construction physique et psychologique de l'assujetti.

L'ASSUJETTI PAR CULPABILITÉ

L'assujettissement est ici volontaire puisque la personne s'assujettit toute seule. Elle peut avoir conscience ou non qu'elle est dans l'excès du don et du sacrifice.

Dans cette forme d'assujettissement, l'assujetti est un altruiste exacerbé, le regard penché sur le monde des plus faibles et des plus démunis. C'est son côté sauveur. Il y a quelque chose de noble derrière cela : le sens du devoir. Un don de soi au service de l'humanité ! Aide humanitaire, soutien d'un conjoint alcoolique, d'un patron dépressif... Tout cela pourrait être une belle chose, mais comme il s'agit d'un dysfonctionnement, la personne se trouve dans l'excès.

La culpabilité force l'abnégation jusqu'à l'aveuglement. Rappelons que le mot « abnégation » contient le mot « négation », négation de soi bien sûr ! Mais définissons un peu plus ce qu'est la *culpabilité*. Cette émotion est activée lorsque nous avons l'impression d'avoir fait ou pas fait quelque chose que les autres pourraient mal juger et qu'ils pourraient ainsi nous reprocher. La culpabilité n'est pas provoquée par un élément extérieur (comme la peur, par exemple) mais par la vision négative que nous avons de nos actes. Parfois, elle s'exprime sans que la personne soit directement concernée. Combien d'assujettis ayant été abusés dans leur enfance estiment être fautifs : « C'est de ma faute », disent-ils.

La culpabilité, comme la honte, fait partie de la famille des émotions punitives. Elle est toutefois à distinguer du remords, qui survient lorsque l'on trahit réellement ses valeurs ; la culpabilité, elle, est une autoaccusation à propos d'un élément tout à fait subjectif.

À la base, la culpabilité est structurante et socialisante car elle permet le respect des règles. C'est principalement ce qui la distingue de la honte. Jusque-là tout va bien. Mais une personne assujettie va être persuadée d'être égoïste ou bien de faire de la peine, du mal ou de nuire à l'autre, et ce, d'une façon exagérée. Elle endosse une responsabilité qu'elle ne devrait pas prendre et la seule façon qu'elle envisage pour y remédier est de réparer et de dédommager par le don de soi. Les « je dois » et « il faut que » sont alors légion.

Ainsi, l'assujetti agit-il dans l'intérêt des autres, au point de se sentir responsable de leur bien-être. Véritable Saint-Bernard, il fait en sorte que tout aille pour le mieux afin de se convaincre de sa raison de vivre et de maintenir coûte que coûte de bonnes relations avec l'entourage. Très souvent aidé par sa grande sensibilité et son sens aigu de la souffrance d'autrui, l'assujetti est un fin guetteur qui remarque les moindres contrariétés des uns et des autres.

L'assujetti prend donc ce rôle de sauveur à cœur et fait dévier son besoin affectif en comblant celui des autres. Il pratique une sorte de transfert. Au lieu de recevoir, il donne, il protège... et s'oublie ! Véritable homme ou femme « Pin-Pon », il s'oublie tellement qu'il n'ose demander pour lui. L'équilibre indispensable entre donner et recevoir est bafoué. Mais tout cela est délibéré. La personne est parfaitement consciente de ce qu'elle fait, et ne pas le faire provoque une avalanche de culpabilité. Pour valider et entretenir son schéma d'abnégation, l'assujetti se persuade de l'utilité qu'il y a à panser la fragilité des autres, même s'ils ne demandent rien ! C'est sa façon d'exister et de se sentir aimé. Face à une situation précise, l'assujetti pense qu'il n'a pas le choix et doit offrir cette attention et cet amour qu'il a lui-même reçus ou, au contraire, qu'il n'a pas connus.

Les personnes assujetties font souvent preuve d'une certaine empathie et acquiescent avec docilité et passivité à l'absence de retour. Ce dysfonctionnement est source de tensions, de stress et d'anxiété car il est sous-tendu par un besoin perpétuel de recherche extérieure d'harmonie. Avec des phrases telles que « C'est pas grave », « Ne me remerciez pas, c'est normal », « De rien, c'était avec plaisir », ces personnes trouvent toujours de bonnes excuses aux autres. Jusqu'au jour où la non-réciprocité provoque du ressentiment. Car un pur altruisme n'existe pas, en tout cas pas chez l'assujetti ! Il n'est ni un abbé Pierre, ni une mère Térésa ! Bien qu'il possède des talents de représentant du cœur, il a des mobiles cachés : plus ou moins consciemment, il quémande de l'amour et de la reconnaissance. Ses états affectifs et ses blessures du passé s'agitent sur le pas de sa porte ! Paul Watzlawick écrit : « Pour pouvoir se sacrifier, une femme de cette trempe a besoin d'un homme faible et assailli de difficultés... Quant à lui, il a absolument besoin qu'un altruiste imperturbable l'aide à poursuivre son interminable série d'échecs[7]. »

Et c'est dans les moments de fatigue et de lassitude que l'assujetti cherche alors à son tour un peu d'attention, pensant (à tort !) que les autres fonctionnent comme lui. Le résultat est rarement satisfaisant pour lui. Sa déception est de courte durée et son assujettissement repart de plus belle, car l'assujetti a développé la certitude que s'éloigner ou rompre la relation n'est qu'égoïsme ! Et puis, il y a sa peur de la solitude...

Et si un jour le trop devient trop, le semblant de réciprocité s'effondre et la désillusion s'empare alors de la relation. La frustration, source de déséquilibre, poussera l'assujetti à laisser exploser sa colère sous une forme agressive souvent incomprise. C'est l'heure de la fuite ou bien de la contre-attaque pouvant devenir fatale. Furieux, l'assujetti sanctionne, par exemple en cessant brutalement tout don, et retire tout ce qu'il avait pu donner auparavant, affectivement ou matériellement.

L'ASSUJETTI PAR CRAINTE

Ici, l'assujettissement est involontaire puisque la personne est assujettie par les autres ou par l'image qu'elle s'en fait. Il arrive donc qu'elle se place toute seule dans la contrainte !

Ainsi, la peur de l'autre, je préférerais dire la crainte de l'autre, pousse l'assujetti à refouler ses besoins, ses désirs, ses idées, ses envies, ses sentiments, ses choix. *Il s'oublie dans un effort d'adaptation aux autres qui se montrent exigeants, font preuve d'autorité, voire de maltraitance physique ou morale.* L'assujetti a la certitude qu'il doit plaire et faire plaisir à la fois, par crainte et par respect d'une

7. Paul Watzlawick, *Faites vous-même votre malheur*, Paris, Seuil, 1983, p. 97.

autorité plus ou moins traumatisante. Il ne sait pas imposer des limites respectueuses pour lui-même.

L'assujetti s'oblige parfois avant même qu'on l'oblige ! En effet, il est dans une telle anticipation des besoins de l'autre qu'il agit en l'absence de demande. Je parle alors d'assujettissement par anticipation. Il interprète et pense pour l'autre, se voyant au bout du compte reprocher son action !

La crainte sera perpétuellement sous-jacente ; *a contrario,* la peur, elle, intervient dans des situations et des contextes relationnels particuliers.

La peur incite à la vigilance. Elle est préventive. C'est une émotion à fort impact psychologique. C'est l'émotion du danger immédiat. Elle échappe à l'évaluation consciente et devient instinctive. On parle d'émotion réflexe. Tout individu y est confronté. Peur de certains animaux, peur du vide, peur des orages, peur de la maladie, de la mort… C'est donc une émotion salutaire et nécessaire dont l'intensité dépendra de la vulnérabilité de la personne, et les aléas de la vie, tels qu'un traumatisme ou des situations stressantes à répétition, peuvent l'installer d'une façon permanente et durable.

Mais c'est aussi l'émotion du danger à venir. Elle est déclenchée par le manque de temps pour réagir face à une situation et la difficulté à trouver les moyens de faire face. Par exemple, dans une conversation, les assujettis sont souvent pris de court et ont du mal à trouver les arguments et les réponses nécessaires. La peur est alors justifiée par cette incapacité à affronter les situations et à se positionner dans le respect de leurs idées et de leurs choix.

La plus grande peur de l'assujetti est la peur de l'inconnu. Son insécurité affective, mélangée à sa vulnérabilité, l'empêche d'explorer le monde en toute sérénité. Il irait bien de l'autre côté de la rivière, mais l'impossibilité où il se trouve de savoir ce qu'il y a là-bas pour se rassurer l'en empêche ! Il est alors l'otage d'une multitude de peurs anticipatoires et, au bout du compte, préfère l'immobilisme et subir sa relation d'assujettissement.

Il est important de comprendre que l'autre, auteur de la contrainte, n'agit pas forcément par malveillance. Il a tout simplement une emprise plus ou moins consciente sur l'assujetti. Une relation s'est installée, chacun y a pris sa place d'une certaine manière. L'un représente l'autorité et la référence et l'autre est admiratif, complaisant et respectueux de cette force qu'il n'a pas. Quoi qu'il en soit, l'assujetti soumis se sent malmené, impuissant et parfois harcelé, un peu comme une souris entre les griffes d'un chat.

Vous l'avez sûrement deviné, l'assujetti, par crainte, évite les conflits. Il en a même horreur, et sa faible estime de lui entretient et amplifie dans le temps l'assujettissement. Il y a derrière tout cela la crainte (ou la peur, selon les cas) du rejet, de la critique, du qu'en-dira-t-on, de la punition, de la vengeance, de l'abandon, de la violence, du chantage...

Je me souviens d'une patiente qui ne pouvait quitter son mari violent physiquement par peur des représailles, peur qu'il lui enlève par tous les moyens la garde des enfants. Elle pouvait même mentir pour arranger les situations et ménager sa peur.

Ainsi, ces assujettis ont beaucoup de mal à mettre fin aux situations frustrantes et tiennent souvent ce genre de propos: «Qu'est-ce qu'il va dire?», «Ça va être terrible», «Je vais le payer cher», «Il va partir», «Que vont dire mes parents?», «Qui voudra de moi?», «Je ne peux pas lui faire ça»... Leur vision erronée est construite sur un mode apocalyptique et leur docilité et leur passivité face à la contrainte peuvent très vite entraîner des symptômes psychosomatiques.

LA PORTE OUVERTE À...

Quelle que soit la forme de l'assujettissement, qu'il vise à se convaincre que l'on est une bonne personne ou bien à répondre à une autorité, le plaisir et la satisfaction d'agir ainsi perdront inévitablement leur éclat avec le temps. La tristesse puis la détresse prendront le relais à force d'épuisement dans des tentatives de solution improductives, à force d'absence de retour en échange de ce qui a été donné.

La tristesse

L'assujetti peut se convaincre qu'il n'est pas affecté par les événements et les situations et préfère alors se dire qu'il y a plus malheureux que lui. C'est ce que j'appelle le *syndrome du plaisir inversé.* Il s'investit encore plus et, ce faisant, augmente son potentiel d'évitement à résoudre son dysfonctionnement ou ses difficultés relationnelles.

Ainsi, l'assujettissement reste en place, ne donnant à son propriétaire qu'une bonne conscience et un semblant de raison d'exister. Combien ai-je vu d'assujettis malheureux dans leur vie qui, du jour au lendemain, sans être vraiment prêts, partent s'investir dans des missions humanitaires !

Ce refus de voir son problème ne permet de récolter qu'une profonde insatisfaction. L'assujetti plonge alors dans une tristesse d'abord passagère, puis chronique faisant naître sur son front plus tôt que de raison des rides en forme d'oméga ; les psychiatres parlent d'*oméga mélancolique* observable chez des patients sévèrement dépressifs. La tristesse aspire toute l'énergie et entraîne évidemment une baisse de la motivation pour les activités de la vie quotidienne.

Rappelez-vous que toutes les émotions sont positives dans la mesure où elles nous renseignent sur un état ou une situation. La tristesse doit nous permettre de réfléchir aux erreurs commises, aux projets stériles, aux pertes, aux refus, aux colères non exprimées... Elle ne doit pas uniquement servir à attirer l'attention et la sympathie d'autrui. Elle ne doit pas non plus être l'occasion de s'apitoyer sur son sort comme sur une pauvre victime. Exprimer sa tristesse sans s'orienter vers un changement affaiblit l'être et ses interactions. Face à ses persécuteurs, l'assujetti devient une « tête de Turc » sur laquelle on peut se défouler sans crainte ! La tristesse est alors le dernier stade d'avertissement avant la chute vertigineuse. Au bout, il y a la détresse.

La détresse

La détresse est un vécu négatif agissant sur le corps et l'esprit avec une intensité importante et permanente. Elle oblige à regarder en arrière (le passé), perturbant ainsi l'attention et la vigilance vis-à-vis du présent. La personne est plongée dans un état de confusion. Sa perception de la situation et l'analyse qu'elle en tire sont altérées, l'obligeant à ne voir que les aspects négatifs de son histoire. L'impuissance la guette et la perte de contrôle la place en état de survie. L'issue paraît improbable et les solutions impossibles. La répétition des erreurs et l'accentuation des douleurs tétanisent l'assujetti et l'installent dans une lutte intérieure épuisante.

Je me souviens d'une patiente assujettie qui éprouvait violemment le sentiment d'être sans vie, comme une coquille vide. La souffrance habitait tellement son corps qu'elle venait, en l'espace de deux ans, de perdre un premier bébé puis un deuxième. Comme si le vide devait régner en maître et imposer la loi du rien en dedans.

La plainte devient alors une tentative de solution pour retrouver le contrôle de soi et des autres. Se plaindre, c'est être faussement acteur des événements pour ne pas se croire totalement soumis aux aléas de la vie. Mais une position « victimisante » accentue la détresse si l'entourage ne répond pas favorablement à la plainte, ou bien masque la problématique si l'entourage s'y intéresse.

CHAPITRE 7
Pourquoi est-on un assujetti ?

Les personnes assujetties sont très souvent engluées dans ce que j'appelle la *triade affective* : assujettissement, carence affective et abandon : « Je ne dis rien, je suis gentil, serviable, non contrariant, parce que je veux être apprécié et aimé pour ne pas prendre le risque d'être non reconnu et donc mis à l'écart et abandonné ». Voilà la phrase type, caricaturée certes, mais bien réellement pensée ! Ainsi, il y a cette crainte farouche de déplaire et donc d'être délaissé ; autrement dit, de ne pas être aimé. Vouloir mettre fin à une situation assujettissante renvoie immanquablement à la peur de se retrouver seul, sans amour et sans validation externe du système de croyances. L'assujetti est alors dans la confusion, et le dicton *Il vaut mieux être seul que mal accompagné* devient *Il vaut mieux être mal accompagné que seul.* Tenter dès lors d'apprendre à vivre des moments pour soi est extrêmement difficile car laisser l'autre au profit de soi, c'est aussi accepter de perdre le contrôle de l'autre.

Cette peur de l'abandon est très souvent le fruit d'une expérience vécue comme un réel abandon au cours de l'enfance. Rappelons que l'enfant intérieur souffrant de ses failles fait grandir des gens inquiets de l'amour qu'on leur prodigue, en quête de relations passionnelles et fusionnelles. Les trois éléments de la triade n'interviennent pas forcément avec la même intensité ou au même moment. En effet, certains assujettis seront plus en carence affective alors que d'autres seront plus abandonniques.

C'est alors que s'active ce que j'appelle l'*attirance négative*. Vous avez compris que les dysfonctionnements des personnes s'attirent et s'aimantent. Quoi de plus beau et de plus intense en apparence que l'union d'un abandonnique et d'un carencé ! En étant ce qu'il est, l'autre me permet d'être ce que je suis. Il confirme, valide, utilise mes failles et en même temps les sanctionne. Ainsi, l'alchimie des dysfonctionnements croisés marche à merveille et fait des merveilles, effaçant petit à petit l'espace pourtant nécessaire à chacun. L'intense besoin de l'autre et un possible contrôle de l'autre permet à l'assujettissement de tisser sa toile pour camoufler la peur du vide existentiel.

L'ARBRE DE VIE

Les quatre domaines – amoureux, familial, social et professionnel – essentiels à toute existence humaine sont un peu comme les quatre branches d'un arbre. Le tronc, quant à lui, se nomme l'*affect*. Il part de nos racines constituées par les fondements affectifs que nous avons bâtis à partir de nos figures d'attachement. Ces racines permettent de grandir en âge pour nourrir des branches harmonieusement épanouies. Or, il est difficile de s'élever vers le ciel lorsque l'on manque de repères affectifs signifiant son appartenance ; c'est un peu comme si l'arbre végétait par manque d'enracinement. Milan Kundera, dans *Le livre du rire et de l'oubli*, affirme que les gens sans passé sont des gens sans nom. En ce sens, j'ai d'ailleurs souvent constaté que les patients dont les figures d'attachement ont été absentes ou défaillantes racontent leur vie d'une manière décousue, sans aucune précision de dates et avec des grosses lacunes en ce qui concerne le temps ; leurs souvenirs sont flous et certaines périodes de l'enfance sont plongées dans le noir.

Rappelons que durant les premières années de sa vie, l'enfant, incapable de se défendre contre toutes les agressions extérieures, a besoin de proximité et de soins rapprochés pour ne pas se sentir vulnérable. Par proximité, j'entends la disponibilité et la réceptivité. Comme nous l'avons expliqué au début de ce livre, la mère est le premier pilier fondateur de bons schémas cognitifs, émotionnels et comportementaux et son absence est probablement marquante. John Bowlby estimait qu'il valait mieux avoir une mauvaise mère que pas de mère du tout. Le rapport négatif semble moins douloureux à gérer que l'absence totale. Toutefois, et sans connaître l'horreur vécue par les « enfants-placards », l'enfant rejeté ou délaissé par sa mère et par son père gardera des traces de privation affective profondément ancrées et aura tendance à développer une non-confiance en lui et en les autres. Plus tard, il risquera fort de transposer dans ses nouveaux liens ce qu'il aura vu et appris, ou bien il consacrera une multitude d'efforts à gagner cette affection qu'il n'a jamais eue et deviendra un parfait assujetti.

Pour autant, une présence effective mais n'offrant pas de disponibilité ne résout en rien les peurs de l'enfant. C'est d'un milieu stable et sécurisant dont il a besoin afin de développer un sentiment de confiance en lui et en les autres. On dit d'un tel enfant qu'il est « sécure ». Boris Cyrulnik[8] parle de « rêve de Magritte » pour les enfants qui connaissent leurs parents sans vraiment les connaître, comme si ces parents avaient un trou à la place du visage.

Bien qu'en grandissant l'enfant arrive de mieux en mieux à tolérer la frustration, il faudra attendre l'adolescence pour qu'il acquière une relative indépendance cognitive. C'est en effet à cet âge qu'en osant porter un regard critique sur ses parents, il développe son affirmation de soi. Mais son passé pèse déjà sur ses épaules, si bien qu'en fonction de celui-ci, l'affirmation de soi sera plus ou moins aisée à conquérir. Le futur adulte aura facilement tendance à remettre en question sa propre valeur.

Mais revenons à l'exploration de l'arbre de vie. Sans racines correctement développées, donc sans vrai sentiment d'appartenance, il me semble difficile d'avoir un arbre sain. *Un affect mal nourri, c'est comme un tronc malade, calleux, tordu, malingre.*

8. Boris Cyrulnik, *Les nourritures affectives, op. cit.*, p. 87.

« N'appartenir à personne, c'est ne devenir personne… Quand un enfant n'appartient à personne, il se retrouve hors société, privé des structures qui auraient dû étayer son sentiment de familiarité et son désir de filiation[9] », affirme encore Boris Cyrulnik. Un individu avec une vie affective abîmée est en quelque sorte un « écorcé vif » qui aura tendance à se sacrifier pour les autres afin de leur démontrer et se démontrer qu'il est gentil et digne d'intérêt et d'amour. Savoir dire Non est une attitude qu'il ne peut ni accepter ni s'autoriser car il craint alors de perdre les autres ou d'en être la proie.

Si l'appartenance « filiatrice » est essentielle, elle doit permettre à chacun de développer son autonomie pour n'appartenir à personne. Aucun individu ne peut vous enlever ce droit, même au nom de l'amour ! De même, chaque branche – amoureuse, familiale, sociale, professionnelle – pourra être élaguée, voire coupée si elle fait trop d'ombre ou si elle pousse mal. Cela concerne la notion d'*incompatibilité* à laquelle nous reviendrons plus loin. Il y a donc un équilibre à trouver entre le respect de soi et l'appartenance à un groupe d'individus symbolisant le lien social. Cet équilibre est indispensable au désassujettissement. Il permet, par exemple, d'éviter à tous ces assujettis d'intégrer des sectes et de se faire prendre dans les beaux discours d'un gourou soi-disant protecteur et inoffensif.

LE BESOIN D'AMOUR

Recevoir de l'affection est délicieux et même si nous ne devons pas en être dépendants, ce besoin est indispensable à l'évolution affective et sociale de chaque être humain, de la naissance à la mort. Ne pas connaître l'amour des autres, c'est vivre avec un grand vide à l'intérieur de soi et s'apprêter à mourir un jour dans une pauvreté affligeante.

Nos sociétés avides de gain et de rentabilité placent la technologie sur la plus haute marche du bonheur ; une technologie

9. *Ibid.*

individualiste au détriment de relations affectives stables. Laisser les enfants jouer avec une Playstation ou un ordinateur rend certes la vie des parents plus facile mais tellement moins riche de liens affectifs. Il n'est pas rare aujourd'hui, dans une cellule familiale, de voir chacun enfermé dans son espace, les yeux rivés sur son écran virtuel. Nous cherchons ailleurs, parfois dans des rencontres planétaires, ce que nous ne cultivons pas là, si près, dans la pièce d'à côté. Si l'on consulte les nouveaux outils tels que Facebook, on constate que certains internautes disent avoir des centaines d'amis ! Mais qu'en est-il en réalité ? Est-ce cela le lien affectif ?

Nous avons tous besoin d'amour. Cela est une évidence. C'est une manière de se sentir impliqué dans une vie amoureuse, familiale, sociale et professionnelle et de se sentir appartenir à une famille, un groupe, une entreprise, une société... Les figures d'attachement en sont les inséminateurs mais l'assujetti en a sûrement manqué et en réclame certainement plus que de raison. Puisque l'amour ne peut se traduire par des mimiques et des expressions lisibles sur le visage, l'assujetti inquiet questionne et demande souvent : « Est-ce que tu m'aimes ? »

Un patient me dit un jour : « Je demande de l'amour comme un pigeon quémande quelques miettes à la terrasse d'un café. »

Les signes d'affection que les autres peuvent lui adresser sont des stimulations indispensables ; tels les clins d'œil rassurants sur ce qu'il est ou plutôt sur ce qu'il croit être. C'est ainsi que beaucoup d'assujettis, encouragés par une société d'exigence, cultivent l'« avoir plus » et le « faire davantage » ; ils se livrent à une course au perfectionnisme dans le but d'en extraire de l'amour comme une pierre rare et précieuse. Cette nourriture affective en provenance de l'extérieur, bien qu'indispensable, ne saurait toutefois être son seul carburant. Il doit en effet être son propre carburant s'il veut découvrir l'« être mieux ».

LE BESOIN DE RECONNAISSANCE

C'est le père qui inscrit chez l'enfant cette capacité à partir vers demain, au milieu des autres, avec la force d'être soi. Il valide l'amour que la mère et lui-même lui offrent en l'encourageant et en félicitant chaque petit progrès accompli. C'est un encouragement de chaque instant, une véritable présence, non un envahissement. Une main qui se tend avant de se retirer lorsque la voie est tracée.

L'assujetti avide de reconnaissance a sans doute souffert de mots absents, insécurisants ou dévalorisants. Cette main tendue a sans doute été inexistante, trop raide ou trop molle ! Alors, dans chaque regard, chaque phrase, chaque geste, il cherche la validation de ses actes. Pour se rassurer et s'assurer un maximum de reconnaissance, il développe de fortes exigences envers lui-même et privilégie le faire au détriment de l'être. Il s'affaire perpétuellement, ignorant la zen attitude ! Malgré cette suractivité, il ressent un immense vide en lui. Rien ne le rassasie. Il préfère cependant continuer de se persuader qu'il faut vivre pour les autres plutôt que pour soi. Il tente d'être le héros de son quotidien, assume ses rôles amoureux, familial, social et professionnel avec une grande conviction et culpabilise au moindre échec et même à la moindre remarque. Tel un héros, son honneur d'homme (ou de femme) parfait, irréprochable, indispensable est systématiquement en jeu.

Et puis, étrangement et parallèlement, l'assujetti se dévalorise et survalorise les autres, qu'il estime tellement plus que lui.

LE BESOIN D'APPARTENANCE

La sécurité affective dont nous avons parlé conforte le sentiment d'appartenance. Se désassujettir requiert une confiance en soi qui oblige à accepter la solitude et à tolérer l'éloignement. Savoir rester seul est signe d'autonomie. Or, cette solitude peut éveiller un sentiment profond d'abandon associé à un sentiment d'insécurité. Édouard Estaunié décrit la solitude comme une chose du dedans qui ne dépend pas de l'extérieur. Derrière le sentiment d'abandon, il y a la crainte de déplaire, de ne pas être à la hauteur, de ne pas être reconnu, de contrarier, de blesser, de choquer, de déranger, et plus ces craintes sont présentes, plus le sentiment est fort.

Un enfant qui a connu des expériences de rejet, de négligence ou de perte risque de devenir un adulte persécuté par ce sentiment d'abandon qui l'oblige à porter une attention et une extrême vigilance aux agissements de ses proches. Tout peut être analysé et interprété comme un refus affectif et une peur de l'abandon.

Je me souviens d'une patiente que sa mère, quand elle l'attendait, a dû cacher pendant toute sa grossesse pour ne pas perdre son travail. Elle se serrait le ventre de toutes les façons possibles. Sans doute que l'enfant musardé, ligoté a appris à se taire et à se faire tout petit. Quarante-cinq ans après, ma patiente est pétrifiée de peur et d'angoisse. Elle dit ne pas trouver sa place et ne pas être respectée. Son conjoint est exigeant, possessif, ses enfants irrespectueux et son patron tyrannique. Le travail thérapeutique a permis d'ouvrir enfin son espace de vie en l'autorisant à dire, être, faire et avoir ce qu'elle souhaitait. Après avoir perdu le sens de sa vie, elle donnait enfin un sens à sa vie. Son couple a résisté au changement; quant à son travail, elle a démissionné pour s'installer à son compte dans un domaine qui lui tenait à cœur.

Cette peur de ne pas être aimé et donc d'être rejeté nourrit les pensées, les émotions et les comportements de l'assujetti qui sera attiré par des personnes lui permettant de maintenir ses dysfonctionnements. Ses relations sont analysées avec le ressenti de ses expériences passées, d'où cette tendance à répéter les mêmes erreurs et à manifester une préférence pour ce type d'interactions. Perpétuellement en terrain connu, douloureux mais connu, il se prive ainsi de son besoin d'indépendance et de liberté, prisonnier d'un paradoxe liberté-contrainte dont il ne peut sortir.

Plusieurs types relationnels d'attirance négative éveillent le sentiment d'abandon de l'assujetti:

- *L'introversion de l'autre*: l'assujetti souffre de son peu de démonstration et de son inhibition émotionnelle.
- *L'absence de l'autre*: celle-ci peut très vite être insécurisante et éveiller les pires scénarios d'abandon chez l'assujetti.
- *Le non-investissement de l'autre*: choisir quelqu'un qui ne veut pas ou ne peut pas s'engager permet à l'assujetti de se maintenir dans le rôle de victime et de plaignant.

CHAPITRE 8
Les ancrages du dysfonctionnement

L'assujetti a codifié des règles cognitives qu'il applique à la lettre en étant convaincu de leur véracité. Ces règles internalisées au plus profond de son être maintiennent et renforcent son schéma dysfonctionnel. On parle de *distorsions cognitives* pour désigner les modes de pensée accentuant les informations qui confirment les mauvaises croyances et conduisent à minimiser ou à rejeter celles qui pourraient être positives. Les distorsions sont donc une amplification de la lecture erronée de la réalité. Ces distorsions sont absolues, stables, générales et évidentes. Bref, elles constituent le réglage de la lorgnette pour s'analyser soi, les autres et le monde.

Règle absolue: «Si on ne m'aime pas c'est parce que je ne vaux rien.» La personne peut alors ajouter une *règle stable*: «C'est toujours pareil...», et une *règle générale*: «à chaque nouvelle relation».

Cet enchaînement, cette cascade de pensées absolues, stables puis générales, génère un sentiment d'échec qui bloque la personne assujettie dans le non-changement, à savoir dans l'inaction ou la réaction. Elle va sélectionner inconsciemment les situations et les relations humaines qui activent ses schémas de pensée et se désintéresser des relations qui la placeraient dans un meilleur équilibre. C'est la fameuse *attirance négative*. Ce qui pourrait être bien pour elle est absolument occulté par le prisme de sa lorgnette. Ainsi, de stratégie en stratégie, l'assujetti va-t-il activer ses règles dysfonctionnelles à chaque interaction, cela bien qu'elles soient douloureuses. Invariablement, il va vers ce qu'il connaît sans prendre réellement conscience du fait que son être tout entier souffre d'être si peu respecté !

LES DISTORSIONS COMME REPÈRES

Il existe plusieurs formes de distorsions. Je ne présenterai que les principales, celles que l'on rencontre chez les assujettis.

- *La surgénéralisation :* il s'agit de généraliser une interprétation à toutes les situations : « Je suis moche, personne ne m'aime et je finirai seul. » Cela permet à l'assujetti de se donner des repères (mauvais) qui lui permettront de canaliser ses comportements inadaptés. « Toujours » et « jamais » sont des mots classiquement utilisés dans la surgénéralisation.
- *La sélection arbitraire :* il s'agit de ne voir que le côté négatif d'une situation et de se concentrer exclusivement sur cet aspect négatif ; le côté positif est nié : « Si je réussis quelque chose c'est parce que c'est facile et non parce que j'ai brillé. » Ainsi, la vision globale de la situation prend immanquablement des allures sombres et pessimistes.
- *La dichotomie :* il s'agit de concevoir les événements dans leurs manifestations extrêmes : tout ou rien, blanc ou noir, bien ou mal… Il n'y a pas d'équilibre, ni de juste milieu. Si votre mari estime que la viande est trop cuite, c'est que vous êtes mauvaise cuisinière… Cette forme de distorsion est terriblement épuisante car elle fait pratiquer au corps et à l'esprit un jeu de l'élastique permanent.
- *L'inférence arbitraire :* contrairement à la sélection arbitraire, il y a une interprétation négative faite en l'absence de faits négatifs. Mentalement, l'assujetti ne peut s'autoriser à regarder les choses autrement. Tout n'est que catastrophe : « Mon ami me dit qu'il est malade et qu'il ne peut me rejoindre au café. Il a sûrement mieux à faire. »

- *Le raisonnement émotionnel :* l'ordre du processus pensées-émotions-comportements n'est pas respecté. L'information sensorielle donne naissance à une émotion qui elle-même fabrique une pensée. L'émotion arrive en premier et la personne bâtit sa pensée sur l'émotion en question : « Je me sens coupable, donc j'ai mal agi. » Autrement dit, la personne active de façon récurrente le mode de survie décrit précédemment.

LES TENTATIVES DE SOLUTIONS

Rappelons que les croyances inadaptées vont suivre l'enfant, puis l'adolescent et l'adulte tant qu'elles ne seront pas modifiées. Elles le plongeront dans la spirale du « encore et toujours les mêmes erreurs ». Elles vont ainsi se renforcer et justifier leur existence, amenant la personne vers d'autres échecs sur les plans affectif, social et professionnel. Absurde, me direz-vous. Eh bien, pas tant que ça, dans la mesure où chaque individu va vers ce qu'il connaît et non vers ce qui est bon pour lui. Par exemple, la violence peut être perçue comme la norme alors que la douceur peut susciter de la méfiance !

L'être humain est donc capable de supporter l'autorité parfois jusqu'à l'inacceptable, mais il lui est par contre difficile d'accepter de ne pas être aimé. L'*homo sapiens* que nous sommes est ainsi ! Alors, pour exister aux yeux des autres et s'adapter, il fait preuve d'une capacité à se tordre comme un métal chauffé à blanc.

Maintenant, je vous demande d'imaginer un chien confronté à un autre chien apparemment plus fort. Face à cette menace, le premier a le choix entre la capitulation, la fuite et la bataille. Il peut en effet se mettre sur le dos pour montrer sa soumission et éviter le possible conflit. Il peut également décider de fuir ou bien choisir l'affrontement et le combat. Cette panoplie de solutions est envisageable par l'être humain.

Ces stratégies d'adaptation se déclinent en trois familles : la capitulation ou soumission, l'évitement ou fuite et la surcompensation ou contre-attaque. Dans des contextes spécifiques et isolés, ces stratégies peuvent s'avérer utiles et indispensables. Mais, esclave de son dysfonctionnement, l'assujetti, champion du besoin d'amour et de reconnaissance, va reproduire indéfiniment les mêmes comportements et les mêmes erreurs. Ses stratégies, qui ne donnent malheureusement pas de résultats heureux, lui permettent de mal garder un lien ou de mal le défaire.

Chaque individu choisira une ou plusieurs stratégies adaptées à ce qu'il est. La stratégie adoptée dépend donc de l'histoire personnelle mais aussi de la personne avec son tempérament, sa mémoire, son corps... Ce qui signifie qu'avec la même histoire vécue, deux assujettis peuvent internaliser différemment les événements de la vie et choisir des stratégies d'adaptation différentes.

Je me souviens avoir reçu séparément deux sœurs jumelles me racontant la même histoire d'enfant, avec une mère distante et peu chaleureuse et un père absent et dépressif. Un profond assujettissement lié à une carence affective, et une peur de l'abandon ont conduit ces deux sœurs sur les routes de l'échec amoureux. Pour moins souffrir, elles ont chacune mis en place des outils stratégiques qui leur correspondaient. Leur tempérament respectif s'est exprimé dans la différence. L'une d'elles a choisi la fuite en se refusant le droit d'aimer. Pour mettre en œuvre cette stratégie, elle se négligeait physiquement et évitait tout contact social. L'autre a préféré la contre-attaque en soignant son apparence, son *look*, noyant ainsi son assujettissement affectif dans une surconsommation relationnelle, avec des rencontres bien évidemment négatives la maintenant dans ses dysfonctionnements.

Chaque assujetti peut également, selon les domaines concernés — amoureux, familial, professionnel ou social —, choisir une stratégie plutôt qu'une autre. Il peut aussi passer de l'une à l'autre à la suite d'un même événement. Par exemple, lorsque la goutte d'eau fait déborder le vase, lorsque l'intolérable devient trop intolérable, l'assujetti abandonne sa passivité « de capitulation » et décide de contre-attaquer.

Ce qu'il faut bien comprendre c'est que toutes les stratégies utilisées renforcent le dysfonctionnement inhérent à l'assujettissement. Ce sont des tentatives de solution qui ne solutionnent rien ! Même la fuite est une adaptation. Adopter une stratégie d'adaptation revient donc à se suradapter aux mauvais schémas en dépensant une énergie folle. L'assujetti se suradapte (au sens où il subit) au conjoint, au travail, aux enfants, à la météo, aux amis, aux programmes de télévision, aux voisins, que sais-je encore, et dès qu'il n'y arrive pas ou plus, le moindre regard, la moindre attitude, le moindre mot de l'autre l'inquiète et lui laisse présager le pire. Cet état de suradaptation épuise et génère des peurs anticipées et une culpabilité dévastatrice.

Les différentes applications stratégiques

La capitulation

L'assujetti est résigné, non par manque de personnalité mais par culpabilité ou par crainte. Il n'essaie pas d'éviter ou de lutter contre son dysfonctionnement. Il est passif, accommodant avec l'environnement et laisse les autres contrôler les situations. Il se sent impuissant et désarmé. Parfois, il est à peine conscient de sa soumission et du non-respect de lui-même.

Au-delà de toute sa culpabilité et de ses peurs, il y a cette peur immense de l'inconnu qui le glace et l'empêche de s'affirmer avec le bon ton, au bon moment et face à la bonne personne. Elle est la résultante d'une base affective fragile et d'un manque de reconnaissance qui anéantissent l'autonomisation et interdisent l'exploration de l'inconnu. Alors, l'assujetti adoptera principalement deux grandes règles de passivité envers lui-même et les autres.

- *La première :* ne rien dire et ne prendre aucune initiative afin d'éviter toute dissolution du lien affectif, si mauvais soit-il. Voilà une raison fréquente de capitulation qui a souvent été apprise très tôt dans l'enfance. Lorsque les (ou le) parents présentent des failles dans leurs rôles parentaux, l'enfant préfère étouffer son ressenti émotionnel et ajuster son comportement. Il développe une vigilance anormale et se fait « tout petit » pour ne pas contrarier ses figures d'attachement et assurer sa sécurité. Il inhibe ainsi son système émotionnel. Donald W. Winnicott qualifie d'*enfants météorologistes* ces enfants qui scrutent sans cesse l'attitude parentale pour prévoir leur humeur. À la moindre perturbation, l'enfant s'efface et adopte une attitude de retrait émotionnel.

L'adulte assujetti pourra reproduire ce processus et décider de contrôler ses pensées et ses émotions afin d'écarter toute douleur liée à la frustration : ne rien dire, ne rien changer, ne rien exiger et ne rien éprouver pour se protéger et maintenir ainsi le lien. Dans ce cas, la colère indispensable au désassujettissement sera quasiment impossible à exprimer ; ce qui ne signifie pas qu'elle n'existe pas à l'intérieur. La personne perdra alors sa spontanéité et son estime d'elle-même, un peu comme si tuer ses émotions favorisait l'obéissance et la soumission. On parle d'*alexithymie* pour définir cette incapacité à agir face aux événements. La résignation est alors toute proche...

- *La seconde :* être dépendant de l'autre et se focaliser sur ses désirs au détriment des siens. L'assujetti se coupe ainsi de tout ce qui fait sa personnalité, jusqu'au jour où cet enfermement devient insupportable. Sans travail sur soi, seule la dureté et parfois la haine et la violence permettront à l'assujetti de sortir de cette prison affective.

Je me souviens d'une patiente désemparée parce que sa fille lui demandait de moins la voir et de moins lui téléphoner. Elle ne comprenait pas cette décision qu'elle interprétait comme un rejet et de l'hostilité et me dit ce que j'entends souvent : « Avec tout ce que j'ai fait pour elle. » Sans doute en avait-elle fait beaucoup trop !

Là aussi, cette dépendance s'apprend très tôt. Les mères possessives ressentent un plaisir et un besoin à avoir leur enfant proche, et donc dépendant. Peut-être y a-t-il aussi chez elles une peur de l'abandon ?

Je me souviens d'une maman qui avait prolongé l'allaitement et retardé l'entrée à l'école de son enfant le plus longtemps possible. Étrangement, elle semblait elle-même ne pas avoir coupé le cordon, téléphonant chaque jour à ses propres parents.

La dépendance fait alors naître une fusion qui place l'enfant et la mère dans un alignement cognitif et émotionnel. L'enfant en apprentissage développe une réceptivité aiguisée qui le pousse au mimétisme : penser comme l'autre et réagir comme l'autre.

L'évitement

Certains vont éviter toutes les situations assujettissantes pour ne plus souffrir. La fuite se présente sous des formes très variées et parfois extrêmes et surprenantes, obligeant l'assujetti à tromper les autres et à se trahir lui-même. Comme dans la capitulation, l'assujetti est dans la passivité mais une passivité active. Il peut donc avoir l'impression d'agir, mais cette action n'est pas conforme à ce qu'il voudrait réellement. D'où une invasion de mauvais ressentiments (agacement, frustration, agressivité) et, à terme, l'installation de symptômes : anxiété généralisée, états de panique, phobies...

Parmi les *différentes formes d'évitement* possibles, voici les principales.

- La personne préfère rompre brutalement la relation plutôt que de continuer à vivre une interaction pénible lui rappelant les mauvaises expériences infantiles. L'assujetti se battra à nouveau pour une autre relation, qu'il risquera également de briser. Parfois, il fera tout pour retrouver l'ancienne relation, pensant que l'autre l'aura compris et aura changé, ce qui donne un scénario du type : « Je te fuis, tu me suis ». C'est le *syndrome du porc-épic* décrit par Jacques Salomé : lorsque l'un s'approche, l'autre s'éloigne. Le besoin d'appartenance se heurte au besoin d'autonomie ; mais aucun des deux n'est correctement cerné ni satisfait ; alors les deux personnes en interaction ne trouvent jamais la bonne distance.

La rupture d'un lien peut donc également puiser sa raison d'être dans la conviction erronée d'être indépendant. Cette fausse indépendance conduit au refus d'aimer à nouveau et de construire affectivement un autre lien. L'assujetti choisira alors des relations plus superficielles et probablement éphémères, sans avenir possible.

- Pour se protéger, l'assujetti se construit un monde meilleur. Il préfère l'illusion, qui permet le rêve, à la désillusion. Idolâtrer un chanteur ou une actrice au point d'en être amoureux offre cette possibilité de réparer les blessures affectives.

  L'assujetti peut aussi s'illusionner au sujet de l'assujettisseur lui-même et penser que celui-ci n'est finalement pas si « affreux » que ça. Une telle illusion s'apprend aussi dans l'enfance. En effet, il n'est pas rare qu'un enfant maltraité idéalise son agresseur, continuant à l'aimer et à minimiser les actes persécuteurs.
- Le suicide est une autre forme de fuite qui permet de ne pas affronter la réalité. C'est aussi une façon de croire en la mort comme en une délivrance, et l'ultime possibilité de rejoindre des êtres chers dont le deuil n'a pas été fait : « Je pourrais enfin retrouver ma grand-mère ou mon frère… »

  Il m'arrive de temps en temps de devoir rappeler à mes patients que le suicide est une décision définitive pour des problèmes provisoires. Le changement est toujours possible, aujourd'hui ou demain, et le suicide ne résout rien mais crée le vide et l'absence pour ceux qui restent et qui aiment, mal ou bien.
- La fugue — je pars, puis je reviens, puis je repars — est une autre façon de montrer que l'on ne trouve pas sa place ou que l'on n'a pas sa place. Il est intéressant de noter qu'à l'âge adulte, les hommes fuguent plus que les femmes. Seraient-ils plus

assujettis ? Nous pourrions nous demander si dans nos sociétés dites modernes, les hommes ont une difficulté à se sentir responsables, utiles ? Trouvent-ils leur place au sein de la famille ? Ont-ils perdu les clés et les codes pour ouvrir correctement les portes d'accès à une vie affective et sociale équilibrée ?

La surcompensation

Il est important de comprendre que la compensation est indispensable à la guérison d'un dysfonctionnement. Elle permet d'établir un équilibre entre le respect de soi et le respect de l'autre. Mais la surcompensation est un excès de compensation entraînant la personne dans des comportements excessifs dénués de bon sens. C'est choisir l'autre côté de la balançoire : c'est se rebeller après s'être soumis, c'est l'agressivité après la peur, c'est l'ironie après la tristesse, c'est l'indifférence après la culpabilité…

La contre-attaque est bien évidemment la surcompensation privilégiée. Elle se caractérise par une attitude de contrôle des autres. Faire plier l'autre rassure l'assujetti.

Je me souviens d'une patiente me disant : « En faisant des caprices, je me sens aimée. Par exemple, l'autre jour, je n'ai pas supporté que mon mari sorte sans moi pour prendre l'air et se changer les idées. J'ai menacé de casser des objets pour le retenir. »

La contre-attaque camoufle une peur latente et un niveau de frustration élevé. L'assujetti se tient en sentinelle, prêt à bondir, à imposer et à exiger exagérément lorsque sa vie affective est menacée. De nombreuses phrases visent à maintenir une attitude de contrôle parfois dévastatrice : « Je préfère être le loup que l'agneau », « On ne peut avoir confiance en personne », « Les autres sont des salauds »… L'assujetti en manque d'estime de lui trouve un apaisement dans ses contre-attaques persécutrices et agressives parfois soutenues par des agissements manipulatoires et un désir de revanche. Toutefois, la culpabilité n'est jamais bien loin !

Mais il existe d'autres formes de surcompensation telles que la recherche de l'excellence, l'esprit de compétition exacerbé, la séduction. Bref, un ensemble de comportements parfois obsessionnels qui permet à l'assujetti de se mettre en avant et de se faire valoir de façon excessive, ce qui est une source inévitable d'épuisement. Voici les *principales formes de contre-attaque.*

- Comme l'enfant non sécurisé peut avoir recours à certains comportements extrêmes pour attirer l'attention et la protection de ses parents, l'adulte assujetti peut reprendre plus ou moins consciemment de tels comportements : mise en danger, tentative de suicide, blessures, plaintes, dépendances... Ces moyens provoquent la peur et la culpabilité de l'autre, le positionnant dans un rôle de sauveur et sollicitant ainsi une attention extrême de sa part.
- Tester les limites est une autre façon de rechercher désespérément des repères auprès de l'autre. Lorsque l'assujetti ressent violemment un sentiment d'abandon, lorsqu'il a peur que l'autre lui échappe, cela peut donner lieu à une foule d'exigences démesurées mais qui le rassurent. Les réclamations incessantes et le besoin de tout décider dans l'interaction sont censés réparer le manque d'amour intérieur. En cherchant ainsi à prendre l'ascendant, l'assujetti bascule dans un rôle de domination malgré sa faible confiance en lui. Mais si la domination est facilement acceptée, l'autre peut donner l'impression d'être trop docile et trop faible pour être rassurant. *A contrario,* si les réclamations ne sont pas satisfaites et si l'autre émet des résistances, la frustration sera à son comble. Dans les deux hypothèses, l'insatisfaction renforce l'assujettissement et les contre-attaques risquent de s'amplifier.
- Viser le dépassement dans la compétence est aussi une contre-attaque envisageable. Maîtriser un domaine précis rassure sur ses valeurs ; de même, développer un perfectionnisme extrême donne à l'assujetti l'illusion de contrôler parfaitement toutes les situations.

Comme un train peut en cacher un autre, une trop grande affirmation de soi peut dissimuler une faible estime de soi.

Je me souviens d'un patient qui ne s'autorisait pas à jouir, désireux d'offrir à son épouse un plaisir sans fin !

- Se focaliser sur les défauts de l'autre est une autre forme de contre-attaque envisageable. Clamer haut et fort, à qui veut bien l'entendre, les misères que l'autre vous inflige est une tactique souvent utilisée par l'assujetti. Nous sommes ici typiquement dans une relation de bourreau-victime que j'appelle réversible puisque nous pouvons nous demander qui est effectivement le bourreau et qui est la victime. La focalisation permet à l'assujetti de mieux ignorer ses propres failles. En ne regardant que celles de l'autre, il peut maintenir ainsi son incapacité à agir et à prendre les décisions qui lui permettraient de sortir de l'assujettissement.
- La séduction par l'attachement, qui ne doit pas être confondue avec la séduction sexuelle, est une autre forme de surcompensation. L'assujetti en quête de reconnaissance affective teste inconsciemment son impact affectif sur les autres sans pour autant avoir d'autres intentions. Combien de patients m'ont dit : « Je veux voir si je suis encore aimé ». Quand ils évoquent la séduction sexuelle, ils disent plutôt : « J'aimerais savoir si je plais encore, si je peux être désiré ». Le problème est que l'autre n'est pas censé distinguer séduction d'attachement et séduction sexuelle !

Le blocage des stratégies

Comme nous l'avons déjà dit, toutes ces stratégies sont vouées à l'échec pour plusieurs raisons.

- L'autre n'est pas votre semblable. Ces stratégies ont fonctionné avec les figures d'attachement (puisque l'enfant les a sûrement apprises et testées avec elles), mais elles ne fonctionneront pas systématiquement avec un partenaire ou au sein d'une autre relation sociale ou professionnelle. L'autre ne réagit pas forcément aux mêmes signaux ! Ayant grandi dans un environnement différent, il ne comprendra pas nécessairement les demandes et les attentes sous-jacentes et risque de ne voir que le décor de la scène, c'est-à-dire l'apparente stratégie de l'assujetti. C'est alors que les quiproquos et les incompréhensions s'installent, faisant échouer l'interaction et les changements éventuels qui pourraient atténuer les mauvaises croyances de l'assujetti. Ce dernier s'enferme dans la certitude que l'autre ne fait aucun effort et qu'il ne veut que son malheur.

Je me souviens d'une patiente réclamant plus de présence et plus de manifestation émotionnelle dans sa relation amoureuse. Or, son conjoint avait grandi dans un environnement où se dire « Je t'aime » était tabou et où l'expression des émotions était interdite. Il était donc évident que sa demande serait difficile à exaucer. Face à la froideur du partenaire, celui qui réclame va éprouver une profonde déception, réitérant encore plus fortement ses demandes. L'incompréhension est alors totale.

- Ces stratégies de suradaptation poussent à leur propre renforcement, modifiant subtilement le lien et transformant, comme dans un tour de passe-passe, la victime en bourreau : « Plus j'ai mal, plus je fais mal ». Dans cette spirale infernale et contradictoire, les liens de la communication sont en lambeaux ; une fragile corde qui relie des êtres incompris.

Cela dit, si nous admettons qu'il existe effectivement un bourreau dans toute relation, il est important de préciser qu'il ne l'est pas forcément de façon malveillante. Il existe le bourreau involontaire, le bourreau volontaire sans intention de nuire et le bourreau volontaire avec intention de nuire. De même, il peut l'être perpétuellement dans le cadre d'une attirance négative, ou bien passagèrement parce que ce qu'il vit au sein de la relation est inconnu ou difficile. Il peut l'être passagèrement également parce que ce qu'il vit à l'extérieur de la relation est particulièrement stressant et irritant : un licenciement, un chômage, le décès d'un proche…

En conclusion, je voudrais dire que, quoi qu'il en soit, l'assujetti détient une part de responsabilités dans l'existence des mauvaises relations mises en place. L'autre ou les autres ne peuvent porter la totalité du malaise relationnel. Même dans le cas où il se trouve en interaction avec un bourreau volontaire ayant l'intention de lui nuire, l'assujetti est en partie responsable car il accepte la situation et laisse peser sur lui une nuisance importante. Rappelez-vous qu'*il est irresponsable d'être responsable à la place d'un irresponsable.*

L'INSUPPORTABLE INDIFFÉRENCE

Nous ne le répéterons jamais assez : l'amour est une raison d'exister. Tout être humain cherche à être aimé car l'absence d'amour le renvoie à ses peurs les plus primaires. Pour cette raison, l'indifférence est insupportable. Les besoins de sécurité et d'appartenance sociale font partie des besoins fondamentaux. Or, l'assujetti qui souffre d'un manque de reconnaissance affective choisira des scénarios l'entraînant inévitablement, à plus ou moins long terme, dans une autodestruction et une destruction du lien à l'autre. Les deux scénarios les plus répandus proposent des stratégies d'adaptation différentes selon l'écho renvoyé par l'autre. Dans le premier, la surcompensation domine, alors que dans le deuxième, la soumission s'enracine davantage chez l'assujetti.

La recherche d'une position dominante

Par une stratégie évolutive et progressive plus ou moins inconsciente, la personne va se présenter en persécuteur.

- Tout d'abord, elle cherche à *être admirée* par l'autre pour être reconnue. Mais si les comportements adoptés n'ont pas l'écho attendu, le persécuteur qui dort en elle s'éveille. Déçue, elle passe alors à la deuxième étape du processus pour rompre ce sentiment d'indifférence.

- Elle cherche alors à *être crainte* par l'autre. La personne cherche à être reconnue par un passage en force. L'hostilité remplace progressivement la déception. Nous nous trouvons en présence d'un possible bourreau et d'une possible victime. L'intimidation et la peur sont ainsi provoquées chez celui qui n'admire pas. Si cela ne suffit pas, alors l'étape suivante s'impose.
- Elle cherche à *être haïe* par l'autre. L'agressivité succède à l'hostilité et le comportement est destructeur. Perdu pour perdu, elle adopte une attitude de rejet et se dit plus ou moins consciemment: « De toute façon, au point où j'en suis. » À ce stade, son sentiment d'abandon la pousse à renoncer à la relation. Étrange paradoxe! Prisonnière d'une double contrainte, « Pendue si je fais, pendue si je ne fais pas », elle ne se bat plus pour donner le meilleur d'elle, mais se bat pour dévoiler son côté démon.

Je me souviens d'une patiente profondément amoureuse d'un homme marié, qui lui assurait vouloir quitter sa femme pour elle. Il ne la quitta pas, ce qui ne l'empêcha pas de conserver sa relation extra-conjugale dans laquelle il pouvait à l'occasion se montrer tendre et attentif, puis à d'autres moments désagréable et vulgaire. Ma patiente souffrait de la non-décision de son amant, mais peut-être plus encore de ses attitudes parfois très humiliantes. Son besoin d'amour et de reconnaissance ne lui permettait pas de dire STOP, jusqu'au jour où, enfin prête, elle s'autorisa à sortir des griffes de son assujettisseur. Malgré l'amour qu'elle portait à cet homme, elle coupa toute proximité et toute communication. Le processus de la position dominante débuta avec des comportements et des mots qui finirent par détruire l'amour.

La recherche d'une position dominée

Par une stratégie évolutive et progressive plus ou moins inconsciente, la personne va se présenter en persécutée.

- Tout d'abord, elle cherche à *être plainte*. C'est une manière de pratiquer ce que j'appelle de la *rétention d'attention*. La personne s'installe dans un rôle de victime. Comme il est difficile pour l'assujetti de sortir de cette position dans laquelle il s'est comme enfermé, l'autre finit par ne plus y porter attention. Ce processus d'accentuation va ouvrir la porte à la deuxième phase.
- Elle cherche à *être dépréciée*. La plainte ne fonctionnant plus, la personne accentue ses plaintes tout en réclamant en même temps la censure et la critique: « Tu as raison, je n'en vaux pas la peine, tu trouveras mieux que moi... » La personne active la culpabilité de l'autre afin d'obtenir de l'attention. Si cela ne marche pas, il ne lui reste plus que la soumission au non-changement.
- Elle cherche à *être soumise*. Elle finit par se convaincre qu'elle ne peut pas changer grand-chose. La tristesse et la peur s'invitent au quotidien. La non-action de l'un stimule la réaction de l'autre.

L'alternative

Il est aussi possible d'alterner les deux scénarios suivants.

Prenons l'exemple d'une personne qui, durant son enfance, ne pouvait pas, face à la dureté et à l'autorité de son père, exprimer sa colère. La crainte de l'autorité paternelle lui faisait courber l'échine. Remplacer alors la colère par une émotion de substitution, la tristesse par exemple, paraissait être la seule issue favorable pour attirer l'attention du père et être aimée.

Plus tard, cette personne va tenter de mettre en place le même fonctionnement: obtenir ce qu'elle veut par une expression émotionnelle de substitution et donc un comportement de dominée. Mais si l'autre ne réagit pas comme prévu, alors l'assujetti contre-attaquera en devenant persécuteur avant de s'effondrer en larmes. À ce moment-là, l'autre, surpris, adoptera l'attitude du père consolant, en séchant les larmes et en essayant finalement de satisfaire la demande. L'assujetti a trouvé son sauveteur ! Le cocon affectif se reforme et le cours des choses peut reprendre.

Ainsi, la vie est une immense scène où se jouent des scénarios d'attirance et de rejet, de rejet et d'attirance. Les scénarios se poursuivent, les corps se polarisent et s'aimantent. Dans ce jeu du chat et de la souris, où chacun nourrit les croyances de l'autre, quelques expressions-chocs sont si révélatrices !

Le point de vue de l'assujetti

- *Autour de la culpabilité* : « Je ne peux penser à moi », « Qui suis-je ? », « Je n'ai pas le droit de m'imposer », « Je ne vaux pas grand-chose », « Je ne mérite pas d'exister ».
- *Autour de la peur* : « Je crains sa violence », « J'ai peur de sa vengeance », « Je redoute l'échange », « Il est plus fort que moi », « J'ai peur de me mettre en avant... »

Le point de vue de l'assujettisseur

- *Autour de la culpabilité* : « Prends soin de moi », « Aide-moi », « Tu le regretteras », « Je pourrais bien en voir une autre », « Tu ne te rends pas compte de mon problème... », « Avec tout ce que je fais pour toi », « Je t'aime à en mourir », « Sans toi je n'existe pas... ».
- *Autour de la peur* : « Fais attention », « Tu dois me respecter », « Tu n'es pas doué », « Tu sais que tu as tort », « Tu vas t'en mordre les doigts... ».

LE STRESS ET L'ANXIÉTÉ, DES FACTEURS D'AGGRAVATION

Les sociétés modernes sont génératrices d'une insécurité sociale qui nous cerne de toutes parts. L'homme est pris dans une spirale du « toujours plus et toujours mieux ». Il nous est difficile d'y échapper, alors que nous ne désirons vraiment qu'une petite partie de ce que nous recherchons ; le reste n'est que futilité, gadget et caprice pour combler nos vides intérieurs. Jean-Pierre Le Goff, dans *La barbarie douce*, nous dit que depuis les années 1980, la modernisation aveugle déstabilise individus et collectivités et provoque stress et angoisse tandis que les thérapies en tout genre lui servent d'infirmerie sociale. L'homme contemporain n'est plus dans l'attente des choses, il les a et en veut plus encore. Charles Melman, dans *L'homme sans gravité*, affirme que l'homme n'est plus dans le désir mais dans la jouissance. Cette infernale boulimie abîme et fabrique des êtres habités d'un mal-être déconcertant et prisonniers de faux modèles d'équilibre.

À cet assujettissement collectif s'ajoute bien évidemment l'assujettissement personnel fruit d'une insécurité affective ; le tout est facteur de stress et d'anxiété, mettant en péril l'homéostasie du corps. Le système nerveux s'épuise et altère le système immunitaire.

Et plus le corps est fragile, plus nous développons de la vulnérabilité qui se traduit par une angoisse de perdre le contrôle des choses, ce qui rend l'inconnu effrayant. À cela s'ajoute une distorsion cognitive dans l'évaluation des situations.

Une patiente me disait : « Devoir affronter mon patron tous les matins et m'attendre à tout moment à me faire jeter comme une moins que rien me rend malade. J'ai la boule au ventre à peine réveillée. »

La définition du stress

Dans le langage de tous les jours, nous avons tendance à donner la même signification aux mots « stress » et « anxiété ». Or, il existe des situations de stress sans anxiété (une compétition sportive) et des situations d'anxiété sans stress consistant en un état d'alerte sans raison particulière.

Le stress est défini comme un ensemble de réactions permettant à l'individu de s'adapter aux situations. Il est donc une réponse d'adaptation et suppose une mobilisation du corps au service de la personne. Lorsque nous recevons un stimulus stressant, notre corps se prépare à affronter la situation.

L'information arrive au cerveau par nos aires sensorielles ; le thalamus amène alors les données jusqu'à l'hypothalamus qui, en agissant sur les glandes surrénales, libère de l'adrénaline. En même temps, la pression artérielle augmente, les muscles se tendent, le rythme cardiaque s'accélère... Le processus d'homéostasie est en route et nous pouvons ainsi nous lancer dans la bataille !

Le stress est donc indispensable aux prises de décision. Il augmente notre efficacité et agit comme une sorte de dopant, stimulant notre motivation. Il nous maintient en alerte vis-à-vis d'un danger ou d'une difficulté, et ce n'est que lorsqu'il est excessif et répété qu'il devient nuisible, créant une tension épuisante. Au-delà d'un certain stade, le corps ne peut plus fournir les réserves d'énergie nécessaires, c'est alors que tout s'effondre. Nombreux sont les patients en suradaptation incapables de dire Non à des situations qui les crispent et les tendent comme de fragiles élastiques. Le stress devient alors détresse.

Holmes et Rahe, deux chercheurs américains, ont déterminé, en 1967, 43 situations sources de stress, parmi lesquelles on retrouve un divorce, une séparation, un licenciement, un départ en retraite, un changement dans l'environnement professionnel, dans les conditions de vie et les habitudes, un conflit hiérarchique... Vouloir prendre ou ne pas prendre de décisions, affronter ou accepter de l'opposition et des résistances génère du stress ; un stress passager ou durable, selon le choix fait !

La définition de l'anxiété

L'anxiété est éprouvée lorsqu'un danger, une menace ou tout autre événement perçu comme négatif est susceptible de se produire. L'anxiété se définit donc comme un état émotionnel de tension nerveuse faisant naître une peur parfois paralysante. Par sa chronicité, elle peut devenir pathologique. On parle alors d'*anxiété généralisée*. Cet état épuisant pousse l'individu à développer des rituels, des contraintes, et très souvent à fuir... Ce qui peut aller jusqu'à des crises de panique définies comme des états passagers de malaise intense caractérisés par de fortes réactions corporelles.

Certains individus sont prédisposés génétiquement à ressentir de l'anxiété. David Barlow appelle cette prédisposition la *vulnérabilité biologique généralisée.* Mais l'anxiété se développe aussi à travers l'histoire de la personne. Ainsi, l'insécurité affective et la vulnérabilité face à l'inconnu et face aux événements sources de stress ouvrent-elles le champ à l'anxiété. La peur est l'émotion nourricière de l'anxiété.

Je me souviens d'un patient assujetti qui ne s'autorisait aucun débordement d'horaire de travail par peur des réactions de sa femme suspicieuse et jalouse. Cette peur semblait le mettre dans un état de stress démesuré, au point que boire un pot avec des collègues avant de rentrer à la maison était totalement impossible; jusqu'au jour où le STOP s'est imposé...

Parmi les différentes raisons d'avoir peur, et sans doute derrière chacune d'elles, il y a la peur de l'inconnu. Combien d'assujettis seraient prêts à changer les choses à condition de savoir ce qui les attend? Ils aimeraient contrôler l'avenir ou bien souscrire une assurance tous risques contre les aléas et les mauvais vents. Ils aimeraient aussi voir leur thérapeute travesti en madame Soleil devant sa boule de cristal!

Je crois que cette capacité à aller vers l'inconnu s'apprend et se transmet; le père est un pilier fondamental dans cet apprentissage. C'est lui qui pousse l'enfant, en toute sécurité bien sûr, à élargir son spectre de vision et à s'ouvrir à l'aventure humaine. Gabrielle Roth, artiste américaine qui a acquis une renommée mondiale dans le domaine du mouvement et du développement personnel, affirme, dans *La danse des cinq rythmes*: « Le père est la conscience masculine du corps et de l'âme, la partie active de nous qui a un sens pratique et nous protège, celle qui fixe des objectifs, planifie l'avenir, paie les factures et se rappelle les numéros de téléphone[10]. »

10. Gabrielle Roth, *La danse des cinq rythmes*, Paris, Le Courrier du livre, 2009, p. 136.

Le scénario idéal est le suivant.

Le père: «Va mon fils (ou ma fille), quoi qu'il t'arrive, je suis là». La mère intervient alors: «Mais tu ne crois pas que...» Et le père rétorque sans la laisser finir la phrase: «Laisse faire, il n'y a pas de problème, il ne risque rien, il doit faire son expérience et de toute façon, je serai là s'il a besoin de moi».

Ainsi donc, la mère retient, couve, maintient la proximité, alors que le père libère et pousse à l'autonomie. La mère console et le père encourage. Il a cette chance de croire en l'avenir, aux jours meilleurs, et donc en l'optimisme, permettant d'acquérir une meilleure estime de soi. En fait, le père est dans ce que j'appelle l'*extension affective*, et la mère dans *la rétention affective*. L'amour que le père porte à son fils ou à sa fille l'aide à partir vers ailleurs, alors que l'amour maternel l'invite à rester bien au chaud et à retarder l'heure du départ. D'ailleurs, les fusions sont très souvent des fusions mère-enfant. Autrement dit, l'un offre un amour tourné vers l'extérieur et l'autre offre un amour racine, un amour *cocooning*, et les deux mélangés harmonieusement font des miracles! C'est la magie d'une complémentarité indispensable faisant que dedans et dehors, tout est calme, en paix. Mais en l'absence d'équilibre, les peurs deviennent fréquentes et l'anxiété guette alors l'enfant et son avenir.

Beaucoup d'assujettis font l'expérience de cette vulnérabilité et préfèrent garder leurs symptômes, leurs mauvaises pensées, leurs émotions envahissantes et leurs comportements destructeurs plutôt que de recourir à la volonté de changement. Soumis, certains font même ami-ami avec toutes sortes de dépendances: alcool, drogue, tabac, abus de nourriture, ou se convainquent de l'extrême utilité d'un médicament donné; un médicament apaisant mais qui ne guérit pas. Ils s'accrochent alors à la falaise des dépendances avec acharnement, si bien que le temps passe et détruit un peu plus leur efficacité personnelle.

La définition du stress posttraumatique

Le stress posttraumatique est un trouble anxieux majeur. Il s'installe suite à un événement perçu par une personne comme traumatisant. Elle en a été victime ou tout simplement témoin. Quoi qu'il en soit, l'événement en question la submerge au point de la désorganiser complètement. L'identité de la personne est menacée. Rappelons que durant l'enfance, une sous-protection affective ou inversement une surprotection affective marquée, peut à elle seule être un traumatisme.

Les situations qui mettent en scène un agresseur, telles que les viols, les violences et le harcèlement moral, physique ou verbal sont considérées comme hautement traumatisantes. La proximité de l'agresseur et la difficulté à lui échapper aggravent le choc. L'état de stress posttraumatique libère une grande quantité de cortisol (hormone du stress) qui finit par faire des ravages en causant des altérations au niveau des centres de traitement de l'information cérébrale. De plus, le vécu sensoriel a des effets sur le plan somatique.

Les traumatismes laissent la trace d'un sentiment profond d'insécurité affective qui active le dysfonctionnement lié à l'assujettissement. Les assujettis ont une maladie : celle du mal à dire. Et bien que leur silence et leur capacité d'absorption soient immenses, le malaise s'inscrit dans tout leur corps : dans leurs gestes, leur posture, leurs mots... Les symptômes physiques sont nombreux, et les facultés sensorielles, altérées, transforment leurs perceptions de l'environnement ; sans oublier un fréquent retrait de la vie sociale dû à la faible estime de soi d'être ou d'avoir été ainsi humilié, bafoué, abîmé.

LA DÉPRESSION, UN FACTEUR DE NON-CHANGEMENT

Lorsque l'assujettissement s'installe longtemps et fortement, le rien et le silence creusent des galeries souterraines, altérant même les structures du cerveau. Plutôt que de parler de vide, je préfère parler de rien car le vide peut parfois être source de plénitude ! La vie quitte ainsi la personne même si son cœur continue à battre, et la dépression peut la remplacer. *Attention, tout assujetti n'est pas dépressif!* La dépression accentue le dysfonctionnement inhérent à l'assujettissement en vampirisant les différents maillons du processus PÉC. Les pensées, toujours plus noires, donnent naissance à des émotions encore plus incontrôlables et à des comportements toujours plus nocifs pour soi et les autres. Quant aux facultés sensorielles, sources d'information et d'action, elles sont éteintes. J'en viens à quelques caractéristiques de la dépression.

- La dépression transforme la façon de penser. Elle enferme un peu plus l'assujetti dans la sous-estime de soi, une vision négative du monde et un refus de croire en un avenir positif. Les bonnes et belles raisons d'exister sont atteintes. L'assujetti dépressif habite un soi affaibli pris dans un environnement qu'il croit incertain et la question du « qui suis-je ? » résonne au plus profond de son être.
- La dépression dérègle l'activité émotionnelle. L'humeur est changeante, entraînant des phases de tristesse et de découragement. Parfois, dans un sursaut, un élan, la personne peut contre-attaquer en devenant hostile, irritable. Mais la peur, ou la culpabilité, gomme très vite toute efficacité, laissant de nouveau le champ libre à la tristesse de ne rien pouvoir changer. Et c'est ainsi que s'installent des cycles émotionnels de tristesse, mauvaise colère et peur de plus en plus intenses et rapprochés.
- La dépression modifie les comportements de l'individu qui peut passer de la surexcitation à la passivité la plus totale. Elle s'accompagne également d'une certaine anxiété pouvant se généraliser. Dépression et anxiété peuvent alors se renforcer mutuellement. Dans ce cas, point de répit et l'épuisement est au rendez-vous !
- La dépression dérègle certaines fonctions physiologiques. L'activité sexuelle devient irrégulière, marquée par de longues périodes d'inhibition, l'appétit est aléatoire et le sommeil facilement chaotique.

Ainsi, la dépression se nourrit-elle de ce pessimisme ravageur qui empêche la personne d'envisager d'autres possibilités et d'autres alternatives. L'assujetti dépressif voit toujours le mauvais côté des choses ; un côté toujours effrayant qui l'oblige à l'inaction ou, dans le meilleur des cas, au report de l'action.

Je voudrais toutefois rappeler qu'il y a dépression et dépression. Beaucoup d'assujettis se considèrent dépressifs alors qu'ils ne traversent qu'un épisode de turbulences et de doutes ; ce que j'appelle le mal-être. Selon Martin Seligman, 25 % des individus traversent dans leur vie une période dépressive de ce type. Il estime que cette dépression, courante, est aux maladies psychiques ce que le rhume est aux maladies physiques.

Il y a deux fois plus d'états dits dépressifs chez les femmes que chez les hommes. Non pas parce qu'elles sont plus fragiles mais parce qu'elles ont tendance à réfléchir, à ressentir et à s'écouter davantage, prenant ainsi le risque de faire tourner leurs mauvaises croyances dans leur tête comme des manèges emballés. C'est ce que nous appelons la *rumination*. Dans le cadre d'une étude, il fut proposé à un groupe d'hommes et de femmes s'estimant dépressifs d'effectuer au choix une des deux tâches qui leur étaient proposées. La première tâche consistait à dresser une liste de mots décrivant leur humeur, et la seconde à classer une liste de pays par ordre de richesse. Eh bien, 70 % des femmes ont choisi la première tâche et 70 % des hommes ont choisi la deuxième ! Cette étude montre bien la capacité féminine à se pencher sur l'analyse des ressentis et des émotions. C'est sans doute pourquoi nous trouvons beaucoup plus de femmes que d'hommes dans les stages d'affirmation de soi. Quoi qu'il en soit, aucune étude empirique ne permet à ce jour d'établir un quelconque pourcentage quant à la capacité des hommes et des femmes à savoir dire STOP.

En conclusion, je voudrais dire que la dépression est un passage délicat dans la vie d'un être humain, mais aussi une souffrance parfois indispensable pour se reconstruire. Une passerelle chancelante qui peut être franchie. Certains assujettis passent un jour de l'autre côté, découvrant les terres d'affirmation de soi et d'amour de soi, alors que d'autres s'enferment dans la négation de soi, attendant désespérément un sauveur.

DÉSÉQUILIBRE SUR LA BALANÇOIRE

Bien que les figures d'attachement soient les principaux inséminateurs d'une vie affective riche et sécurisante, l'évolution historique, culturelle et sociologique d'une société influence cette insémination. Combien d'assujettis d'une cinquantaine d'années me disent qu'ils ont été élevés selon le modèle de « la vieille école », avec un père absent ou autoritaire et une mère surprotectrice. (Il m'arrive toutefois d'entendre parler de « papa poule », un précurseur de son temps !)

En quelques décennies, nous sommes passés d'une société de culpabilité et de retenue à une société de plaisir et d'individualisation. Les deux constructions sociétales semblent toutefois générer autant de frustrations affectives et fabriquer des assujettis en pagaille. Le « pas assez » a fabriqué des individus coincés dans leur corps et leur esprit et derrière les murs d'une morale culpabilisante ; alors que le « trop », autorisant le plaisir et la liberté à outrance, a fait naître des générations impatientes d'avoir et de faire mais oubliant d'être tout simplement. Le « pas assez » sculpte des gens disposant d'une liberté d'être mais qui ne s'autorisent pas à la vivre, alors que le « trop » fabrique des gens qui se font plaisir mais qui ne s'aiment pas. Tous ces individus d'hier et d'aujourd'hui, fragilisés par tant de déséquilibres, développent des histoires assujettissantes faites de peurs en tout genre et d'un manque d'autonomie affligeant.

L'équilibre est à mi-chemin entre les deux extrêmes, nous dit Bernard Werber dans *Les fourmis*. Il ne fait pas bon ménage avec le tout ou le rien. Il n'est ni dans l'exigence et le superflu, ni dans l'insignifiance et le mépris. L'équilibre déteste les pensées dichotomiques ou autres distorsions cognitives. Il aime les nuances, les compromis, la capacité à dire ce qui semble bon et juste, sans pour autant mépriser ou prétendre maîtriser les autres. Un équilibre entre individualité respectée et collectivité respectueuse de chacun.

Les troubles obsessionnels et les états phobiques

Lorsque le déséquilibre devient excessif, permanent et récurrent, la détresse s'empare de l'assujetti. Les peurs anticipatoires deviennent l'unique réponse à son problème existentiel. Il finit par avoir peur de sa peur ! Il développe alors un besoin de grande protection et va amplifier ses stratégies d'adaptation en contrôlant ou en évitant plus que de raison certaines situations. Les troubles obsessionnels sont la résultante d'une volonté de maîtrise quasi totale des situations (surcompensation), et les états phobiques ne sont ni plus ni moins qu'une fuite face à l'adversité (évitement).

Je me souviens d'un patient assujetti qui fuyait les miroirs par peur de se voir dedans. Les miroirs étaient son obsession, et sa phobie sa peur du regard de soi sur soi. Et plus il contrôlait les miroirs, plus il fuyait sa peur. Il était ainsi englué dans un processus PÉC que son histoire avait bien sûr ancré profondément en lui. Le jour où il comprit qu'il valait autant que n'importe qui, il a pu se raser à nouveau sans craindre son image...

Dans les deux cas, l'assujetti est en lutte avec lui-même et s'oblige à faire face coûte que coûte. Le processus phobique ou obsessionnel devient alors l'unique problème à résoudre. C'est une tentative de solution qui polarise toute l'énergie et masque toute autre problématique de fond. Le désassujettissement est alors compromis.

Les douleurs

La douleur est la représentation métaphorique du système de croyances. Lorsqu'il y a une distorsion des pensées, lorsque les émotions sont insuffisamment ou trop régulées, lorsque les comportements traduisent tout ce chaos intérieur, le corps souffre d'être si peu entendu et respecté. Il montre alors des signes de malaise et de refus d'aller plus loin en développant des douleurs aiguës ou chroniques. C'est justement quand les croyances s'effondrent que la douleur se fait sentir. Éric Bardot affirme : « Ainsi l'expression douloureuse a une double fonction protectrice : préserver notre intégrité corporelle d'une part, conserver cette conviction que nous sommes acteur d'un environnement familier et sécure et que nous en avons le contrôle[11]. »

Je voudrais m'attarder un peu sur cette douleur chronique dont on parle beaucoup aujourd'hui : le *syndrome de fibromyalgie*. Reconnu par l'Organisation mondiale de la Santé en 1992, il fait l'objet de nombreuses controverses. Il s'agit de douleurs chroniques d'une durée supérieure à trois mois, localisées dans un certain nombre de points du corps, particulièrement au niveau des articulations, des muscles et des tendons. Les douleurs sont diffuses, lancinantes, permanentes, avec des fluctuations journalières et périodiques. À la triade rhumatologique, douleurs-fatigue-troubles du sommeil, s'ajoutent des perturbations psychologiques : irritabilité, perte de concentration... De nombreuses études insistent ces dernières années sur le rôle pathogène d'un stress majeur subi dans la petite enfance et réitéré à l'âge adulte. Le syndrome de la fibromyalgie pourrait donc être le stade ultime d'un épuisement et d'une vulnérabilité au stress.

Je m'aperçois pour ma part que ce syndrome atteint beaucoup d'assujettis ! Les diverses frustrations ou traumatismes vécus, sources de mauvaises croyances, obligent la personne à beaucoup de devoirs et peu de plaisirs. Je constate très souvent qu'un fibromyalgique est un soldat au service d'un système de valeurs complètement inadaptées à ce qu'il voudrait. Il subit la vie. Véritable Saint-Bernard, il se sacrifie au profit des autres. Il donne, se soumet, porte, encourage, protège sans compter et

11. Éric Bardot, « Prise en charge de la douleur par les mouvements alternatifs : HTSMA et Fibromyalgie », dans Yves Doutrelugne, *Thérapies brèves : situations cliniques*, Issy-les-Moulineaux, Masson, 2009, p. 150.

nourrit par là même une colère non exprimée d'être si peu respecté. Il mériterait une légion d'honneur pour bons et loyaux services !

Je me souviens d'une patiente qui cohabitait avec sa mère alors que leur relation était tendue, abîmée par des rancœurs jamais exprimées. Il régnait un climat d'oppression dans leur maison, source de nombreuses altercations. Ni l'une ni l'autre n'osait s'exprimer ni décider de prendre son autonomie. Ma patiente ne se sentait pourtant jamais aussi bien que lorsque sa mère partait en vacances !

Les phases de crise surgissent lorsque l'intrusion et les pressions du monde deviennent trop envahissantes. Mettre alors du plaisir dans sa vie en lui donnant un sens, le vôtre, pas celui des autres bien sûr, permettra sûrement une accalmie ou du moins une meilleure gestion de la douleur.

CHAPITRE 9
Ces « bouts de nous » qui font « nous »

Nous sommes multiples, complexes et parfois contradictoires. Le « moi » n'est jamais simple ni unifié. On peut dire en effet que notre être tout entier abrite un ensemble de personnages locataires du corps et de l'âme. Chacun d'eux intervient en fonction des situations, en adoptant des attitudes, des comportements et des réactions physiques et émotionnelles différentes, parfois si différentes que le propriétaire se sent commandé par des forces contraires, sources d'indécision, de renoncement, et qui l'obligent parfois à faire marche arrière.

Cela dit, vous comprendrez que l'unité est nécessaire. Notre être doit donc trouver sa force dans l'action conjuguée des différents « bouts de nous » que sont le parent, l'adulte et l'enfant. Cette harmonie intérieure n'est pas toujours évidente chez les assujettis. Nous verrons que certains modes imposent la loi du talion.

L'analyse transactionnelle, mise au point dans les années 1950, aux États-Unis, par le docteur Éric Berne et un petit groupe de psychologues et thérapeutes, parle d'états du moi. Cette approche est particulièrement intéressante pour comprendre le jeu des dépendances entre les différents personnages locataires d'un être ; un jeu à la fois simple et complexe, évident et subtil comme dans une pièce de théâtre dont les dialogues sont écrits à l'avance.

LES TROIS MODES INTERNALISÉS

Souvent, j'utilise cette phrase chantante : « Ce parent, cet adulte et cet enfant sont ces trois bouts de nous qui mis bout à bout sont nous ».

Ces trois personnages occupent chacun un étage de notre immeuble-corps et sont tous aussi importants les uns que les autres. Leurs appartements sont identiques, il n'y a ni riche ni pauvre, ni grand ni petit, ni faible ni fort, mais une parfaite égalité dans une communauté harmonieuse. Ces trois personnages construisent ensemble nos pensées, nos émotions et nos comportements ; *c'est un peu comme si le parent donnait une feuille de papier, l'adulte dessinait les contours du dessin et l'enfant coloriait le dessin.* Une sorte d'équilibre, de paix sociale à l'intérieur de soi. Une maison où tous les locataires se respectent réciproquement, permettant au passé et au présent de se mélanger pour préparer l'avenir.

Le mode parent

Notre mode parent est porteur de la culture sociale et familiale. Il détient l'héritage transgénérationnel. Pour cette raison, le mode parent protège, pose des limites, des devoirs et des droits. Il assure la sécurité physique, matérielle et émotionnelle, décide des permissions à donner et fait preuve de puissance. L'analyse transactionnelle distingue le parent normatif et le parent nourricier.

Le parent propose la feuille à dessin ; il est donc la partie de nous responsable qui rassure, autorise et encourage l'exploration de l'inconnu.

Mais chaque mode comporte une face cachée qu'il peut dévoiler, un côté négatif qui aura tendance à détruire la relation au lieu de la laisser s'épanouir. Ainsi, le parent peut exiger, critiquer, dévaloriser, punir, surprotéger, étouffer…

Le mode adulte

Notre mode adulte aborde le processus PÉC avec plus d'objectivité. *Il dessine les contours du dessin.* Il a ainsi la capacité d'analyser les informations internes et externes reçues et de les conceptualiser. C'est le domaine de l'analyse.

L'adulte est neutre. Il a confiance en lui. Il collecte, traite et s'adapte. Il n'a pas l'affect de l'enfant, ni le jugement du parent. Sa présence permet l'équilibrage des autres modes.

Toutefois, lui aussi a un côté négatif, car seul, déconnecté des autres modes, l'adulte peut être froid, distant et sans spontanéité. C'est le mode que notre société scientifique et technologique nous invite à activer par l'expression de notre cerveau gauche, hémisphère analytique et raisonnable.

Le mode enfant

Notre mode enfant doit pouvoir s'exprimer à tout âge car il n'y a pas d'âge pour faire une roulade dans l'herbe ou manier l'humour et la fantaisie. L'enfant relié à ses sens est l'expression même de notre cerveau droit. *C'est lui qui colorie le dessin !* Il est dans le ressenti et traduit parfaitement ses états émotionnels. Il est le personnage de l'intuition et de la créativité et développe de la spontanéité dans ses besoins et ses demandes.

L'enfant réagit affectivement. Il est la mémoire de notre histoire, et si celle-ci est stable, le mode enfant s'exprimera avec justesse et équilibre, juste pour faire des pieds de nez quand tout devient trop sérieux, quand les autres modes deviennent ennuyeux. *A contrario,* si le désordre laissé par un passé envahissant et un présent mal ordonné règne au grand jour, le mode enfant va jouer les trouble-fête. Se rebeller, se soumettre ou fuir sont alors les seules solutions. Provocation, autodestruction, dévalorisation, manque de contrôle... s'imposent. Vous l'avez compris, le mode enfant domine la personne assujettie !

DES « BOUTS DE NOUS » ATROPHIÉS

L'invasion et la domination de modes dictatoriaux dépendront donc de l'âge de l'assujetti, de la situation concernée, mais aussi des croyances cognitives qu'il a mises en place durant son enfance : carences affectives, sentiment d'abandon et besoin de reconnaissance le maintiennent dans des interactions exagérément dirigées par l'un des trois personnages, qui impose sa façon de comprendre les relations.

L'assujetti est gouverné en priorité par le mode enfant, qui sème la zizanie au sein de la communauté de vie. L'enfant semble posséder un nombre de « tantièmes » supérieurs au sein de la copropriété, et même si les autres locataires, l'adulte et le parent, tentent de penser raisonnablement, objectivement, le mode enfant doute, perturbe, contrarie... L'assujetti est ainsi prisonnier de sa contradiction intérieure, pris entre le marteau et l'enclume : « J'aime et je déteste », « Je veux et je ne veux pas », « Je pars et je reste », « Je trouverai mieux ailleurs, pourtant c'est l'homme de ma vie »... Tant de pensées qui hantent l'assujetti indécis devenant tour à tour victime, sauveur, persécuteur. Dans ce triangle réactionnel, la victime est émotionnellement manipulée par la peur, le sauveur par la culpabilité et le persécuteur par la colère agressive.

Un mode enfant envahissant

C'est le mode qui craint de ne pas être aimé, d'être mal jugé, d'être rejeté, abandonné... C'est lui qui doute et habille l'assujetti d'un vêtement de sous-estime. C'est lui qui a peur, qui culpabilise, qui agresse. C'est lui qui subit ou fuit, sans doute parce qu'il a mal grandi ou bien parce qu'il a peur de grandir et d'affronter les secousses de la vie.

Il répond souvent à ce que j'appelle la règle des trois « i » : *inorganisation, impulsivité, impatience.* La tendance naturelle du mode enfant à se déconnecter de la réalité enferme l'assujetti dans sa bulle, le rend prisonnier de ses pensées illogiques et d'une forte surcharge émotionnelle. Le comportement découlant du processus PÉC sera alors instable, menaçant la sécurité physique, psychique, sociale et économique de la personne. Je dis souvent que laisser le fonctionnement d'une personne entre les mains du mode enfant est aussi déraisonnable que confier à un enfant la gestion financière d'un foyer !

L'assujetti dominé par son mode enfant adoptera une attitude victimisante : « Tout le monde m'en veut », « Ça n'arrive qu'à moi », « Si je lui dis la vérité, elle va m'en vouloir »... Voilà ce qu'il pense ou exprime, et ses Oui sont souvent ponctués d'un « mais ». Un « Oui mais » qui en fait signifie un Non. Un « mais » de trop, lourd de sens, qui irrite l'autre. L'assujetti a toutes les chances d'être méprisé pour ses mauvaises réactions.

Englué dans la victimisation, l'assujetti se rassure en recherchant des relations fusionnelles pour s'assurer que l'autre ressent les mêmes choses, apprécie les mêmes activités, pense comme lui et bien évidemment n'aime que lui... C'est ainsi qu'il construit le portrait-robot du prince charmant, prenant ses désirs pour la réalité ! Sa réalité est faite d'illusion absolue. L'illusion que l'autre et les autres changeront pour lui, ou bien que quelqu'un finira par le comprendre et l'aimer vraiment. Le besoin excessif de séduction et de plaire coûte que coûte à tout le monde est aussi une attitude compensatoire propre au mode enfant dictateur, qui recherche dans le regard de l'autre une bonne raison d'exister.

La victime côtoie, dans ses relations amoureuses, familiales, sociales et professionnelles, des sauveurs et des persécuteurs, et en l'absence de réponses favorables, le mode enfant pourra manifester son mécontentement. Il va pousser son propriétaire à se rebeller, essayant de faire valoir des droits personnels exagérés et en faisant montre d'un certain manque de contrôle. Cette rébellion ne repose malheureusement pas sur une communication stable et reconnue par les autres. N'oublions pas que nous sommes dans le mode enfant ! La revendication, le refus d'être soumis, ne pourront à aucun moment être crédibles et clairement entendus par l'environnement. Les raisons de l'assujettissement sont mal exprimées, mal dites, pas à propos, provocantes... Ainsi, la communication est mauvaise et la personne, acculée, parfois en souffrance, pourra aller jusqu'à développer des attitudes égocentriques.

Un mode parent mobilisé

Le mode parent peut être sérieusement activé en réponse au mode enfant envahisseur. Il peut l'être en faisant intervenir deux personnages : un sauveteur ou un persécuteur. Quoi qu'il en soit, dans les deux cas, il renforce la soumission ou la rébellion de l'enfant.

- Le *mode parent sauveteur* permet de croire au bon raisonnement, à la juste attitude du mode enfant soumis. Il conduit la personne à adopter le rôle du bon Samaritain : « Je suis soumis mais je n'ai pas le choix si je veux protéger mon couple », ou bien « Je ne dis rien à mon fils tyrannique parce qu'il faut bien que jeunesse se passe »... Le mode parent sauveteur justifie en quelque sorte l'existence du mode enfant soumis. Il se dépense sans compter, sans limites raisonnables et répond aux attentes extérieures au point de parfois se mettre en danger.
- Le *mode parent persécuteur* transforme en contre-attaque la rébellion du mode enfant envahissant. La surcharge émotionnelle de l'enfant intérieur et sa difficulté à gérer les relations et les conflits poussent le mode parent à réagir par la force et l'autorité, la force et l'aveuglement. L'assujetti endosse alors le rôle de bourreau et utilise l'agressivité pour communiquer.

Un mode adulte au rabais

Le mode adulte est rarement investi ou utilisé par la personne assujettie. Or, c'est précisément ce mode qui, dans certaines situations, permet un juste équilibre entre le mode enfant et le mode parent. Il rend possible l'avènement d'une nouvelle communication interactionnelle sans dominé ni dominant, sans bourreau ni victime. Il est en quelque sorte l'arbitre de nos conflits intérieurs !

LE MAINTIEN DE L'ENFANT DANS SON MODE ENFANT

Afin que les trois modes fonctionnent d'une manière cohérente et équilibrée à l'intérieur de chaque être, il faut que chacun d'eux soit découvert, compris et bien sûr accepté.

Lorsque l'enfant arrive au monde, il fonctionne uniquement sur le mode enfant. Puis, petit à petit, il appartient aux figures d'attachement, d'une part de faire que ce mode se développe correctement chez l'enfant, d'autre part de permettre à ce dernier de grandir en autonomie et d'évoluer vers un mode adulte et un mode parent à partir de tout ce qu'elles lui enseignent.

Ainsi, avec l'arrivée d'un enfant dans une famille, la relation parents-enfant doit être clairement établie. Le parent se doit de cultiver chez l'enfant, un enfant intérieur affectivement en paix. Pour cela, il protège, apporte les soins nécessaires et pose des limites indispensables. Il y a un équilibre à trouver entre le trop et le pas assez ; entre trop de sévérité et trop de laxisme, entre surprotection et sous-protection. On peut toutefois comprendre que les parents doutent, s'interrogent et ne se positionnent pas toujours justement. On peut comprendre que la main parentale qui devrait inviter l'enfant à l'aventure humaine se fige parfois un peu, car selon les périodes évolutives de l'enfant, le rôle des parents peut s'avérer délicat et se comparer à celui d'un conducteur prenant un virage verglacé. Des phases de doute et de fragilité qui, malheureusement, peuvent avoir un impact sur l'enfant.

Le mauvais impact sera d'autant plus important que les (ou le) parents seront habités par l'assujettissement. Le parent assujetti ne dérape pas exceptionnellement dans un virage verglacé de la vie ; il a quitté la route depuis longtemps ! Il a ainsi toutes les peines du monde à imposer le Non et finit par ne pas être respecté par sa progéniture. La culpabilité et la peur de perdre l'amour de celle-ci le poussent à accepter l'inacceptable et les excuses sont alors nombreuses pour expliquer les dégâts produits par trop de liberté.

Il semble que la non-capacité du ou des parents à affirmer un Non vis-à-vis des enfants conduit ceux-ci à se lover dans leur rôle d'enfant et leur enlève l'envie d'en sortir. Ne pas savoir dire Non à un enfant, c'est le maintenir dans son statut et ne pas lui offrir la possibilité de grandir vers son mode d'adulte et de futur parent. Difficile de trouver cet équilibre entre trop et pas assez ; car à vouloir trop comprendre l'autre, on en oublie les limites à imposer.

Une fois le mode enfant bien établi, les figures d'attachement pourront permettre à l'enfant de découvrir son mode adulte et son mode parent pour un meilleur équilibre entre lui et les autres.

LA PASSION-FUSION

Dans le domaine amoureux et social, il est particulièrement vrai que toute personne aura tendance à chercher une relation permettant une interaction cognitive, émotionnelle et comportementale basée soit sur une *recherche de l'identité parentale* (c'est-à-dire un partenaire qui ressemble à un des parents), soit sur une *recherche de la relation parentale* (c'est-à-dire un partenaire qui permet de reproduire le schéma de fonctionnement parental), soit enfin sur une *recherche de sa propre identité.* N'oubliez pas que l'on va vers ce que l'on connaît parce que ce que l'on connaît rassure !

La relation idéale repose sur la possibilité d'un espace communautaire qui laisse de la place à l'épanouissement individuel, espace où chaque acte est accompli en connaissance de cause et dans le parfait respect de soi et de l'autre. *Passion et raison n'ont jamais fait bon ménage.* Pourtant, l'assujetti aime cet état de relation passionnelle car il lui permet de mieux s'assujettir et de côtoyer au plus près le lien dominant-dominé ou bourreau-victime. Ainsi, il bâtit l'illusion d'un grand amour indestructible, d'une amitié comme entre frères, d'une relation mère-fille où les deux seraient complices et inséparables... Bref, l'autre apparaît comme l'unique, l'indispensable, le marionnettiste qui comble le vide affectif et permet de se tenir debout.

Alors que la relation dualiste est engageante et rassurante, la passion ou la fusion mélange les identités en présence pour créer un magma d'unicité capable du pire et du meilleur. Plaisir et souffrance se mêlent et se confondent, et c'est à ce moment-là que l'assujetti peut se mettre en danger en côtoyant des partenaires instables, violents, dépendants... Le ciment de la relation se construit finalement sur l'importance « thérapeutique » de l'autre, si bien que la moindre séparation, le moindre silence, le moindre éloignement est vécu comme un drame. La peur de perdre l'autre aveugle au point d'empêcher de voir ses défauts et ses faiblesses.

Je me souviens d'une patiente me parlant de la fusion avec sa fille de 17 ans : « Depuis qu'elle est toute petite, nous dormons ensemble car mon mari est absent toute la semaine. Pour rien au monde je ne voudrais perdre cette complicité. Dans ces moments-là, on se dit tout ». Son histoire personnelle d'enfant abusée a fabriqué une mère surprotectrice et l'absence du père permet l'accomplissement de la fusion avec l'enfant. Peut-être d'ailleurs est-ce la raison pour laquelle le père est absent et ne prend pas sa place au sein de la famille !

CHAPITRE 10
De l'inaction à la réaction

L'équilibre se trouve quelque part entre le dévouement excessif d'un côté et la rébellion persécutrice de l'autre. Cet équilibre pourrait également se situer entre le besoin de l'autre et l'indifférence vis-à-vis de sa présence, entre la nécessité de vivre ensemble et la possibilité d'être seul, entre individuation rassurante et socialisation réconfortante.

Certes, il est difficile de prétendre connaître ce bon équilibre psychologique lorsque les premières étapes de vie n'ont pas été vécues dans une harmonie affective et que le temps n'a pu accomplir son œuvre de plénitude, d'amour et de sécurité. Un enfant malmené deviendra un adulte avec un mode enfant envahissant, déployant inlassablement sa soumission ou sa rébellion. L'enfant intérieur viendra hurler sa tristesse ou sa mauvaise colère sur le palier de la communauté de vie, cherchant immanquablement un bouc émissaire à son mal-être. Cette recherche d'un bouc émissaire est une pratique que nous avons tous apprise ou du moins testée dans l'enfance. La cour de récréation permet de l'observer de manière incroyable : qui n'a pas un jour ou l'autre accusé son petit copain ou son frère en s'estimant blanc comme neige ? Qui n'a pas essayé d'user de force et d'intimidation pour être reconnu et accepté par les autres élèves ?

Les « bouts de nous » d'un assujetti connaissent une désorganisation communautaire et bloquent sa fluidité actionnelle. Soit l'assujetti se tait alors qu'il ferait mieux de parler, soit il parle trop et mal alors qu'il ferait mieux de se taire ! Bref, il n'agit pas ; il peut tout au mieux réagir, car son assujettissement devient parfois si lourd et tellement envahissant qu'il doit coûte que coûte exprimer son trop-plein. L'agressivité-réaction se substitue alors à la passivité-inaction. La colère-action, elle, est impossible. Le paillasson devient alors hérisson...

DES PASSIFS EN PUISSANCE

L'assujetti pense qu'un beau jour tout s'arrangera, et préfère attendre l'hypothétique train sur le quai de la gare plutôt que de se mettre en chemin ! Il pense aussi que l'autre changera. En attendant, il subit en ignorant ses besoins, ses envies et ses désirs, devenant une incarnation de la passivité face aux situations de la vie. Je voudrais préciser que *passivité* ne veut pas dire *inactivité* car s'il ne s'autorise pas à affirmer ses choix, il donne ce qu'il peut offrir de mieux, souvent à son détriment. L'autre est ainsi dispensé de changer pour embellir la relation puisque l'assujetti fait en sorte que tout se passe pour le mieux !

On pourrait croire à des actes de bravoure et d'abnégation dignes d'une mère Térésa ou d'un abbé Pierre. À une différence près, c'est que l'assujetti souffre de son dysfonctionnement, qu'il n'a nullement choisi ! C'est plutôt la vie qui lui impose cette façon d'être ! Alors le Non ou le STOP, rarement ou mal exprimé, est souvent remplacé par un Oui flanqué d'un « mais » signifiant en fait un Non inavoué. L'assujetti se met ainsi en perpétuel dépassement et suradaptation par rapport à l'autre pour assurer la pérennité du lien. Par loyauté, obéissance et fidélité, il peut arriver qu'il assume une charge importante de tâches ; des tâches pas toujours désirées qu'on lui impose ou qu'il s'impose.

Je me souviens d'une patiente ayant fait une école d'art ainsi qu'une licence d'histoire et qui, pour faire plaisir à son père, se retrouvait à vendre des produits cosmétiques !

Beaucoup de personnes assujetties prennent un jour conscience de leurs failles, sans pour autant modifier leur mauvais fonctionnement. Frustrations et sentiment d'impuissance sont alors à leur comble. Il y a comme un divorce à l'intérieur de la personne entre la partie qui aimerait agir, dire et se respecter, et l'autre partie qui subit les « il faut » et les « je dois ».

Les injonctions

Ce sont des ordres donnés qui placent le sujet dans une situation de contrainte. L'assujetti est un merveilleux réceptacle d'injonctions qui se construisent sur des mini-scénarios, dont voici les principaux thèmes, qui peuvent ensuite se décliner en une multitude de phrases possibles.

- « Sois parfait » : la personne ne s'autorise pas le droit à l'erreur.
- « Fais-moi plaisir » : la personne ignore ou ne respecte pas ses propres valeurs.
- « Fais un effort » : la personne a des difficultés à poser ses limites.
- « Dépêche-toi » : la personne installe en elle une pression permanente source de stress et d'anxiété.
- « Sois fort » : la personne n'exprime pas ses véritables émotions.
- « Sois sage » : la personne obéit sous peine de sanction et de rejet.

Les injonctions sont culpabilisantes parce qu'elles peuvent se cacher derrière beaucoup de gentillesse, d'attention, voire même d'amour. Elles sont souvent menaçantes parce qu'elles utilisent les armes du chantage affectif. Quelle que soit leur forme, les injonctions nourrissent chez l'assujetti un manque de confiance en lui et une tendance à la dévalorisation. Pris au piège, il acquiesce, s'applique et reste persuadé que l'entourage finira par s'apercevoir, malgré les efforts perpétuels accomplis, qu'il n'est pas à la hauteur de la demande. Il est pris dans la spirale du « toujours plus et toujours mieux » !

Parfois les injonctions sont plus subtilement présentées. Elles sont mélangées à d'autres messages plus empathiques. Mais l'air de rien, la contrainte imposée est là. On parle d'*injonction paradoxale.* « Même si les études ne servent à rien, tu dois être le meilleur. » La personne est ainsi envahie par deux messages contradictoires, ne sachant plus très bien lequel privilégier.

Le procédé de substitution

Devant sa passivité plus ou moins douloureuse, l'assujetti préfère se focaliser sur autre chose que sa problématique. Il va mettre en place un procédé de substitution qui consiste à remplacer une émotion ou un comportement par une autre émotion ou un autre comportement. Une façon de fuir un mal-être en le remplaçant par un autre ! Par exemple :

- Il génère de la tristesse au lieu d'exprimer de la colère ;
- Il manifeste de la fatigue ou tout autre symptôme physique pour exprimer un ras-le-bol non dit ;
- Il s'évade dans des rêveries en faisant semblant d'être présent ;
- Il remplace la peur par la culpabilité.

Une émotion ou un comportement refoulé est remplacé par une émotion ou un comportement de façade donnant l'impression d'une certaine authenticité. L'assujetti remplace ainsi ce qu'il s'interdit par ce qu'il s'autorise. Dans l'assujettissement, tristesse, peur et culpabilité sont très souvent substituées à la colère ; du moins en apparence car à l'intérieur la colère est vécue, grignotant l'être dans son silence. Vous vous doutez bien que ce procédé défensif se retournera inévitablement contre son auteur tant physiologiquement que psychologiquement. Il ne résout rien et enferme un peu plus la personne dans son dysfonctionnement.

Comment repérer un tel procédé de substitution ? Eh bien, l'émotion ou le comportement de façade mis en place est souvent sans lien direct avec la situation. Parfois même, il manque de crédibilité parce qu'il est inapproprié, contradictoire et disproportionné.

Je me souviens d'un patient qui était épuisé de subir un environnement professionnel destructeur. Incapable de quitter ce contexte, il avait laissé les vertiges prendre les commandes de son corps. Ses fréquents malaises l'obligeaient à de nombreuses absences. C'était la seule façon qu'il avait trouvée pour exprimer son ras-le-bol et fuir cet environnement hostile. Et plus les vertiges s'intensifiaient, plus il souffrait d'un mal-être que les gens autour de lui ne comprenaient pas, estimant qu'il avait tout pour être heureux!

DE PROBABLES AGRESSIFS

Qui ignore que les chiens soumis et peureux peuvent être agressifs? L'assujetti finit par en vouloir à l'autre ou aux autres de ne pas avoir plus d'égards envers lui. Le non-respect de ses limites, outrageusement piétinées, va provoquer une explosion de mauvaises colères incontrôlées. À bout de nerfs, l'assujetti réagit. Les non-dits et les «oui mais» laissent la place à des mots, des gestes, des expressions teintés de violence, de rancœur, de déception... Le semblant de cohérence vole en éclats et l'assujetti, dans son être entier, se désagrège en émotions dévastatrices et en comportements destructeurs.

C'est donc l'heure de la contre-attaque. L'agression révèle une altération de l'empathie, précise N. S. Weinfield. L'assujetti inverse soudainement les rôles avec un besoin de contrôle abusif de l'autre pour s'assurer son attachement. La victime devient alors le bourreau. La colère chronique sous-jacente et non exprimée, que je qualifierais de *colère ruminée,* sort des entrailles pour devenir de l'agressivité. Une situation assujettissante de trop et c'est la goutte d'eau qui fait déborder le vase!

Il s'agit alors d'une réaction inappropriée et disproportionnée. Inappropriée parce qu'elle est souvent décalée dans le temps par rapport à l'événement source, et disproportionnée parce que sa force d'expression est rarement adaptée. Au lieu d'exprimer une colère cohérente, posée, claire et précise face à une situation, l'assujetti fait preuve d'hostilité et même d'arrogance. Une sorte de rébellion désorganisée menée dans un esprit de vengeance avec parfois une intention de nuire. L'assujetti se compare alors à un révolté du *Bounty*. Je fais ici référence au film de 1962, *Les révoltés du Bounty*, avec Marlon Brando, d'après le roman de Charles Nordhoff et James Norman Hall, qui raconte la mutinerie d'un équipage, en l'an 1789, face à la cruauté du capitaine de vaisseau. Ce film décrit parfaitement l'évolution d'un statut de passif vers un statut d'agressif. Dans la première partie, en effet, l'équipage subit passivement les ordres autoritaires de son capitaine, puis soudain il se rebiffe et se venge en se précipitant dans une révolte agressive, incohérente et désorganisée.

L'assujetti, dans ses phases d'agressivité, se montre exigeant, intransigeant, méprisant, rancunier et même méchant… L'être si serviable et gentil est soudain méconnaissable. Les décisions qu'il prend alors sont néfastes car elles excluent la possibilité de solutions constructives.

Je me souviens d'une patiente assujettie par soumission à son mari qui me raconta un mémorable dîner chez des amis. Celui-ci tourna au drame lorsque, entourée et portée par l'ambiance collective, elle critiqua exagérément son mari qui, surpris par tant d'agressivité, fit voler une claque. L'épisode de rébellion fut un échec cuisant pour ma patiente.

L'hostilité

L'autre n'est plus crédible ; quoi qu'il dise et quoi qu'il fasse, l'assujetti doute, critique, refuse. Il décide de vivre sa vie sans plus tenir compte de l'autre. Le dialogue est rompu. « Chacun ses sorties, ses amis, ses vacances, son lit… », me disait un jour une patiente. Il n'y a plus beaucoup de partage dans l'interaction. La liberté individuelle prend toute la place et la liberté d'être ensemble est réduite comme une peau de chagrin. Les frustrations, les rancœurs grandissent dans ce vide affectif.

La voiture décapotable : Un jour, un patient avait décidé de se faire plaisir en achetant un coupé décapotable d'occasion sans vraiment en parler à son conjoint. Il pensait ainsi accomplir un acte de désassujettissement ! Mais l'absence de communication montrait encore les failles de ce patient et ce qui devait arriver, arriva : suite à une importante et onéreuse panne de la voiture, le conjoint se rebella, désapprouva et réprimanda violemment mon patient, le replaçant ainsi dans son rôle d'assujetti.

La méfiance à tout prix : Une patiente si peu nourrie amoureusement par un mari détaché et méprisant s'abandonna dans une relation extraconjugale. Un beau jour, celui-ci s'en douta ; ce qui provoqua en lui la certitude qu'il était encore amoureux de sa femme. Il modifia alors ses comportements par différentes petites attentions. Malheureusement, son message n'était plus entendu. Ma patiente avait bien pris conscience de ce changement mais ne pouvait plus l'accepter. Elle était persuadée que ça ne durerait pas.

L'arrogance

L'assujetti passe de la dévalorisation à la survalorisation, d'une position d'infériorité à une position de supériorité. Il bascule de l'autre côté de la balançoire en réclamant excessivement admiration et reconnaissance. Il entre en guerre contre l'autorité pour se l'approprier et cherche à imposer ses perceptions, ses choix, en devenant dominant et égocentrique.

Un gendarme dans le collimateur : Un jour, un patient me raconta son altercation avec deux motards de la gendarmerie. L'autorité extrême de son père et un événement tragique (le décès d'une petite sœur), l'avaient poussé à développer un double assujettissement : ne rien dire par peur de l'autorité et par culpabilité d'être en vie. Il se devait d'être gentil, poli, bien élevé et de ne pas faire de vagues, jusqu'au jour où, abîmé par tant d'assujettissement, il se révolta. C'était à l'aube de ses 40 ans. La colère était sans doute trop violente et trop ancienne à l'intérieur de lui pour être exprimée avec le bon ton, au bon moment et face à la bonne personne. Les premiers à en faire les frais furent les motards de la gendarmerie nationale qui venaient de l'arrêter pour un excès de vitesse. La rigidité, l'ordre, la contrainte lui étaient devenus insupportablement asphyxiants ! Il les regarda de haut, nia les faits, refusant de se soumettre à l'ordre public. Sa mauvaise foi et son agressivité le mirent en situation d'incivilité.

La vengeance

La vengeance est une rancœur contre l'autre ; une rancœur exacerbée qui distord la problématique et grossit le conflit. Incapable de dire Non, l'assujetti agressif n'agit pas au bon moment ni face à la bonne personne. S'il ne peut dénoncer ou affronter son bourreau, il désignera une autre cible, quitte à éventuellement renouer la relation avec le véritable bourreau dès que la situation sera apaisée. Il choisira de préférence les plus faibles, les moins gradés : un enfant, un collègue... Il pourra même s'en prendre à un objet ou à un animal.

La vengeance déplacée c'est donc le transfert de l'émotion et du comportement sur une autre personne ou sur un objet autre que celui ou celle qui les a provoqués. C'est ce que les psychanalystes appellent le *déplacement*. Freud a été l'un des premiers à décrire ce mécanisme de défense dans sa théorie des pulsions. Les éthologues ont observé le même phénomène lorsque les animaux cherchent à exprimer un désaccord dans un environnement hostile. Par exemple, face aux provocations du toréador, le taureau gratte furieusement le sol avec son sabot, ou bien, face à un rival redouté, un pigeon se met à picorer violemment le sol.

Les adolescents mal dans leur peau utilisent souvent ce déplacement. La recherche de sensations fortes ou de dépendances autodestructrices (vis-à-vis de l'alimentation, des drogues, de l'alcool), permet de dévier du problème pour échapper à la souffrance.

Un collègue bouc émissaire : Je me souviens d'un patient qui me racontait ses déboires avec son chef de service grincheux et irritable, particulièrement le lundi après son rendez-vous hebdomadaire avec le patron de l'entreprise, redouté pour son exigence et ses coups de gueule méprisants. Ce que le responsable du service ne pouvait dire à son patron dictateur, il le déversait, tel un vomi, sur ses collègues ; personne n'osant s'opposer et dire STOP aux débordements et aux abus de pouvoir en chaîne.

Le chat pris au piège : Pour l'anniversaire de son mari, une patiente avait décidé d'organiser une petite réunion de famille et d'en faire un soir de fête : petits plats dans les grands, bougies, sans oublier une tenue aguichante dénichée dans un magasin le jour même. Vers 19h, son mari rentre du travail agacé, désagréable, ne voyant pas ce qui se tramait. Incapable d'agir, ma patiente monta pleurer dans sa chambre et s'en prit au passage au chat qui dormait paisiblement en boule dans les escaliers, prétextant subitement qu'il n'avait rien à faire dans la maison.

Les aliments « pris en otage » sont un autre exemple de ce type de fonctionnement intéressant à deux niveaux. Il montre le déplacement de l'agressivité sur un objet extérieur (l'aliment), mais aussi directement sur le corps agresseur, qui devient soudain victime de la destruction. Les aliments symbolisent la problématique affective : l'anorexique tente de se personnaliser en refusant la nourriture, symbole du lien à la mère trop envahissante ; elle crée ainsi le vide. *A contrario,* la personne boulimique colmate le vide qui l'envahit et se remplit outrageusement. Dans tous les cas, le plaisir de la bouche est absent et la nourriture ingurgitée ou inversement évitée dégoûte ou écœure. Plus l'aliment détruit, plus la personne s'enlaidit et moins elle se trouve désirable et désirée. S'autoriser à jouir de la vie est alors quasiment impossible. Moussa Nabati écrit : « La nourriture est alors appelée à compenser le vide intérieur, en l'absence du fœtus et du pénis. La bouche s'érige en zone érogène privilégiée et se substitue au vagin[12]. »

Si très souvent la vengeance est déplacée, elle peut parfois être directement adressée à la bonne personne, mais d'une manière ambiguë et peu loyale. La personne assujettie recourt alors à des artifices finalement agressifs et préjudiciables, tels que des retards à des rendez-vous, l'oubli d'un anniversaire, la diffusion de ragots, des trahisons, des fausses promesses... Cette vengeance plus ou moins consciente, avec une relative volonté de nuire, a quelque chose de sournois et de malsain.

La médisance

Il est important de remarquer que derrière la médisance, il y a souvent la peur de l'autre. Peur de ce qu'il est et que nous ne sommes pas, ou bien peur de ce qu'il a et que nous n'avons pas, ou encore peur de ce qu'il fait et que nous ne faisons pas. L'autre devient une projection de nos propres défauts. Des failles et des défauts si insupportables que l'assujetti préfère les lui reprocher plutôt qu'à lui-même.

La somatisation

Elle consiste dans l'agression de son propre corps résultant d'un non-changement du processus PÉC. À force de ruminer ou bien de basculer dans l'agressivité, lorsque surgissent des situations assujettissantes, le corps encaisse et s'épuise. Le corps fonctionne un peu comme un élastique: on tire dessus jusqu'au jour où il se rebelle et casse, sans doute à cause d'une émotion trop violente à l'intérieur de soi qui répand son onde de choc comme un véritable tremblement de terre! Le corps dit alors soudainement Non. Il ne veut plus ou ne peut plus être l'otage du non-respect de soi. Le problème est qu'une fois le corps atteint dans sa chair, il est parfois trop tard. En effet, si le mécanisme de fonctionnement est touché, il faudra très certainement apprendre à vivre avec la blessure!

12. Moussa Nabati, *Guérir son enfant intérieur*, Paris, Le Livre de poche, 2009, p. 191.

La somatisation est très souvent involontaire mais elle peut aussi être volontaire. Les actes d'autodestruction (de la scarification au suicide, de l'abus de nourriture aux drogues dures) sont autant de signes indiquant un mal-être, une incapacité à gérer sa vie et à lui donner un sens.

Quelle que soit la forme qu'il revêt, le passage à l'acte agressif détruit un peu plus l'assujetti sur les plans physique et psychique, ainsi que la relation concernée par l'interaction. Qu'il cherche l'amour de l'autre par soumission, par abnégation ou bien en attisant son mépris, l'assujetti se retrouve finalement au point de départ sans avoir rien résolu.

LA COLÈRE ET L'AGRESSIVITÉ : LES FAUX AMIS

Précisons que la communication ne passe pas uniquement par les mots et que notre comportement non verbal, tel que nos gestes, notre posture, nos expressions, nos mimiques, traduit également ce que nous sommes et ce que nous voulons dire.

Alors que l'assujetti passif présente souvent une faible intensité de la voix, une intonation monotone, un débit de parole lent, un langage balbutiant, un regard fuyant, un visage peu ou trop expressif et un corps fermé, l'assujetti agressif présente généralement une intensité de la voix forte, une intonation explosive, un débit de parole rapide, un flux de mots important, un regard fixe et menaçant, un visage contracté et un corps tendu et agité.

Beaucoup de personnes confondent colère et agressivité. Pourtant, le ton n'est pas le même, les mots ne sont pas les mêmes, les gestes ne sont pas les mêmes… La communication n'est pas la même.

La colère est l'expression d'un sentiment lié à une difficulté. Elle n'est pas une attaque et le lien est maintenu en position d'ouverture. *Dans la colère, on pense ce que l'on dit, dans l'agressivité, on perd le contrôle des mots.* La colère exprime ce que l'on ressent et ce que l'on attend de l'autre, l'agressivité juge et réprimande. De même peut-on trouver de l'humour derrière la colère alors que derrière l'agressivité, on trouve de l'ironie voire du sarcasme. En atelier de gestion des émotions, lorsque nous demandons à un patient d'exprimer sa colère, il arrive souvent qu'il saisisse les objets mis à sa disposition et leur fasse subir les pires misères ! Il n'est évidemment pas dans la colère mais dans l'agressivité ; le visage devient « mauvais », la mâchoire se raidit, les poings se serrent, la voix perd sa fluidité et les objets volent !

Je me souviens d'une patiente projetant violemment un escabeau au sol dans un fracas à réveiller les morts !

Or, si la colère est utile, l'agressivité est nuisible. L'agressivité est une colère qui n'est pas contrôlée et qui tourne mal. C'est une colère déchargée comme un bloc de rocher qui se détache de la montagne. C'est violent, ça fait mal. C'est un choc, un étonnement, une interrogation pour l'autre ou les autres, même si elle ne se traduit pas forcément par des éclats de voix. Des retards, des oublis sont des actes qui agressent l'autre, pris en otage.

Voici quelques réponses à des situations qui montrent la différence entre colère et agressivité.

- Votre patron vous accuse d'une erreur que vous n'avez pas commise.

Agressivité : « Plutôt que d'accuser à tort et à travers, vous feriez mieux de vous renseigner ! »

Colère : « Je suis blessé par votre accusation car je n'ai pas commis la faute que vous me reprochez. »

- Une amie vous demande de lui prêter votre voiture et vous n'en avez pas envie.

Agressivité : « C'est toujours la même chose. Tu es gonflée ! Il n'y a pas marqué pigeon sur mon front ! »

Colère : « Je suis désolé mais tu ne peux pas compter systématiquement sur moi à chaque fois que tu as un problème, d'autant qu'aujourd'hui j'ai besoin de ma voiture. »

- Votre voisin a tendance à mettre la musique un peu fort.

Agressivité : « Il va me le payer. À la première occasion, je ne le raterai pas… »

Colère : « Pourriez-vous tenir compte de votre environnement et baisser un peu le volume de votre musique ? »

TROISIÈME PARTIE
Vers de nouveaux apprentissages

J'ai horreur des conflits, et pourtant je n'arrête pas d'en avoir.

PATIENT ANONYME

En préambule, je dirais qu'oser changer c'est en avoir profondément envie. *Qui veut faire quelque chose trouve un moyen, qui ne veut rien faire trouve une excuse*, dit le dicton. On ne change pas juste pour éviter une souffrance physique ou psychologique. On change parce que l'on veut accéder à une vie à la fois plus juste, plus riche, plus dense mais aussi plus paisible. Parfois plus riche de rien, d'autres fois plus riche de tout.

Changer, c'est négocier l'équilibre entre les différents locataires de sa « carcasse humaine », car une communauté en paix dans un corps en paix, où chacun des « bouts de soi » nourrit cet équilibre, permet une vie plus épanouissante.

Beau discours, me direz-vous ! Pas facile lorsque les revendications, les tensions et les frustrations cernent l'assujetti de toute part. Pas facile lorsque le besoin d'amour et de reconnaissance lui colle à la peau depuis si longtemps. Pas facile lorsque les autres souhaitent son bonheur mais préfèrent finalement le confort de son immobilisme. Pas facile dans une société dite moderne de plus en plus électrique et finalement éclectique où le respect de la différence est perpétuellement menacé.

Ne pas être, avoir et faire comme les autres c'est bien, mais le mettre en application dérange. Dans ce contexte, il est difficile pour un assujetti qui ne sait ni ce qu'il veut ni ce qu'il vaut, de se lancer vers l'inconnu, de repousser les limites et d'oser ce qui jusque-là lui était impossible.

Il est grand temps d'apprendre à diriger seul votre barque dans les mangroves du fleuve de la vie, si inquiétant soit-il. Vous êtes un capitaine au long cours avec des forces qu'il faut connaître pour mieux les mettre en œuvre ; mais aussi avec des faiblesses qu'il faut accepter pour mieux les dépasser. Alors, *n'attendez pas d'être au bout du rouleau, au bord de l'épuisement ; gardez de l'énergie pour votre changement !*

Rassurez-vous, vous avez déjà fait un bout du chemin. Votre histoire passée est enfin comprise. Bientôt acceptée, elle ne fera plus jaillir des scénarios catastrophe insurmontables et vous permettra d'avoir des liens affectifs correctement mis en place, ni détendus ni tendus, dans le respect des individualités. Et puis surtout, vous commencez à comprendre qu'il faut s'aimer pour aimer la vie et aimer les autres.

CHAPITRE 11
Reconditionner les croyances

L'enfance est un immense et beau terrain de jeu pour apprendre ou pour désapprendre, pour s'enrichir ou pour s'appauvrir. Les figures parentales et toutes les figures satellites sont nos maîtres de vie. Elles nous enseignent l'art de regarder, attraper, relancer le ballon, qu'elles peuvent nous donner avec bienveillance, avec violence, avec indifférence… Ce qui est certain, c'est que nous ne retiendrons de la partie que la façon dont nous avons reçu le ballon, et la qualité de cet instant dépendra des rires, des pleurs, de la tristesse ou de la colère que l'enfant aura alors ressentis. L'art d'un bon enseignement permet à l'enfant de jouer avec la balle comme un clown s'amuse de ses jongleries.

Habité par des dysfonctionnements affectifs, l'assujetti considère les croyances qu'il a sur lui-même, les autres et le monde comme l'unique réalité. Or, chaque cycle de vie, chaque évolution personnelle (mariage, enfant, travail, retraite) l'interroge inévitablement sur sa sécurité affective. Ainsi, les situations, les événements et les rencontres assujettissants se reproduisent-ils indéfiniment, avec une certaine synchronicité, faisant que des scénarios relationnels décousus, aliénants, destructeurs et fragilisants s'enchaînent sans fin.

Je me souviens d'une patiente pour qui la partie ne pouvait que renvoyer à la triade affective carence-abandon-assujettissement. Le décès de son père l'année de ses dix ans fut une perte d'affection violente qui pétrit son corps de vulnérabilité. Elle n'avait alors plus qu'une mère aigrie par une vie sans doute trop lourde à porter qui distillait un pessimisme insupportable. « La vie n'est qu'un gros tas de m... dont il faut manger une tartine tous les matins » fut la phrase motrice de son existence !

Alors, ne vous laissez plus envahir par les tourments frileux d'un hiver apparemment permanent. Vous êtes sûrement porteur d'une histoire chaotique, mais vous avez la possibilité de modifier et de reconditionner les croyances que vous avez sur vous, les autres et la vie et vous valez autant que n'importe qui. Vous ne pourrez explorer le monde avec justesse sans établir un autre système de croyances. Pour cela, quittez vos habits de pauvre victime ou d'horrible bourreau. Cessez de ne rien dire, rien voir et rien entendre. Acceptez d'admettre que dans toute interaction, vous détenez une part de responsabilité dans ce qui se passe. Acceptez d'admettre aussi que finalement vous avez plus peur de vous que des autres car affronter les autres, c'est s'affronter soi. Ces différentes acceptations vous aideront sûrement dans vos nouveaux apprentissages.

VOTRE RÉALITÉ N'EST PAS LA RÉALITÉ

Nous avons vu que l'enfant intègre tout ce qu'il voit, entend, sent et ressent, et sa réalité mélangée à son imaginaire fait naître une représentation de soi et des autres. Cette interprétation repose sur un mélange d'objectivité et de subjectivité, ossature des croyances qu'il croit justes et fondées, même si leur application est douloureuse. Pour Paul Watzlawick, le processus même de l'observation modifie ce qui est observé. La réalité est donc *ma* réalité et non *la* réalité, je vois ainsi le monde par le petit bout de ma lorgnette. Nous le voyons tous avec les réglages personnels que nous avons faits en fonction de ce que nous avons vu et de ce que nous avons vécu, car comment croire à quelque chose d'inconnu ?

Ainsi, notre réalité, toute relative, est le théâtre où nos fonctionnements et dysfonctionnements cognitifs, émotionnels et comportementaux se mettent en scène au quotidien ; un théâtre dans lequel les autres autour de nous sont aussi des acteurs qui interfèrent, cautionnent ou refusent le spectacle de notre vie.

Mais tout problème a sa solution. Notre réalité peut être autrement. En thérapie brève, le *recadrage* consiste à donner un autre sens aux faits. Transformer ses croyances, c'est changer le scénario, et cela est tout à fait possible. Se contenter de changer de stratégie d'adaptation, c'est rester dans le dysfonctionnement. Cela risque au mieux de vous faire prendre une décision opposée aux précédentes. Or, emprunter la route dans l'autre sens, c'est ni plus ni moins prendre la même route ! Il s'agit donc d'une stratégie d'adaptation et non d'une stratégie de résolution de l'assujettissement.

Combien de patientes m'ont raconté la violence de leur premier mari, soulagées et heureuses d'être à présent avec quelqu'un qu'elles qualifient de gentil, doux et peu contrariant. Bref, la perle rare ! Malheureusement, il est si doux et si gentil qu'elles finissent à terme par s'ennuyer du fait du manque de partage, d'opposition et de compromis à trouver. Les apparentes qualités de l'autre sont alors perçues comme de l'indifférence, ce qui réveille une carence affective et le sentiment d'abandon.

UN RETOUR AUX SOURCES

Modifier ses croyances, c'est reconnaître leur existence. Alors, prendre conscience de votre assujettissement est un grand pas vers le changement, et si vous pouvez en comprendre l'origine, c'est encore mieux. Vous ne pouvez faire autrement que plonger dans les souvenirs de votre histoire et dans les perceptions que vous en avez gardées ! Les blessures, les doutes, les inquiétudes sont autant d'indices révélateurs d'un dysfonctionnement.

Pour ce faire, voici quelques questions que vous devez impérativement vous poseren essayant d'être le plus juste possible. N'hésitez pas à en dresser une liste non exhaustive en remontant le plus loin possible dans votre enfance.

( ) Étais-je un enfant vulnérable (triste, apeuré, impuissant) ?
( ) Étais-je un enfant indiscipliné ?
( ) Étais-je un enfant coléreux ?
( ) Étais-je un enfant impulsif ?
( ) Étais-je un enfant heureux ?
( ) De qui ou de quoi avais-je peur ?
( ) Pouvais-je m'exprimer ?
( ) Étais-je aimé, respecté ?
( ) Avais-je ma place ?
( ) Me faisait-on confiance ?
( ) Étais-je en sécurité ?
( ) Étais-je valorisé ?
( ) Des événements m'ont-ils marqué ?
( ) Des traumatismes m'ont-ils atteint ?

Et aujourd'hui ? Que vivez-vous ? Vous pourrez également vous poser les mêmes questions par rapport à votre présent.

Vous pouvez aussi vous interroger sur les affirmations souvent évoquées par les assujettis :

( ) J'ai besoin que l'on me montre des signes de reconnaissance.
( ) Je cherche toujours à plaire et attends l'approbation des autres.
( ) J'ai besoin de faire plaisir aux autres même en l'absence de demande.
( ) Je me sens seul.
( ) J'ai peur de perdre les gens que j'aime.
( ) Je fais tout pour garder le lien avec les personnes qui me sont proches.
( ) Je sens la détresse m'envahir lorsqu'une personne que j'aime m'ignore ou s'éloigne de moi.
( ) Je suis sensible et ressens profondément les problèmes et la souffrance des autres.
( ) Je permets aux autres de me dominer.
( ) Si je dis Non, j'ai peur d'irriter, de fâcher ou de décevoir.
( ) Je donne plus que je reçois.

( ) Je culpabilise si je pense à moi avant de penser aux autres.
( ) Si je ne suis pas à la hauteur, je mérite d'être jugé sévèrement.
( ) Je dois être très vigilant, sinon on profitera de moi.
( ) J'ai du mal à faire confiance, même si j'aimerais le contraire.
( ) Les personnes en qui j'aurais dû avoir confiance m'ont trahi.
( ) Ma famille était différente des autres familles.
( ) Même si j'ai été aimé et suis encore aimé, je ne me sens pas rempli d'amour.
( ) On m'a rarement dit: «Je t'aime».
( ) Je dénigre mes qualités.
( ) Je ne pense pas être très créatif ni posséder de talent particulier.
( ) J'ai du mal à entreprendre des tâches bénéfiques pour moi.
( ) Personne ne me comprend vraiment.
( ) J'ai l'impression d'être sans intérêt.
( ) Je ne sais pas quoi dire et préfère rester en marge des groupes.
( ) J'ai peur de l'inconnu.
( ) J'ai peur de manquer de moyens financiers, de ne plus pouvoir subvenir à mes besoins…
( ) J'ai l'impression que ma vie n'a pas beaucoup de sens.
( ) Tout ce que je fais ne me satisfait pas totalement.
( ) Je fais en sorte que tout soit parfait.
( ) J'ai tant de choses à faire que je n'ai pas de temps pour moi.
( ) Face à l'adversité, je me soumets, je fuis ou je surcompense.
( ) Le stress m'habite au quotidien.
( ) Je garde tout en moi jusqu'à ce que j'explose et agresse l'autre.
( ) Lorsque je m'oppose, mes mots dépassent mes pensées.
( ) J'ai du mal à dire ce que je dois dire avec le bon ton, au bon moment et face à la bonne personne.
( ) J'agis par impulsion et mes émotions me jouent des tours.
( ) J'ai des problèmes de comportement (abus de nourriture, consommation de drogue ou d'alcool).

Après cette introspection qui vous permet d'analyser votre histoire et de prendre conscience de ce que vous saviez déjà au fond de vous, écrivez deux événements d'assujettissement vécus dans votre enfance ou votre adolescence, ainsi que deux exemples d'assujettissement vécus dans votre vie d'adulte particulièrement marquants et qui synthétisent et cristallisent votre dysfonctionnement. Soyez explicite dans l'utilisation de vos mots, un peu comme si vous racontiez le récit d'un autre.

Sachez que l'écriture est importante. C'est un bel outil thérapeutique qui fait revivre les événements et donne du sens à la réalité. L'écrivain allemand Ingeborg Bachmann a comparé l'écrit à une hache qui fend la mer gelée en nous. L'écriture permet d'assurer le passage entre le dedans et le dehors de soi. Une sorte de sécrétion ou de bile. Vous pouvez utiliser le « je », ou même le « il » si vous voulez prendre plus de distance. C'est comme si les souvenirs cérébraux traversaient un pont via le bras pour se retrouver de l'autre côté sur une feuille de papier ; et puis peu importe le style, les fautes d'orthographe ou de grammaire, l'essentiel n'est pas là !

L'IDENTIFICATION DU NIVEAU D'OPPRESSION

Les situations que vous avez perçues ou que vous percevez toujours comme assujettissantes entraînent inévitablement un certain nombre de conséquences qui varient selon le domaine de vie concerné : plus de travail, plus d'exigences vis-à-vis de soi, plus de contraintes, plus de don, pour finalement moins d'avantages, moins de temps pour soi, moins de plaisirs… Ces plus et ces moins plongent l'assujetti dans un mode de vie déséquilibré fait de dominations et de dépendances affectives, de quantitatif plutôt que de qualitatif.

Maintenant que vous avez pris conscience de votre assujettissement, vous pouvez être acteur de vos scènes de vie. Pour cela, je vous propose un échelonnage de niveaux d'oppression afin que vous puissiez évaluer clairement l'importance et l'incidence des contraintes événementielles. L'outil ÉNO, pour Échelle du niveau d'oppression, vous permettra sans doute de constater vos premières victoires et de dire votre premier « *Yes*, j'y suis arrivé ! »

Premier niveau : le désagrément
Deuxième niveau : le compromis
Troisième niveau : le sacrifice
Quatrième niveau : le déni de soi

Reportez-vous au tableau en fin de chapitre pour comprendre clairement l'impact de chaque niveau. Plus le niveau est élevé, plus la contrainte est pesante et donc assujettissante. Vous verrez qu'en amont du premier niveau se trouve bien entendu l'espace du possible, du partage et du plaisir ; des décisions que vous validerez pleinement sans l'ombre d'un sentiment de contrainte. Toutefois, soyez vigilant à propos de la notion de plaisir. Est-ce que vous dites Oui parce que cela vous fait plaisir ou pour faire plaisir à l'autre ?

Autrement dit, ne mettez pas de plaisir là où il n'y en a pas réellement pour vous. Ne soyez pas l'otage de ce que j'appelle le *syndrome du plaisir inversé*. Certains assujettis, enfermés dans la contrainte sans solution de sortie, préféreront en effet se convaincre que le déplaisir est finalement du plaisir plutôt que de souffrir asphyxiés dans leur prison de sacrifice et de déni de soi. Ils affirmeront alors qu'il y a plus malheureux qu'eux !

Ainsi, dans chaque situation qui vous conduit à un éventuel engagement, demandez-vous : est-ce pour moi du plaisir, un désagrément, un compromis, un sacrifice ou un déni de moi ?

Je me souviens d'une patiente partie en week-end sur Montpellier pour faire de l'escalade avec des amis, et qui finalement s'est retrouvée deux jours durant sur une plage bondée alors qu'elle a horreur du monde et de l'eau !

Le deuxième niveau, le compromis, est le niveau de la négociation, du donnant-donnant. Au-delà, le Non et le STOP s'imposent et vos limites, vos choix doivent être respectés. Pour cela, la colère pourra être utilisée ; une colère juste toutefois, appropriée et proportionnelle à la situation. Le docteur Yves Doutrelugne écrit: « La panoplie des armes va de la matraque à l'arme à poing, au fusil, au mortier, au canon, à la bombe et, *in fine,* à l'arme nucléaire... Un apprentissage progressif d'une gamme de réponses variées, proportionnelles à l'agression subie[13]. »

Cette évaluation est importante pour mieux se positionner et se respecter, car l'assujetti s'ignore et se nie. Jusqu'ici, il a si bien évité les conflits qu'il se connaît mal. Plusieurs remarques préalables s'imposent toutefois:

- L'évaluation sera différente d'une personne à une autre. Ce qui peut n'être qu'un désagrément pour l'un peut être un compromis ou un sacrifice pour un autre. Tout dépendra de la situation, de l'environnement, du passif relationnel;
- L'évaluation sera également différente d'une situation à une autre. Les enjeux ne sont pas tous les mêmes. Dire Oui ou Non a des conséquences plus ou moins dévastatrices;
- Selon l'évolution du contexte d'oppression, le niveau peut se trouver changé. Ce qui n'était qu'un désagrément peut devenir un sacrifice si l'oppression se poursuit dans le temps et en intensité. Le tolérable devient alors insupportable.

13. Yves Doutrelugne, *Thérapies brèves...*, *op. cit.*, p. 40.

L'ÉCHELLE DU NIVEAU D'OPPRESSION (OUTIL ÉNO)

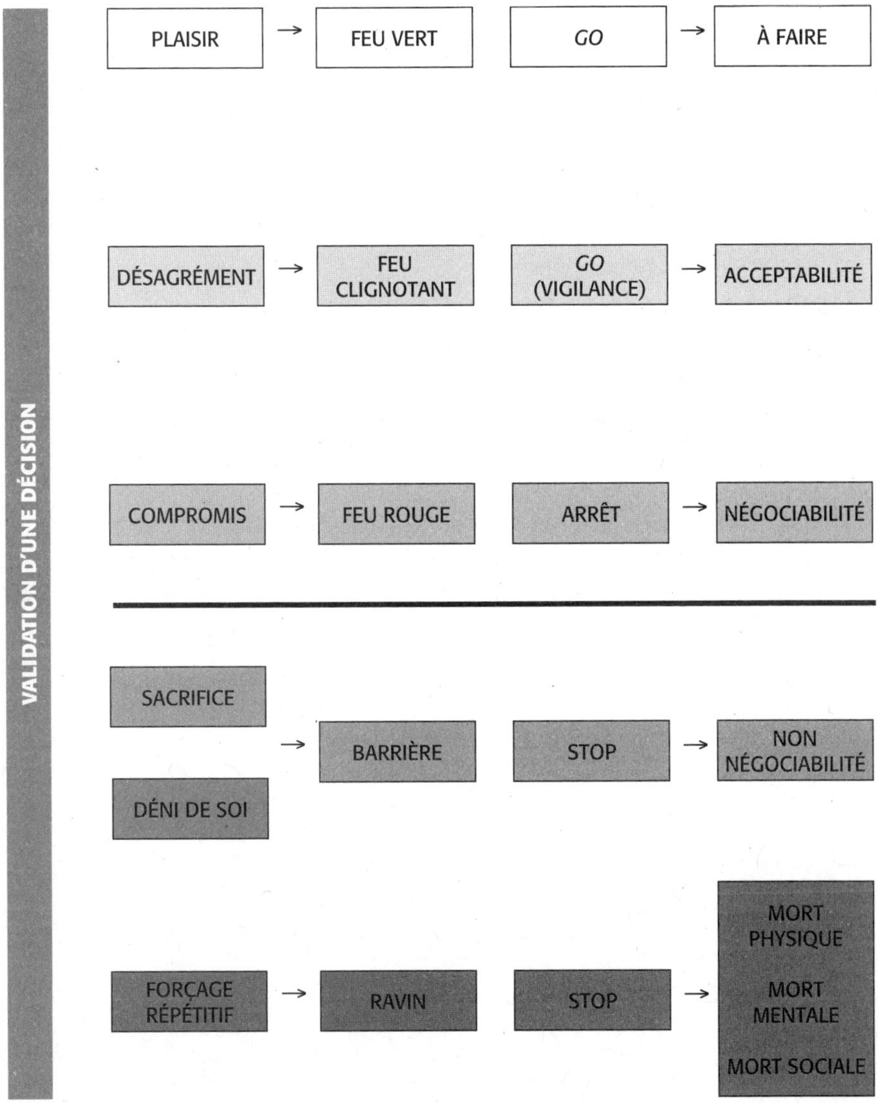

CHAPITRE 12
Accepter de désapprendre

La règle fondamentale est que l'on doit donner en fonction de ce que l'on reçoit. Si vous placez une personne de 110 kg d'un côté d'une balançoire et une personne de 50 kg de l'autre côté, la possibilité que chacune touche les étoiles est inenvisageable ! L'équilibre est indispensable. Un assujetti vous dira : « C'est normal de donner et on ne donne pas pour recevoir en retour ! »

Vous savez à présent que votre réalité n'est pas la réalité mais juste une perception de celle-ci. Vous savez également évaluer ponctuellement le degré de votre assujettissement ; il n'y a plus qu'à communiquer et prendre les décisions salvatrices pour vous. Facile à dire et pourtant si difficile à mettre en place. L'assujetti est habité depuis longtemps par des croyances cognitives multiples en la soumission et en l'abnégation qui l'empêchent de changer ; en voici une liste non exhaustive :

- « Je dois lui laisser prendre les décisions importantes. »
- « Je dois me maîtriser sinon je serai ridicule. »
- « Je ne suis pas capable d'initier des projets. »
- « Je suis incapable de faire des choses seul. »
- « Je ne dois pas blesser les gens sinon je me sentirai coupable. »
- « Je peux me mettre en colère si je suis vraiment sûr d'avoir raison. »
- « Je dois me montrer agréable sinon les autres ne m'aimeront plus… »

Les « je dois » et les « il faut que » sont légion dans le discours d'un assujetti, et cela même en l'absence d'une demande extérieure ! Les auteurs anglo-saxons parlent de *musturbation* pour signifier le « *I must* » (Je dois). La crainte de blesser, choquer, déranger, maintient le manque de confiance et rend incapable d'affirmer ce que l'on veut être, avoir ou faire. Mais, cachée en arrière-plan, derrière la peur d'être ridicule, se trouve souvent la peur de ne pas être reconnu, aimé, et de se voir rejeté. L'assujetti n'existe que par l'autre et ne se voit vivant que dans les mots, les expressions et les mouvements de l'autre. L'histoire de vie d'un assujetti s'apparente à une douleur inconsciente imprégnée dans sa chair lui faisant concéder à l'autre, gardien de son semblant de liberté et de son très hypothétique bien-être, le pouvoir de décider. Soyons clairs, l'assujetti a effectivement une part de responsabilité ; au mieux, celle de laisser faire !

Alors, même si les premières tentatives sont peu convaincantes, ne renoncez pas. Recommencez encore et encore, jusqu'à ce que vous soyez entendu et écouté, et ne vous culpabilisez plus en pensant être égoïste. Vous pouvez découvrir l'autonomie et le respect de vous sans pour autant renoncer à votre empathie vis-à-vis des autres.

LES PRÉAMBULES AU CHANGEMENT

Il est indispensable de comprendre que chacun a le droit d'exprimer et de satisfaire des besoins, des préférences et des envies, et que le désassujettissement ne flirte pas avec l'égoïsme ou la méchanceté.

Prendre conscience de vos fragilités ainsi que de votre histoire et de la manière dont vous avez appris à penser et à vivre vos émotions vous permet d'envisager le changement. Trouver d'autres réponses est sans doute possible, des nouvelles réponses qui ouvriront l'accès à d'autres, et ainsi de suite, jusqu'à ce que vous sortiez enfin d'une relation parent-enfant dans laquelle vous cherchiez à être protégé par un soi-disant plus fort que vous, ou bien inversement dans laquelle vous cherchiez à protéger l'autre. Protéger ou être protégé instaure du contrôle dans une relation d'assujettissement. Or, les ennuis commencent justement lorsqu'une interaction fait naître du contrôle.

Je me souviens d'un patient m'affirmant: «Sans elle, je ne suis rien. Je ne sais pas qui je suis, ni ce que je veux, ni ce que je vaux. Je lui dois tout et je lui en serai redevable toute ma vie». À force de subir la vie, l'assujetti préfère se faire mal. Cela lui donne une bonne raison d'exister! «J'existe pour souffrir», a-t-il rajouté.

Mais la souffrance d'hier peut être utilisée comme une force et une expérience en vue d'un bonheur à créer, obligeant parfois à quitter son environnement amoureux, familial, social et professionnel pour aller vers ailleurs. Il est alors venu le temps de l'individuation et de l'autonomie, le temps d'être un adulte responsable et protecteur de soi. Le temps de transformer le canard boiteux en cygne et la souffrance en mieux-être puis en bien-être.

Transformer sa fragilité en richesse

Vous savez que dans vos critères relatifs au tempérament figure une grande sensibilité, voire même une hypersensibilité. Une sensibilité que vous percevez comme une fragilité. Cette certitude de pleurer pour un rien, d'être affecté par tout... Une image, un son et hop!, c'est la bascule vers une surcharge émotionnelle que vous cachez ou qui déborde à l'extérieur. Cette grande sensibilité accroît sûrement votre vulnérabilité et donc votre hypervigilance vis-à-vis de ce qui se passe en vous et autour de vous. Beaucoup d'assujettis me disent qu'ils sont pourvus de capteurs qui décryptent tout ce qui ne va pas autour d'eux. Je leur réponds volontiers que ces capteurs peuvent aussi enregistrer tout ce qui est bon!

Et si vous acceptiez ce que vous êtes? Y a-t-il du mal à ressentir les moindres turbulences, les plus infimes courants d'air? Si vous saviez comme vous êtes riche, très riche de posséder une telle acuité. Certes, vous êtes plus vulnérable et donc plus fragile, mais vous voyez le monde avec une précision qui n'est pas donnée à tout le monde. C'est en effet ce don de sensibilité qui vous permettra bientôt de cultiver votre changement par de la créativité, du sens, de l'intuition, de la justesse... Alors, dites: «Oui, je suis bien, même si parfois je suis fragile»!

Il y a pire que le pire

L'assujetti traverse des tourmentes dont l'issue positive lui paraît impossible. Il accepte son rôle de victime et réclame un peu plus la présence de ses bourreaux. L'assujetti se prend à son propre piège et s'adapte aux situations comme le croque-mort adhère par obligation à la tristesse collective.

Pourtant, il y a sûrement une partie de lui qui aimerait autre chose; une partie saine opposée à la partie dysfonctionnelle. Chacun possède des ressources insoupçonnées! Les protagonistes de la thérapie brève proposent un travail intéressant d'évaluation de la peur du changement: vous avez peur de dire Non parce que vous ne voulez pas froisser l'autre ni subir sa colère... demandez-vous ce qui pourrait se passer de pire si vous disiez Oui. Il s'agit d'imaginer le pire et encore le pire. Paul Watzlawick et Giorgio Nardone, dans *Stratégie de la thérapie brève,* affirment que la limite de toute peur est une peur plus grande. La mort étant l'ultime pire; sans doute avez-vous de la marge et finalement vous ne risquez pas grand-chose à froisser l'autre!

Détrôner le roi ou la reine

Vous valez autant que n'importe qui! Mettre l'autre sur un piédestal a un double effet négatif: cela accentue le rabaissement de soi et augmente l'exigence d'autrui.

Peut-être que l'autre est plus beau, plus intelligent, plus cultivé... mais il n'est certainement pas au-dessus de vous. Juste différent. Dites-vous que le roi ou la reine à qui vous avez donné le pouvoir et l'autorité ne vous offrira pas pour autant plus d'amour et de reconnaissance.

Transformer les phrases assassines

Les pensées alternatives modifient inévitablement l'interaction. En se positionnant autrement, l'assujetti observe, étonné, que la réaction de l'autre ou des autres n'est pas celle qu'il appréhendait. Comme l'hésitation entraîne la méfiance, le respect appelle le respect. Il constate alors qu'il s'est lui-même infligé la contrainte ! Voici quelques modèles de pensées alternatives :

Autour de la culpabilité :

« Je me sens coupable. »	→	« J'ai le droit de penser autrement et de me tromper. »
« Je n'ai pas le droit de penser à moi. »	→	« Je dois respecter mes envies et mes désirs. »

Autour de la peur :

« J'ai peur de sa violence. »	→	« Je suis prêt à faire le nécessaire. »
« J'ai peur de prendre ma place. »	→	« Je vaux autant que n'importe qui. »
« J'ai peur de ne pas être aimé. »	→	« Je m'aime tel que je suis, c'est l'essentiel. »

Réapprendre à dire Non

Dans l'enfance, vous avez appris à dire Non, mais la vie, par la suite, a parfois banni ce mot de votre vocabulaire. Il est vrai qu'il est plus facile de dire Oui parce que le Oui est culturellement et socialement reconnu. Il est la réponse normale aux ordres, aux interdits, aux règles. Il est l'ami de l'obéissance, de la politesse et du respect. Il signifie aussi l'approbation dans l'engagement amoureux, la performance, l'excellence et le dépassement de soi. Ce Oui incontournable prend appui sur une culpabilité moralisatrice présentant l'éventuel dissident comme un contrebandier des convenances, un blasphémateur des bonnes mœurs et un rebelle asocial. Les exemples sont légion : votre conjointe vous affirme qu'il est normal de faire ceci ou cela au nom de l'amour qu'elle vous porte, ou bien votre patron vous réclame plus de travail et de présence au nom de la confiance qu'il vous accorde…

Difficile de s'opposer à ces évidences conjoncturelles et culturelles. La loyauté de l'assujetti en prendrait un sacré coup. Alors il se doit d'être irréprochable dans son rôle d'excellent conjoint, de parent parfait, de super professionnel ou de copain génial. Pour maintenir la cadence infernale, des phrases toutes faites sont tatouées dans l'esprit humain assujetti : « Sois raisonnable, c'est comme ça », « Ça ne se fait pas », « Rends-toi à l'évidence », « Reviens sur terre », « Tu ne sais pas la chance que tu as », « Combien de gens aimeraient être à ta place », « La vie, ce n'est pas ça », « Si tu crois que l'on fait toujours ce que l'on veut »… L'assujetti est bel et bien englué dans la complaisance, le mutisme et l'obéissance. Je sais qu'il est difficile de dire ce Non qui s'oppose, revendique et qui finalement sème le désordre pour créer en vous et autour de vous le respect. Il est d'autant plus compliqué à extraire de vos tripes qu'il concerne une relation affective.

STOP ! Toutes ces phrases culpabilisatrices sont à présent à refuser si vous voulez avoir l'horizon dégagé pour vous faire votre propre opinion de la situation, car savoir dire Non aux autres c'est savoir se dire Oui à soi. Vous pouvez à présent évaluer votre niveau d'oppression. Et si le Oui peut être exprimé par un silence, *qui ne dit mot consent*, le Non doit être énoncé clairement. Il sera même affirmé jusqu'à ce qu'il soit entendu et n'hésitez pas à exprimer votre déception ou votre étonnement si l'écoute est mauvaise.

De même, il est toujours possible de revenir sur un Oui que vous avez avancé précipitamment et que vous regrettez. La bonne communication que vous saurez mettre en place vous permettra d'expliquer votre changement d'avis sans avoir à vous justifier. Excusez-vous seulement pour le malentendu !

Ne plus endosser le costume du sauveur

L'assujetti a cette capacité de prendre à sa charge plus que de raison, et cela même parfois en l'absence de demande de la part des autres ! Il se place dans un *assujettissement d'anticipation*. Cela me rappelle l'histoire de l'enfant-placard qui se punissait lui-même en s'enfermant avant même qu'on lui en donne l'ordre. À force de répondre plus que de raison, l'assujetti se fragilise en devenant son propre bourreau et se trouve finalement de plus en plus souvent sollicité. Restez à votre place ; vous avez bien assez à réapprendre à vous occuper de vous ! Et si vous n'avez pas l'envie, ni la compétence, ni le temps nécessaires, alors renvoyez l'autre à ses propres responsabilités. Dites-vous que vous ne voulez plus...

- être le confident des malheurs de tout le monde.
- être médiateur et conciliateur pour tout le monde.
- être la pierre angulaire ; celui ou celle par qui tout passe.
- prendre sur vous pour le bien-être et le bon fonctionnement de l'environnement familial, professionnel ou social.

Dites-vous que vous ne voulez plus perdre du temps, de l'argent, de l'énergie et surtout votre équilibre donnant-donnant. Vouloir faire voir la vie en rose à ceux qui ne peuvent ou ne veulent pas voir les couleurs est absurde ! Posez-vous cette question : « Qu'est-ce que je cherche à prouver dans ma quête de sauveur ? » Car tous ces rôles que vous vous donnez ou que l'on vous impose vous perdent et grignotent vos envies, vos désirs, vos besoins, vos objectifs, vos choix et même vos rêves. Je suis étonné de m'apercevoir que les assujettis ont des nuits sans rêves. Normal ! Ils dorment épuisés ou déambulent éveillés dans leurs pensées.

Apprendre à faire confiance

Difficile de faire confiance aux autres quand on n'a pas confiance en soi ! L'assujetti a beaucoup de mal à trouver l'équilibre, le compromis entre l'affirmation de son identité et son appartenance sociale.

Je me souviens d'une patiente assujettie à un mari peu attentif qui privilégiait plutôt la chasse, la pêche et les matchs de foot avec les copains aux sorties familiales, au restaurant ou au cinéma en amoureux... Elle comblait son vide affectif par une activité professionnelle intense et éreintante. Il est vrai que courir empêche de voir le bout de ses pieds! Et pourtant, dans ce désert affectif, leur relation sexuelle s'exprimait pleinement. Ma patiente m'avoua qu'elle donnait sans compter par peur de perdre le peu qu'elle avait.

Cela nous permet de dire quelques mots sur la jalousie, qui est une émotion souvent fortement ancrée chez l'assujetti. La faible estime qu'il a pour lui-même nourrit son sentiment d'infériorité et donc une peur d'être évincé par quelqu'un de mieux, de plus joli, de plus compétent... La jalousie maintient en éveil et sert à garder l'exclusivité de la relation. Elle peut même s'enclencher avant toute pensée. On parle de *flash de jalousie*.

L'intensité de la jalousie dépendra bien évidemment de l'histoire personnelle de chaque assujetti. L'enfant qui croisera le regard d'un parent meurtri par l'infidélité de l'autre aura appris et internalisé des pensées dichotomiques et des émotions injustifiées.

Couper la dépendance

L'assujetti est un être sensible, en attente et à l'affût des moindres signes de reconnaissance. Il est comme la marionnette qui a besoin de son marionnettiste pour se mouvoir. Il est boulimique de présence, d'attention, de « Je t'aime », de félicitations, de protection, d'encouragements... Bref, il réclame de la quantité relationnelle et il est malheureux lorsqu'il doit se contenter d'un goutte à goutte ponctuel de reconnaissance et d'amour. L'assujetti a donc besoin de son bourreau comme le troupeau a besoin de son berger pour être guidé. Il a besoin d'une béquille afin de ne pas boiter. C'est rassurant et ça maintient debout, et si ce soutien cesse, la blessure affective s'ouvre à nouveau. L'abandon se vit alors comme une punition.

Toute cette énergie dépensée à quémander, à attendre et à espérer le prive de ses capacités de découverte et d'autonomie. Le lien aux autres, qui devrait être tout simplement enrichissant, devient aliénant. Pourtant, dites-vous que vous accomplissez déjà un acte essentiel d'autonomie : celui de respirer !

Abandonner les inutiles « doudous »

Le doudou peut être autre chose qu'une matière, il peut être par exemple un son, un bruit, une caresse, une odeur. Il s'agit alors d'un doudou sensoriel.

Si le doudou est source d'attachement, il faut bien comprendre que ce n'est pas lui qui apaise mais ce à quoi il fait affectivement référence. Il est donc sécurisant s'il a du sens ! C'est alors qu'il rassure et stimule les sens engourdis. Sans cela, il n'apporte rien, il ne fait qu'envahir et contraindre.

Beaucoup d'assujettis n'aiment pas jeter ! Nombreux gardent, amoncellent, conservent, collectionnent… L'abondance est sans doute une façon de combler le vide intérieur. *L'abondance cache l'abandon.* Il n'y a que l'assujetti dépressif qui ne veut plus rien car la dépression c'est le vide à perte de vue ; un vide qui n'est plus rien. Mais tout assujetti n'est pas dépressif !

Nous verrons plus loin que donner un sens à sa vie réclame que l'on renonce à l'abondance et que l'on accepte le vide. Laisser l'inutile, le superflu, éviter l'engraissant pour le nourrissant, préférer la qualité à la quantité, tout cela demande un élan, une force, source de changement.

Bref, si vous devez abandonner les inutiles doudous, cessez également d'être vous-même le doudou des autres ; leur souffre-douleur, le punching-ball, celui sur qui ils se défoulent ou au contraire celui qui protège, rassure, excuse et passe indéfiniment l'éponge sur des actes inacceptables.

Laisser les contes de fées au placard

Inutile de se raconter des histoires. Il y a trop longtemps que l'on vous fait croire que la chance et le bonheur sont les diamants de l'existence ; les pépites à posséder absolument pour être exempté de toute souffrance. Beaucoup de sociétés ont entretenu et entretiennent ce mirage de l'extase. Elles promettent quelque chose d'impossible. Absurde utopie ! À force de trop border les voiles, le vent ne s'engouffre plus à l'intérieur ! Croire au bonheur en ces termes, c'est croire aux contes de fées. C'est penser que ce que vous vivez n'est pas suffisamment beau et bien. C'est rester figé dans l'idée que vous n'avez pas de chance. C'est vous persuader que les feux passent toujours au rouge lorsque vous approchez d'eux ! Cela vous place dans une attente sans fin, une vaine espérance et devant un but inatteignable. Cela vous fait regarder en arrière en fixant votre attention sur le plus petit bonheur possible, ce qui vous plonge immanquablement dans le pessimisme, puis la dépression.

Les contes de fées maintiennent l'homme dans une fausse réalité. Il est normal d'être parfois triste et malheureux, et l'autre n'est pas là pour combler vos vides et répondre à vos demandes. L'autre n'a pas à changer pour vous, ni à être parfait. La vie n'est pas faite ainsi et votre autonomie ne passe pas par l'autre. Il faut souffrir pour changer, il faut expérimenter pour connaître. Rester dans son assujettissement, c'est s'empêcher de savoir que la souffrance et le mal-être peuvent un jour cesser de prendre toute la place. *Il faut perdre le sens de sa vie avant de donner un sens à celle-ci.*

Refuser l'horrible bouderie et les mensonges

La bouderie est un saboteur relationnel extrêmement nocif souvent utilisé dans une relation d'assujettissement, tant par l'assujetti que par l'assujettisseur. La bouderie est un affrontement particulier qui place le mode enfant aux commandes ; un enfant terroriste qui culpabilise, accuse, reproche et crispe la relation. Cette attitude se substitue au langage pour exprimer une déception, une insatisfaction, une blessure, une contrariété. C'est une façon excessive de capter l'attention de l'autre.

Le boudeur a besoin de se sentir le centre du monde ; pour cela il impose sa loi. Il peut faire la tête des jours entiers. Le silence devient pervers ! Se taire et imposer cette forme de silence insupportable déclenche chez l'autre gêne et malaise. La bouderie est punitive pour celui qui l'utilise et pour celui qui la subit, et à long terme, elle génère des blocages, des peurs, des craintes, de l'agressivité, des incompréhensions. Elle finit par abîmer la relation.

Je me souviens d'une patiente assujettie qui me disait : « Quand je boude, mon mari est tellement malheureux et agacé à la fois qu'il revient sur ses décisions. Je sais qu'à chaque fois il craque et fait plus attention à moi ».

Alors, ne prenez plus le silence en otage. Ouvrez les portes au langage, aux mots source d'échange.

Et le mensonge ? L'assujetti n'est pas un menteur ! Il arrange la réalité par peur ou par culpabilité. Son discours est accommodant. Il fait en sorte que ce qu'il a à dire soit le moins contrariant pour l'autre. Il aménage plus ou moins consciemment les faits pour ne pas blesser, inquiéter, énerver, choquer… l'autre. Il pratique le mensonge d'arrangement !

Je me souviens d'un patient qui, n'étant visiblement pas prêt pour le changement, rompit la relation thérapeutique sans avertissement. Me doutant du scénario, je me suis permis de le rappeler. Surpris et gêné, il me demanda si j'avais reçu sa lettre d'explication d'abandon de thérapie accompagnée d'un chèque relatif à la séance manquée… Je n'ai bien évidemment jamais reçu ni la lettre, ni le chèque !

Ce trop de bienveillance finit bien évidemment par lui porter préjudice. L'autre pense différemment et ne se doute pas de sa bonne intention, de sa peur ou de sa culpabilité. Il ne voit que le mensonge et le peu de confiance qu'il peut lui accorder ! Son mode parent l'enferme alors un peu plus dans le mode enfant. L'assujetti doit apprendre à dire les choses telles qu'elles sont, sans craindre ni les critiques, ni les représailles.

Je me souviens d'un patient qui allait voir sa mère en cachette pour ne pas contrarier son épouse qui ne supportait pas sa belle-mère. Jusqu'au jour où elle s'en est aperçue et prit cela pour une trahison.

Apprendre à demander

Il n'est pas évident de faire une demande lorsque l'on a passé son temps à répondre aux demandes des autres et que l'on craint leur regard. Laurent Gounelle écrit: « Les personnes qui ont peur du rejet sont très loin de savoir qu'il est rare d'être repoussé par les autres. C'est même presque difficile à obtenir. Les gens sont, dans l'ensemble, plutôt enclins à vous aider... C'est précisément lorsque l'on craint d'être rejeté que l'on finit par l'être, suivant le mécanisme des croyances que vous avez maintenant appris à connaître[14]. » Pour être entendu et surtout écouté, vous devez être le plus clair possible dans votre requête. Réfléchissez-y avant et écrivez-la sur un papier afin de ne pas perdre le fil conducteur de votre affirmation. Répétez-la, si nécessaire, à votre interlocuteur en prenant toutefois en compte ses arguments, son avis, sans jamais vous écarter de votre objectif. En dernier recours, proposez éventuellement la recherche d'un compromis donnant-donnant.

Abaisser son niveau d'exigence

Très souvent, l'assujetti développe une exigence démesurée envers lui-même, et par ricochet envers les autres. Il se sent obligé d'atteindre la perfection dans ce qu'il est et ce qu'il fait. Il ne s'agit pas d'une recherche de supériorité mais d'un besoin plus ou moins conscient d'être irréprochable.

L'assujetti n'est pas libre d'être, il est obligé de faire. Il répond donc à des injonctions et cultive la nécessité d'être parfait afin d'obtenir l'approbation d'autrui.

Un jour, une patiente me dit: « J'ai de la valeur si les autres m'approuvent. Je dois donc être irréprochable en temps que mère, femme, épouse. Je ne sais plus où donner de la tête; j'èn suis épuisée. Je rêve de partir vivre ailleurs mais je n'ai pas le choix, ou du moins on ne me laisse pas le choix. Et puis, en ai-je le droit ? »

14. Laurent Gounelle, *L'homme qui voulait être heureux*, Paris, Anne Carrière, 2008, p. 115.

Nous voyons là la pensée dichotomique du tout ou rien déployer son armée d'injonctions: il faut que, je dois, je n'ai pas le droit, toujours, jamais, tout le temps...

L'exigence et le perfectionnisme sont donc des outils de valorisation. Être valorisé, c'est être reconnu et donc aimé! C'est une façon de prendre sa place et d'être intégré dans un environnement affectif, social et professionnel. Aux verbes «être» et «faire», il ne manque plus que le verbe «avoir». En effet, l'apparence physique et l'apparence sociale peuvent aussi être des facteurs de reconnaissance et d'approbation utiles à l'assujetti. Ne jamais sortir sans maquillage ni sans être bien coiffé, être toujours tiré à quatre épingles, ou bien ne jamais se montrer sans avoir l'apparence de l'homme, ou de la femme, parfait et irréprochable, est rassurant.

Si nous admettons que l'exigence est source de stress et d'anxiété, nous devons également admettre qu'elle présente des intérêts non négligeables. Bien faire les choses est sans doute une qualité à cultiver et à transmettre. L'exigence installe une certaine rigueur, et peut également générer une créativité ingénieuse poussant au dépassement de soi. Mais attention à ce que le dépassement de soi ne soit pas «trépassement» de soi. Au-delà des limites raisonnables, l'exigence ne nous structure plus; elle nous aliène et nous perdons alors toute objectivité. Elle prend toute la place, mange tout le temps et affaiblit notre bien-être physique et psychologique. Pour l'assujetti, l'exigence soi-disant protectrice n'est plus source de satisfaction: elle fait son malheur. Imaginez qu'en été, une personne inquiète d'avoir froid porte, pour bien se protéger, une doudoune de ski. Le fait qu'elle ait trop chaud provoquera sûrement ce qu'elle voulait éviter: une bonne grippe!

Le «oui, mais» fait partie du langage de l'assujetti et les objectifs qu'il s'est fixés sont parfois si élevés qu'il lui est difficile de les atteindre. Il entend les félicitations, mais glisse toujours un bémol: «J'ai eu de la chance», ou bien «Ce n'était pas si dur que ça»... Comme il accorde beaucoup d'importance aux moindres détails, son insatisfaction est permanente quels que soient les résultats obtenus ; chaque erreur est de ce fait perçue comme un échec personnel.

Même si les autres trouvent un intérêt dans cet environnement de perfectionnisme, ils en payent aussi les frais. Ils subissent l'agitation, le débordement et l'agacement de l'assujetti.

« Quand je rentre le soir du travail, il y a tant à faire à la maison que je suis une vraie pile électrique. Tout doit être parfaitement en ordre avant le coucher, et même le dîner est sous tension. Alors, parfois, je craque, j'explose, les reproches fusent et chacun file dans sa chambre. Après je me sens mal d'avoir agi ainsi. »

On pourrait croire qu'un assujetti a une vie pleine, mais malgré sa suractivité, il ressent un grand sentiment de vide existentiel.

Se désassujettir, c'est modifier ses pensées automatiques, ses émotions incontrôlables et ses comportements inadaptés et stopper enfin cette spirale du « paraître parfait, avoir plus et faire davantage ». Se désassujettir, c'est stopper ce flot d'idées fabriquées : faire de son mieux pour faire plaisir ou pour faire aussi bien que... Rappelez-vous que vous ne serez jamais parfait et même si votre environnement affectif parental a été imparfait, développer une trop grande perfection ne vous conduira nulle part. Commencez plutôt à écouter votre petite voix intérieure, à prendre en compte votre épuisement et à rendre vos rêves vivants !

Autrement dit, abaisser son niveau d'exigence, c'est...

- prendre les choses comme elles se présentent en s'autorisant à chantonner l'air « Aujourd'hui peut-être ou alors demain... »
- refuser la course aux apparences, au superficiel, aux gadgets, en allant à l'essentiel, à ce qui est réellement important et nécessaire pour vous, afin d'éviter des contraintes inutiles. Posez-vous là aussi la question : qu'est ce que je veux prouver et à qui ?

- cultiver l'authenticité. Soyez vrai. Ne trichez plus avec vous-même en vendant votre âme aux autres. Donnez enfin un sens à votre vie.

SE RESPECTER N'EST PAS SYNONYME D'ÉGOÏSME ET DE MÉCHANCETÉ

Je dois souvent répéter cette certitude en début d'apprentissage. Oser penser que vous avez le droit de penser autrement, de ne pas avoir les mêmes idées que les autres, de ne pas aimer les mêmes choses ou les mêmes gens, et le dire, est tout à fait normal. Et même si les désirs et les envies, émanations de nos sociétés modernes, ne sont pas toujours essentiels comme le sont les besoins fondamentaux, vous avez le droit de vous faire plaisir.

Combien de patients arrivent en séance en se sentant coupables d'avoir osé s'affirmer et presque honteux d'avoir refusé une proposition ou une demande de service ! Il est essentiel de ne pas confondre égoïsme et individualisme. L'individualisme privilégie les valeurs de chacun sans pour autant qu'il faille se couper des autres. Les divergences sont prises en compte et l'empathie et le compromis sont toujours possibles.

Oser dire STOP c'est reprendre la possession et la responsabilité de ses actes. C'est assumer ce respect de ce que l'on veut et ne veut plus. Mais se respecter c'est aussi admettre et reconnaître ses possibles erreurs. C'est pouvoir après coup dire : « J'ai fait une erreur », et non pas « Il m'a fait faire une erreur ! »

Reprendre possession de ses pensées, de ses émotions et de ses comportements suppose aussi que l'on refuse de prendre la responsabilité des pensées, des émotions et des comportements des autres. C'est pouvoir dire : « Il a eu de la peine », et non pas « Je lui ai fait de la peine ». L'égoïsme ne réside pas dans le refus de prendre pour soi ce qui ne nous appartient pas, mais plutôt dans le fait de voler à l'autre sa part de responsabilité. Si vous cherchez avec toute votre bienveillance à aider un papillon à sortir de sa chrysalide, vous risquez fort d'annoncer sa mort ! Sachez qu'il est irresponsable d'être responsable à la place d'un irresponsable.

L'assujetti doit donc s'entourer de personnes qui désirent des relations équitables, équilibrées; des personnes qui désirent sortir d'un rapport dominant-dominé, bourreau-victime. Des personnes qui l'aiment pour ce qu'il est et non pour ce que son assujettissement apporte. Ainsi, l'élément indispensable pour que l'assujetti sorte de son dysfonctionnement, c'est l'amour. S'aimer, c'est établir un lien de confiance. Aimer, pour l'assujetti, c'est accepter de se libérer enfin de ses réactions aliénantes et se faire à l'idée que son bonheur n'est pas l'intégralité du bonheur de l'autre. Il n'y a aucun égoïsme là-dedans, mais juste cet espace indispensable à chacun, cette partie de nous qui évolue en solo, sans l'autre, avec éventuellement son soutien et son encouragement.

DES DÉBUTS HÉSITANTS

Je sais que les premiers pas vers l'affirmation de soi sont difficiles. Parfois très difficiles. Combien de patients reportent l'échéance par peur de soulever la colère des «dieux» et repoussent l'ultime instant? Cela se traduit par des phrases si banales: «Je crains son autorité», «J'ai peur de sa violence», «J'ai peur de sa vengeance», «Je redoute ses paroles», «Il va me le faire payer», «Il va hurler», «Je vais perdre mon poste»...

Alors demandez-vous: est-ce que je préfère partir au soleil ou rester sous la pluie? Analysez ce qui est perdu quand vous restez bloqué, plutôt que de vous focaliser sur les aspects effrayants de ce qui se passe lorsque vous bougez.

Rompre un processus PÉC d'assujettissement est difficile et douloureux, d'autant plus que les premières expériences sont rarement concluantes. Très souvent, elles sont timides, voire transparentes, ou bien excessives, abruptes et surprenantes pour l'environnement. Mais l'apprentissage est à ce prix!

Il est vrai que les premiers signes d'affirmation de soi surprennent souvent et font voler en éclats les repères des autres.

Les phrases qui leur viennent immédiatement à la bouche sont: «Qu'est-ce qui te prend?», «Quelle mouche t'a piqué?», ou bien «C'est encore ton psy qui t'a monté la tête…» Car l'autre n'a pas toujours envie que les choses changent, ni intérêt, même s'il affirme le contraire. Précisons tout de même, mais nous reviendrons sur ce point, que l'assujettisseur n'est pas forcément une personne malveillante et manipulatrice!

- *Une affirmation insuffisante pour être entendue*: les nouveaux messages sont si faiblement exprimés qu'ils sont presque silence. Le manque de confiance en soi et la peur de faire du mal ou de faire de la peine étouffent les mots, les gestes, les expressions. Alors, l'assujetti prend des chemins de traverse pour dire ce qu'il voudrait dire, contourne plus ou moins la difficulté, et au bout du compte pense que l'autre a entendu et compris sa revendication. Mais il n'en est rien! Tout est à recommencer. L'autre n'a pas entendu ou pas voulu entendre le murmure de son chuchotement…
- *Une affirmation trop agressive pour être acceptée*: l'accumulation de rancœurs, la maladresse et la crainte de ne pas être entendu poussent l'assujetti à dire plus fort que de raison. Ses explications sont abruptes, sans nuances et inappropriées. Les mots sont rigides. Il a tellement peur de la vengeance du bourreau qu'il ne lui laisse même pas la possibilité d'entrer en communication avec lui. L'agressivité est là, en embuscade.

Recommencez encore et encore. Soyez indulgent avec vous-même. Regardez les premiers pas d'un enfant; sont-ils sûrs et efficaces? Surtout, ne vous découragez pas en pensant perdre le Nord et en essayant de vous convaincre que vous avez tort de réagir ainsi. Ne faites pas marche arrière en tentant d'effacer votre avis, votre opinion ou votre idée. Ne créez pas la confusion dans votre esprit en laissant une injonction telle que «Ce que je dis est nul», ou le doute «Je ne sais plus ce que je veux», vous envahir.

Je me souviens d'un patient englué dans un assujettissement incroyablement destructeur. Sa vie n'était que l'ombre de celle de sa femme. Il voulait changer tout cela mais à chaque fois qu'il prenait une décision, son mental le rappelait à l'ordre. Un pas en avant, deux pas en arrière ! Deux jours après avoir signé un bail pour un petit appartement, afin de quitter sa femme, il validait avec elle un compromis d'achat pour une maison !

Je sais que les premiers pas sont les plus durs. Mais ce qui est appris est acquis ! Petit à petit, vous allez apprivoiser votre solitude, votre estime de vous va grandir, votre langage va se fluidifier, vos idées seront plus claires, vos choix plus sûrs, votre regard plus transparent et vos gestes plus convaincants. Vous imposerez enfin le respect. Oser dire STOP c'est passer d'une communication « punitive » faite d'injonctions et de contraintes à une communication constructive faite de « pourquoi, de quand et de comment ».

LES FAUX ESPOIRS

Le dysfonctionnement inhérent à l'assujettissement est un repère ; il peut donc s'activer dans tous les domaines de la vie de l'assujetti. L'emprise du dysfonctionnement peut toutefois trouver son apogée dans le cadre d'une relation précise. Il suffit que l'autre entre parfaitement en résonance. Dans les théories de la communication, cet arrangement subtil entre deux êtres est connu sous le terme de *collusion*. Très souvent, il s'agit du partenaire amoureux. C'est dans ce type de relation que chacun se dévoile sans limite dans ce qu'il est. C'est là que s'expriment le mieux et le plus les fonctionnements ou dysfonctionnements de chacun. *L'autre est l'activateur et en même temps le condensateur de l'assujettissement, sans toutefois en être l'auteur.*

Le terrain amoureux est un terrain de prédilection parce qu'il nous fait croire que l'autre est le seul à pouvoir nous comprendre, qu'il nous aime plus que tout au monde et qu'il est capable de tout pour nous. Il est une boussole et plus encore, une terre promise. Alors toutes les attentes et les espoirs de l'assujetti en manque de reconnaissance et d'amour seront analysés à travers les actes et les mots du partenaire. Et si ce dernier n'y répond pas favorablement, l'assujettissement sera activé et confirmera les mauvaises croyances.

Rappelez-vous que le désassujettissement ne passe pas par le changement de l'autre ! L'assujetti nourrit cette absurde illusion que l'autre pense et réagit de la même façon que lui. Cette attente irraisonnable fait peser sur le partenaire une responsabilité qui ne lui incombe pas, même s'il y trouve une nourriture existentielle.

QUELQUES PETITS OUTILS À AVOIR DANS SA POCHE

Savoir dire Non aux autres c'est savoir se dire Oui à soi. Difficile lorsque l'assujetti est pris au piège de son enfant intérieur ! Pouvoir enfin écarter des ruminations, des émotions envahissantes et des comportements répétitifs est un vrai soulagement. Bien que ce livre ne soit pas un ouvrage de techniques d'affirmation de soi, je vous propose quelques outils très simples qui peuvent vous permettre de prendre un peu de recul et de tenir à distance un processus PÉC dysfonctionnant dans certaines circonstances.

- *La diversion* crée un effet de surprise face à l'obsession cognitive, émotionnelle ou comportementale. Prononcez à voix haute et forte le mot « STOP » en tapant en même temps dans vos mains pour signifier l'arrêt de ce que vous ne voulez plus.
- *Le déplacement* est notamment utilisé par les artistes confrontés au stress de la scène. Face à une pensée, une émotion ou un comportement désagréablement envahissant, la personne choisit autour d'elle un objet, une image, un son, une odeur pour focaliser son attention. Elle se concentre sur cette « chose », la regarde, la touche, l'écoute ou la sent sous toutes ses coutures. C'est une façon de l'habiter, de s'en imprégner, de la faire sienne au point que plus rien d'autre autour n'a d'intérêt.

L'utilisation de nos sens est une arme redoutablement efficace pour se connecter ou, inversement, se déconnecter.

- *Le report* consiste à ne pas éviter l'envahisseur mais juste à reporter sa manifestation. Vous pouvez vous fixer une heure précise à laquelle vous laisserez s'exprimer vos mauvaises pensées, émotions et comportements. C'est un peu comme si on imposait des priorités, un ordre d'intervention. Vous restez le maître et vous ne laissez pas votre mental vous gouverner en décidant le moment de l'envahissement.
- *L'alternative* est une méthode très utilisée en thérapie cognitive et comportementale. Il s'agit de noter la pensée dite automatique, puis de la remplacer par une pensée alternative. Par exemple : « Il ne m'a pas appelé, sans doute que je ne l'intéresse pas » peut devenir « Il ne m'a pas appelé, sans doute a-t-il eu un empêchement ».
- *L'affichage* permet la focalisation sur une pensée alternative. Dans la tourmente, choisissez une phrase positive, fermez les yeux et imaginez-vous en train d'écrire cette phrase sur un tableau noir se trouvant à votre droite. Tout d'abord dans le bon sens, c'est-à-dire du début à la fin, puis ensuite à l'envers, de la dernière lettre à la première, puis de nouveau dans le bon sens. Répétez ensuite la même opération avec un tableau noir situé à votre gauche.
- *Le dépôt* consiste à s'isoler dans un endroit calme et agréable, à fermer les yeux et à imaginer une valise, un puits, ou un feu de cheminée dans lesquels ou auprès duquel vous déposez vos pensées, émotions ou comportements dysfonctionnels.

Bien sûr, d'autres techniques plus approfondies sont possibles, mais elles nécessitent l'aide d'un thérapeute expérimenté.

Je pense à l'hypnose, à laquelle le célèbre psychiatre américain Milton H. Erickson a contribué à redonner ses lettres de noblesse, qui utilise un langage on ne peut plus approprié, car il s'agit d'un langage créatif, inventif, utilisant les suggestions indirectes pour contourner les résistances du patient et l'accompagner vers ses propres ressources inconscientes. Le dialogue en état d'hypnose peut se faire par le biais d'un échange verbal, de réponses idéomotrices (signes des doigts...), ou même d'écriture automatique ou de dessin.

De même, l'HTSMA, pour Hypnose et Techniques Stratégiques par les Mouvements Alternatifs, développée par le docteur Éric Bardot, propose, en y associant des mouvements oculaires, l'ancrage d'une expérience sécurisante. Cette technique, particulièrement adaptée aux traumatismes et à tout état de détresse, a émergé de la combinaison de l'hypnose ericksonienne d'une part et de l'EMDR, pour *Eye Movement and Desensitization and Reprocessing*, de Francine Shapiro, d'autre part.

CHAPITRE 13
Des mots justes pour dire vrai

Communiquer, échanger, exprimer, dire et partager sont des principes fondamentaux. Paul Watzlawick, thérapeute au Mental Research Institute de Palo Alto, affirme qu'on ne peut pas ne pas communiquer. J'ajouterai qu'une bonne communication repose sur la qualité de la relation mise en place par les interlocuteurs.

Nos messages sont l'expression de nos pensées, de nos émotions et de nos comportements. La difficulté consiste donc à trouver un mode de communication compréhensible par l'autre pour être ensuite accepté. En fonction de son environnement familial et social, chacun de nous apprend durant l'enfance un langage différent des relations. Un enfant aimé avec justesse, malgré les erreurs parentales inévitables, positivera ses composantes affectives. L'enfant autorisé à s'exprimer, à s'expliquer, à argumenter, voire à se justifier, aura plus de chances de développer dans l'avenir un discours clair, précis et perspicace. Il connaît ses besoins, ses vides et ses trop-pleins. Des excès et des manques qu'il saura équilibrer. Le mode de communication appris lui sera utile toute sa vie.

Une fois sorti de l'emprise affective parentale, l'assujetti tombe dans les univers amoureux, social et professionnel dans lesquels il ne saura que se plier, répétant ni plus ni moins ce qu'il a appris dans l'enfance. Il devra donc découvrir un nouveau langage au gré de ses écueils et de ses réussites. Sans travail sur soi, ce nouvel apprentissage est difficilement possible et très certainement voué à l'échec.

L'assujetti communique peu ou trop mais souvent mal et sa communication est source de mauvaises interprétations et donc de mauvais liens. Deux remarques me semblent essentielles :

- Il paraît plus facile de garder pour soi que d'exprimer clairement ce que l'on pourrait dire. Si, de plus, l'autre ou les autres ne favorisent pas et n'encouragent pas cette capacité à dire, la communication risque d'être souterraine, source d'incompréhension et de frustration ;
- De même, il est plus facile de considérer l'incapacité de l'autre à vous comprendre comme étant la source du problème que de vous interroger sur votre propre efficacité à adapter la communication.

L'assujetti nourrit ces fausses certitudes, et toutes ses peurs et sa culpabilité occultent les possibles changements. À cela s'ajoutent une multitude d'interdits, des sujets tabous et parfois des secrets de famille qui sont autant de fils barbelés sur la terre de la liberté de penser autrement et de dire simplement. Ces fils tendus sur les plaines de vos jours et de vos nuits coupent l'élan permettant d'oser s'envoler vers des jours meilleurs.

LES DEUX NIVEAUX DE COMMUNICATION

Nos sociétés contemporaines exploitent l'art d'une communication émettrice de messages mercatiques dépourvus de véritables mots, d'échanges et de réflexion. Ce matraquage ne nécessite aucune réponse, aucune nuance et le lien interactionnel se perd parce qu'il est inutile ; seule la réponse en terme d'achat et de consommation est souhaitée. Charlotte Herfray affirme en ce sens : « Cette manière de transmettre des messages rend les sujets malades, comme les animaux furent malades de la peste[15]. »

Nos enfants ont donc à leur disposition toute une palette d'artifices dont ils deviennent vite esclaves. La télévision, par exemple,

15. Charlotte Herfray, *Vivre avec autrui…*, *op. cit.*, p. 59.

est un vecteur de communication aujourd'hui inévitable qui, par sa mauvaise utilisation, affadit la curiosité et déstabilise l'équilibre émotionnel. L'image, devenue un outil essentiel de marketing, a une puissance suggestive que la seule parole n'a plus. Albert Bandura, psychologue américain, a d'ailleurs démontré dans ses recherches que les enfants en bas âge intègrent des comportements agressifs par l'intermédiaire des outils audiovisuels.

La vraie communication ne se contente pas de délivrer une information qu'il faut prendre coûte que coûte. Elle induit des pensées, des émotions et des comportements qui permettent de confirmer ou d'infirmer les messages. Chacun est respecté.

Les chercheurs de l'école de Palo Alto ont défini deux formes de langage : le *langage verbal,* dit digital, et le *langage non verbal,* dit analogique. La parole et le geste révèlent la qualité de la relation, qui sera symphonie ou cacophonie. Une interaction dans laquelle s'expriment des personnes affirmées rend l'échange harmonieux et respectueux de chacun. Les mots utilisés sont clairement vocalisés, entendus et compris. Les regards se cherchent et se trouvent, les corps s'unissent et se répondent. Bref, la communication est ajustée, précise. Elle a du sens. *A contrario,* dans une interaction assujettissante, le langage est décousu, imprécis, bruyant ou absent, les corps sont raides et maladroits. L'inhibition ou la surrégulation émotionnelle rend l'échange vide ou chaotique et souvent infructueux. C'est alors que s'installent un dominant et un dominé, un bourreau et une victime ; chacun maintenant la relation d'assujettissement.

Une bonne communication permet une meilleure intégration et une meilleure adaptation à l'environnement, et au risque d'en faire une mauvaise interprétation, la parole reste et restera l'outil privilégié. Certes, chacun n'a pas la même aisance, la même dextérité dans la jonglerie des mots, mais peu importe l'excellence, *le fait de dire à sa manière ce que l'on a à dire s'apprend*. L'assujetti doit comprendre qu'il vaut autant que n'importe qui et que ses mots, si maladroits soient-ils, ont un sens, une signification dignes d'intérêt.

La communication digitale

C'est la communication *verbale*. Elle réfère donc aux mots. On parle de communication digitale parce qu'elle est précise comme une empreinte peut l'être. La sémiotique vocale est un repère fondamental faisant partie de ces modes qui résistent le mieux aux processus de dégradation cérébrale. Déjà, dans le ventre de la mère, les fréquences vocales de celle-ci parviennent jusqu'à l'enfant. Plus tard, en quelques mois, l'enfant apprendra les mots et les jeux de langage et il appartiendra aux parents d'enrichir son langage ; un langage comme un pont posé sur l'avenir. Car de génération en génération, l'histoire se dit ou ne se dit pas. Claude Halmos écrit : « Quand un être humain n'a reçu de ses ascendants ni paroles ni exemples et quand son histoire ne lui a pas permis de prendre conscience de ce manque, il reste dans l'errance, suspendu dans un temps qui, ne pouvant se conjuguer au passé, au présent et au futur, est condamné à l'immobilité[16]. »

Toutefois, chacun n'a pas la même aisance ou ne perçoit pas nécessairement l'intérêt qu'il y a à exprimer verbalement les choses. On estime d'ailleurs que dans une conversation, à peine 7 % du message serait transmis par les mots, alors que 38 % du message serait transmis par le paraverbal et 55 % par le langage du corps. Bien que cette étude d'Albert Mehrabian soit controversée, la majorité des spécialistes de la communication sont d'accord pour admettre que la parole est insuffisamment utilisée. Pourtant, les mots sont des signes comme des panneaux sur le bord des routes. Pensez au plaisir que l'on peut avoir à croiser, dans un pays étranger, quelqu'un qui parle la même langue que soi !

Je voudrais préciser que *verbal* ne signifie pas *vocal*. Un son est vocal mais il n'est pas langage. S'il traduit un état émotionnel, il n'engage pas l'échange : un grognement, un cri, une messe basse, parler dans sa barbe, sont des semblants de mots très fréquents dans la communication de l'assujetti. La relation dominant-dominé utilise souvent des bribes de phrases et des messages

16. Claude Halmos, *Pourquoi l'amour ne suffit pas, op. cit.*, p. 41.

courts vidés de toute explication signifiante et rassurante. Le sens imprécis des mots est alors soumis à interprétation.

Il est important de dire clairement, car l'autre ne pense pas comme vous et ne vit et ne partage pas la même réalité que vous, d'autant plus que trois filtres se juxtaposent qui rendent cette réalité subjective.

- *Un filtre neurobiologique :* le système cérébral réagit en fonction des informations reçues des aires sensorielles (visuelle, auditive, olfactive, gustative et kinesthésique). Deux constatations permettent de comprendre pourquoi notre lecture de la vie risque de différer. Tout d'abord, chacun d'entre nous va privilégier un canal sensoriel plutôt qu'un autre. Certains seront par exemple plus visuels et d'autres plus auditifs. Par ailleurs, si les deux personnes en interaction privilégient le même canal sensoriel, chacune pratiquera plus ou moins consciemment une focalisation et une sélection parce qu'elle ne peut pas tout voir, tout entendre, tout sentir ou tout ressentir. Par exemple, lors d'un match de rugby regardé entre amis, certains focalisent leur attention sur l'effort et la souffrance (les crânes ensanglantés, la sueur sur les visages, les maillots déchirés…) alors que d'autres ont une vue plus globale et fixent leur attention sur les mouvements collectifs, la stratégie, la beauté du jeu…
- *Un filtre sociogénétique :* en fonction de notre appartenance culturelle et religieuse, nous parlons différemment et pensons différemment. Vous vous doutez bien que la façon de communiquer d'une femme au Moyen-Orient et d'une autre dans un pays d'Europe ne sera pas tout à fait la même !
- *Un filtre personnel :* comme nous l'avons souvent dit dans les chapitres précédents, notre histoire d'enfant renferme tous les ingrédients d'une future bonne ou mauvaise communication. Le tempérament, l'éducation affective reçue, le milieu familial et social et les premiers événements de la vie ont un impact puissant sur la qualité de nos croyances et donc notre façon de communiquer.

Ainsi, compte tenu du fait que la réalité sera perçue avec toutes les nuances possibles d'une infinie diversité, il est fondamental de soigner votre langage, de dire et de redire ce que vous avez à dire.

La communication analogique

Elle englobe deux niveaux : le *paraverbal,* qui s'appuie sur le langage vocal, et le *non verbal,* qui est l'expression du corps. Les messages analogiques sont à la fois précis parce qu'il est difficile de camoufler ses émotions, mais également source d'ambiguïté. Par exemple, attraper un fou rire nerveux lors d'un enterrement n'est pas révélateur de la réalité. De même, un poing fermé peut être signe d'agressivité ou de douleur...

Le niveau paraverbal

Il concerne tout ce qui se rapporte à la voix et à la respiration (l'intonation, le débit, la puissance, la fluidité). Il renseigne sur l'état émotionnel mais donne aussi des informations sur le sens de la phrase. Il est le volume, la sonorité, la musicalité, l'émotion des mots. On parle de signifiant. Le *signifié,* c'est-à-dire le sens littéraire des mots, est géré par notre hémisphère gauche, alors que le *signifiant,* c'est-à-dire la représentation « décorative » de ces mots, est géré par notre hémisphère droit. Ce qui explique qu'une grave lésion au cerveau droit altère la mélodie d'une phrase, alors que la parole reste intacte.

Le niveau non verbal

Il concerne la gestuelle, la posture, les mimiques, les comportements. Ce niveau de communication s'appuie et renforce le niveau verbal et paraverbal. Il fait le lien. Il est un pont ou une falaise entre les interlocuteurs. Il rapproche ou il éloigne.

- *Les expressions faciales :* la plupart des études portant sur l'identification des émotions canalisent leurs recherches sur les expressions faciales. Il est vrai que notre visage est une mine d'or ! Comme un phare planté en bout de côte, on ne voit que lui, du moins dans un premier temps. Paul Ekman, psychologue américain, a apporté un grand nombre de précisions sur les expressions faciales. En 1971, il a parcouru le monde entier afin de tester et d'observer les expressions faciales de 21 cultures.

Le cerveau droit est particulièrement doué pour analyser les expressions faciales dans leur globalité, alors que le cerveau gauche est capable d'analyser une expression précise. Ainsi, une lésion à l'hémisphère droit prive l'individu d'une rapide observation émotionnelle et d'une interprétation d'ensemble.

- *Le regard :* il permet l'accroche interactionnelle. Il semblerait que le regard donne plus d'informations sur l'intensité des émotions que sur la nature de celles-ci.
- *Les gestes et les postures :* les gestes sont multiples. Certains traduisent directement le langage verbal, d'autres le complètent, l'introduisent ou le concluent. D'autres encore sont indépendants de toute autre forme de langage.
- *La distance :* on observe plusieurs stades de distance qui traduisent la qualité du lien interactionnel et la proximité affective des personnes.

Globalement, je pourrais dire que la communication analogique est le liant qui adoucit ou amplifie la communication verbale. Elle la renforce. Remarquez comme un mimétisme gestuel s'installe lorsque deux personnes font preuve d'empathie et de compréhension réciproque !

Toutefois, certaines situations précises donnent la priorité à tel ou tel mode de communication. La relation amoureuse, qui varie selon la priorité du moment, en est un bon exemple. Les instants d'intimité y sont plus axés sur une communication analogique, alors que le quotidien matériel réclame davantage de communication digitale. De même, le domaine artistique et créatif peut se passer de mots ; il peut juste s'exprimer par les émotions transportées par le corps.

L'assujetti, atteint du « mal à dire », préfère éviter les mots. Par peur ou par culpabilité, il peut exprimer analogiquement un refus, mais ne veut ou ne peut le valider verbalement. Il dira Oui alors qu'il pense et vit un Non dans son corps. Ainsi, si tous les niveaux de communication sont essentiels parce qu'ils sont l'expression de notre ressenti, de nos envies, de nos refus et autres perceptions intérieures, le langage verbal permet d'affirmer clairement. Pour éviter tout malentendu et toute interprétation hasardeuse, l'assujetti devra apprendre et oser le langage digital s'il veut intervenir avec justesse dans une interaction.

LA MANIPULATION, UNE SUBTILE PERVERSION

D'une manière générale, le manipulateur se veut habile et parfois machiavélique. Il connaît plus ou moins consciemment ses proies : l'ignorant, le naïf, l'affectif, le faible, le pauvre et, bien évidemment, l'assujetti.

La manipulation habite donc plus ou moins toute relation d'assujettissement. Mais il y a bien sûr des degrés dans la gravité. Il y a l'acceptable et l'inacceptable !

Quoi qu'il en soit, la manipulation est perverse parce qu'elle englobe à elle seule tout un panel possible de langage. Dans son discours, le manipulateur présente rarement sa véritable intention, il préférera plutôt prêcher le faux pour connaître le vrai. Ses pensées sont ambiguës, souvent faussement accusatrices et ses émotions sont camouflées ou théâtralement exacerbées. Le manipulateur sème le doute et la culpabilité. Selon le degré de sa mauvaise intention, il peut même inquiéter et faire peur.

Ses techniques de communication et ses comportements répondent à des dysfonctionnements cognitifs qui épousent parfaitement les mauvaises croyances de l'assujetti. Par ses propres failles, le manipulateur permet à l'assujetti d'être ce qu'il est ! Sans doute y a-t-il derrière cette perversité une quête d'amour et de reconnaissance.

L'apprentissage de la manipulation est parfois anodin. Mentir aux enfants, leur cacher la vérité pour soi-disant les protéger sont autant d'enseignements à la manipulation. « Il ne supportera pas la vérité » ou encore « Il est trop jeune pour comprendre » ou « Laissons-le en dehors de tout ça » sont des bouts de phrases manipulatrices culturellement utilisées.

- *La dévalorisation* est habituelle chez le manipulateur. Elle déstabilise, surtout si l'autre manque d'estime de lui. L'ironie se glisse parfois dans son langage dévalorisant avec des phrases assassines se terminant par exemple par « ... mais c'est pour rire ».
- *L'insinuation* est également un outil de manipulation. Dire sans dire, supposer, enrober, enjoliver... Des choses dites à demi-mot, des rumeurs étranges et suspectes... Il peut y avoir un côté très théâtral dans la façon de raconter, de distiller et de faire croire.
- *La flatterie* est aussi une arme de manipulation. Porter l'autre aux nues provoque une dépendance affective. Mis sur un piédestal, l'assujetti s'investit excessivement pour ne pas décevoir celui qui l'a faussement sublimé.

Je me souviens d'un patient, représentant du personnel, qui n'en pouvait plus d'être au centre des conflits. Lorsqu'il décida de cesser son mandat, le représentant national du syndicat tenta en vain de le culpabiliser par d'insidieuses phrases : « Tu ne peux pas nous faire ça, tu es tellement efficace... Ne t'inquiète pas, on va t'aider et on te soutiendra ».

Bien que la grande majorité des manipulations soient inconscientes et non malveillantes, le résultat est reçu négativement, provoquant immanquablement chez l'assujetti un accroissement de son niveau d'assujettissement. La manipulation est à l'assujettisseur ce que le mensonge est à l'assujetti ! Toutefois, ce dernier pourra à son tour utiliser la manipulation pour garder l'autre et sauver autant que faire se peut des résidus d'amour et des semblants de reconnaissance.

UN TROP LOURD SECRET DE FAMILLE

Chacun d'entre nous a vécu une multitude d'événements et d'expériences qui, mis bout à bout, construisent une vie. Certains de ces récits, racontés sur la place publique, forgent notre capacité à nous exprimer ou à nous expliquer face aux autres. Ils sont sources de lien, d'échange, de dispute, d'adieu... D'autres ne sont partagés que dans un cercle plus restreint, dans une intimité groupale. D'autres encore restent enfouis dans les couloirs du silence. Nous n'en parlons pas, par volonté ou par contrainte, pour protéger ou pour nous protéger. Le regard de l'autre ou des autres pèse sur ce choix. Ces récits, essence même d'un secret, sont cadenassés et dorment dans les entrailles d'un interdit fabriqué par la peur et la culpabilité. Sortir de l'assujettissement, c'est vider son sac à dos parfois rempli de trop lourds cailloux ; rempli de trop de silence. Les secrets de famille qui unissent faussement les familles sont sûrement des fantômes qu'il faudrait dissiper. Agir en ce sens est sans doute un des premiers actes de désassujettissement ! Apprendre à dire ce que l'on veut être et ne plus être, ce que l'on veut avoir et ne plus avoir, ce que l'on veut faire et ne plus faire passe par ce couloir des secrets qu'il faut éclairer si l'on veut en sortir. La lumière doit être faite sur les moindres zones d'ombre. Toutefois, il me paraît essentiel de se poser deux questions avant d'appuyer sur l'interrupteur : suis-je directement concerné ? En quoi cette révélation changera-t-elle ma vie ?

Si votre implication et les conséquences d'un tel secret vous affectent profondément, si la colère à l'intérieur vous brûle et si votre entourage souffre sans comprendre votre mal-être parce qu'il n'en connaît pas les raisons, alors il est grand temps de rendre à César ce qui appartient à César. La transmission du malheur n'est pas une fatalité. L'avenir appartient à chacun d'entre nous et à chaque carrefour nous sommes libres de choisir notre direction.

Je vous propose donc trois bonnes raisons pour trouver le courage de briser l'inadmissible.

- Un secret est un traumatisme. Il est une agression qui ancre en soi des croyances et fait grandir des adultes blessés, surprotecteurs ou détachés au tempérament variable. L'absurde culpabilité qui emmure dans un silence de mort doit un jour se fissurer. Un secret découvert, c'est une paix possible pour un autre sentiment de soi. La paix d'oser se regarder dans une glace sans craindre son image.
- Au-delà de soi, chaque chose, chaque personne doit retrouver la place qui est la sienne. Dans une communauté, chacun assume ses responsabilités. L'auteur du traumatisme ne peut s'endormir avec la certitude de votre silence et vous ne pouvez vivre avec la peur au ventre et la croyance d'être responsable. Le bourreau doit endosser son costume de bourreau et retrouver son identité, qu'il doit présenter comme on présente ses papiers. Le pardon, c'est autre chose, c'est après... Après les mots, après les explications enfin données au grand jour, verbalement ou par écrit.
- L'avenir doit pouvoir se profiler sans voir peser sur lui la menace d'une ombre transgénérationnelle. Le secret enchaîne le futur et les générations suivantes, bien qu'elles n'en aient généralement pas conscience, savent, ou du moins sentent, la présence d'un nuage noir dans le ciel familial, car celui qui détient le secret, par ses pensées, ses émotions et ses comportements suggère une énigme inquiétante. Ainsi, le détenteur d'un secret apprend implicitement, sans le vouloir, aux générations suivantes, l'art du silence ou du moins l'art de ne pas tout dire. Voilà un apprentissage inutile fabriquant des possibles futurs assujettis englués dans un secret récidiviste.

Je me souviens d'une patiente abusée dans son enfance par son beau-père. Elle n'en avait parlé à personne. Ce secret l'étouffait. Au fil de nos rendez-vous, je lui ai suggéré de faire sortir du silence ce secret de famille. Il était bien évidemment hors de question d'étaler le fait sur la place publique, mais juste d'en informer les personnes proches qui avaient sans doute souffert de sa distance affective et de son mal-être. Son mari fut le premier averti ; ce qui lui permit de comprendre le faible désir sexuel de son épouse. Ultérieurement, leur fille d'une quarantaine d'années, en apprenant à son tour le drame, avoua qu'elle aussi avait été abusée...

CHAPITRE 14
Rééduquer les émotions

Les émotions sont des outils de communication indispensables à la vie et à la survie. Le bon fonctionnement des rapports sociaux dépend largement de la façon dont les individus expriment et régulent leurs émotions. De tout temps, elles ont construit ou détruit les relations humaines. À l'intérieur d'une même culture sociale, certaines familles valorisent l'expression des émotions alors que d'autres familles l'interdisent soit pour l'ensemble des émotions, soit pour un type particulier d'entre elles. Rappelons qu'afin de faciliter l'adaptation à un environnement, toutes les émotions sont essentielles. Elles sont sources d'échange, de compréhension, d'acceptation, de refus ou de compromis. Aucune n'est négative ou positive si elle est *régulée,* c'est-à-dire *juste, appropriée et proportionnelle.* Ces trois critères sont indispensables afin d'éviter un désaccord profond au sein de la personne qui exprime l'émotion, mais aussi entre elle et l'environnement qui la reçoit. Une émotion non régulée nuit au bien-être, à la performance et au lien relationnel.

Parmi le panel des émotions, nous nous intéresserons à la colère, souvent nécessaire au désassujettissement, et analyserons les justes attributs qui la rendent bénéfique.

LA RÉGULATION ÉMOTIONNELLE

Réguler ses émotions est nécessaire au bien-être physique et psychologique. Trop de colère active les troubles du comportement, trop de tristesse conduit tout droit vers des états mélancoliques, puis dépressifs, trop de peur provoque à terme de l'anxiété généralisée et peut même engendrer des phobies en tout genre.

Réguler ses émotions, cela s'apprend comme on apprend un mouvement ou un texte. Cela demande de l'envie, du courage et de la volonté. La régulation émotionnelle s'apprend d'abord sur le plan physique. Répéter devant une glace l'expression faciale et gestuelle d'une émotion n'a rien d'idiot ! Elle s'apprend également sur le plan relationnel, car force est de constater que les personnes qui gèrent mal leurs émotions ont des relations amoureuses, familiales, professionnelles et sociales moins épanouies. Alors, si votre apprentissage est balbutiant, n'oubliez pas que le trop et le pas assez se corrigent et que l'expérience vient en faisant.

Les trois critères de régulation

On pourrait croire que l'idéal est de transformer une émotion négative en une émotion positive. Absurde ! Rire de son malheur, par exemple, est ridicule ; c'est se mentir à soi et aux autres, à qui on laisse croire qu'il n'y a pas de problèmes. Il vaut mieux exprimer une émotion plutôt que tenter de la supprimer, à condition toutefois de pouvoir ensuite en sortir. Se désassujettir c'est reconnaître sa peur, sa culpabilité ou sa tristesse.

Réguler l'intensité d'une émotion

Toutes les émotions sont utiles à condition qu'elles soient exprimées avec justesse. Trop de joie nuit, tout autant que trop de tristesse ! L'assujetti enfermé dans ses croyances affectives a tendance à intensifier malgré lui sa peur de perdre l'affection et la reconnaissance de l'autre, augmentant ainsi sa panoplie de mauvais comportements.

Réguler la durée d'une émotion

Prolonger ou écourter l'expression d'une émotion dépendra de la situation. La volonté de se désassujettir oblige souvent la personne à maintenir l'émotion de la colère pour être sûre d'être bien entendue et bien comprise. *A contrario,* maintenir une émotion telle que la peur, la culpabilité ou la tristesse au-delà du moment où elle est utile, risque de conforter l'assujettissement.

Réguler les composantes d'une émotion

Une émotion s'exprime par le biais de tout un ensemble de moyens que chacun possède : langage verbal et paraverbal, gestes, expressions, mimiques, regard, posture, distance... Pour être entendu et compris, il est intéressant d'augmenter le nombre de paramètres relevant de l'expression de soi.

Les causes d'une mauvaise régulation

Le niveau d'assujettissement ne dépend pas du nombre de causes sources d'une mauvaise régulation émotionnelle. Une seule des causes présentées ci-dessous peut suffire pour dérégler les émotions. Tout dépendra de l'individu et de sa capacité à transformer les événements.

- *Le tempérament de l'individu* : c'est tout le domaine de l'inné, c'est-à-dire de l'héritage génétique.
- *La sécurité affective reçue dans l'enfance* : le rôle des parents est primordial dans l'apprentissage d'une bonne éducation émotionnelle. Leur présence affective stimule la mise en place de bonnes émotions.
- *L'observation environnementale* : les figures d'attachement tant principales que satellites sont des modèles. Leurs comportements quotidiens et leur propre capacité à gérer les émotions feront écho et l'enfant s'en inspirera.
- *L'environnement culturel* : les émotions ne sont pas exprimées de la même façon en Asie et en Afrique...
- *Les événements traumatiques* : ils font grandir la vulnérabilité d'une personne et donc sa difficulté à gérer ses émotions.
- *Les conditions de vie* : leur difficulté épuise la capacité de veiller à un juste équilibre émotionnel.

- *L'absence de familiarité avec les émotions*: les personnes qui n'ont pas appris à apprivoiser leurs émotions comme on jongle avec des balles seront démunies face à des émotions envahissantes.

Les techniques de régulation émotionnelle

Comme nous l'avons déjà dit, l'évitement ou le retrait vis-à-vis d'une situation émotionnelle n'est pas forcément souhaitable. Il faudra alors gérer l'événement et l'émotion qui y est associée.

La régulation préventive

Rappelons que ce n'est pas la situation qui déclenche l'émotion, mais les perceptions cognitives que l'on a de la situation. Or, l'assujetti embourbé dans ses failles affectives et ses éventuels traumatismes pense mal et donc réagit émotionnellement mal ; d'où l'importance pour lui de reconditionner ses croyances cognitives avant de s'attaquer à la rééducation de ses émotions.

La régulation modulatrice

Il existe plusieurs techniques de gestion d'une émotion. Toutes ces techniques restent des modes d'action.

- *L'acceptation émotionnelle :* il s'agit d'accepter l'émotion parce que vous ne pouvez pas la vivre autrement, ni éviter la situation génératrice. Elle s'impose à vous. L'acceptation nécessite de lâcher prise, de ne plus vouloir tout contrôler et d'abaisser son niveau d'exigence, sans pour autant être passif. Car l'acceptation n'est pas l'impuissance ! Le deuil s'inscrit dans cette démarche d'acceptation et le désassujettissement est un deuil ; le deuil de beaucoup de choses, y compris de ce que vous étiez et que vous ne voulez plus être !
- *La relativisation émotionnelle*: elle consiste à repenser la situation en réévaluant le degré de la gravité de la pensée qui est à la source de l'émotion. C'est la technique du pire que nous avons déjà exposée, beaucoup utilisée dans les thérapies brèves. Imaginez que vous n'osez pas dire Non à votre ami parce que

vous avez peur qu'il vous en veuille. Eh bien, demandez-vous : « Qu'est-ce qui serait pire que la réponse de mon ami ? »

- *La distraction émotionnelle* : réorienter son attention émotionnelle ne signifie nullement vouloir nier la situation émotionnelle. Il s'agit juste d'apporter des variantes cognitives et comportementales. La distraction interne consiste à penser à autre chose, alors que la distraction externe consiste à faire autre chose. Dans les deux cas, la personne tente malgré tout de s'octroyer du plaisir et de la détente.
- *La positivation émotionnelle* : c'est la technique du verre à moitié plein et du verre à moitié vide. L'assujetti a tendance à focaliser son attention sur les aspects négatifs d'une situation, au point d'en oublier le reste. Sans doute vous est-il possible de modifier positivement votre perception en attendant de pouvoir remplir le verre jusqu'au bord !

JE SUIS TIMIDE MAIS JE ME SOIGNE

Nombreux sont les chercheurs, psychologues, sociologues, philosophes qui s'interrogent, s'entendent ou se divisent sur l'appartenance d'un comportement à l'inné ou à l'acquis. Nous avons vu en début d'ouvrage que le tempérament pouvait s'assouplir et se transformer, et ni les gênes, ni l'histoire affective ne nous interdisent d'évoluer. Boris Cyrulnik affirme : « Un déterminant génétique, même puissant, n'est pas forcément prédicteur de pathologie biologique ou psychologique puisque l'articulation des gênes entre eux, puis avec le milieu écologique, puis avec les circonstances de l'existence prend des formes variables de résilience ou d'aggravation, selon les conjugaisons[17]. »

Même si un introverti deviendra difficilement un extraverti (quoique !), il peut apprendre le respect de soi et l'affirmation de ce qu'il veut être et ne pas être, faire et ne plus faire, avoir et ne plus avoir par un travail sur ses pensées et ses émotions. Alors, inné, acquis, est-ce fondamental ? *Si la compréhension de son*

17. Boris Cyrulnik, *De chair et d'âme*, Paris, Odile Jacob, 2006, p. 43.

aventure humaine est importante, la volonté de changer est essentielle. Changer sans volonté est impossible ; c'est croire au miracle ! Il faut de la volonté pour changer, comme il faut de nouveaux acquis pour façonner l'histoire.

QUATRIÈME PARTIE
STOP
ou
Savoir faire **t**aire l'**o**ppression exercée par les **p**roches

J'en ai marre de chercher à la fois des claques et des caresses.
PATIENT ANONYME

Pendant longtemps, bon nombre de scientifiques ont pensé que l'individu était en quelque sorte conditionné à vivre ce qu'il avait structuré cérébralement dans les premières années de sa vie. Or, depuis peu, les recherches démontrent que le cerveau est susceptible de se transformer à tout âge. On parle de *neuroplasticité*. Autrement dit, de nouvelles pensées, de nouveaux comportements tracent de nouvelles voies neuronales qu'il nous appartient d'entretenir et d'élargir comme on élargit une route.

Même si je m'aperçois chaque jour que plus la période d'assujettissement est longue, plus les premiers pas vers le changement sont difficiles, celui-ci est toujours possible et les mots aussi simples que Oui et Non pourront être dits avec justesse : un Oui franc et voulu sans ajout d'un « mais », et un Non ferme, résolu et qui ne sera jamais regretté. Un Non qu'il vous faut à présent réinventer après tant et tant d'années durant lesquelles vous n'avez jamais dit Non ; et tant pis si les débuts sont hésitants et maladroits ! L'Échelle du niveau d'oppression (ÉNO), qui vous a été proposée précédemment, sera un allié dans votre apprentissage.

Si vous prenez le temps d'observer les enfants dans une cour de récréation, vous remarquerez inévitablement qu'un rien provoque une dispute, et c'est alors qu'apparaît celui qui, d'un mot, d'un signe et d'un regard ferme stoppe toute anarchie. Un acte fort et sage à la fois. Serait-ce cela, le STOP ?

Apprendre à dire STOP c'est se faire respecter et se faire respecter c'est se respecter. Savoir dire STOP, c'est oser le conflit et se mettre en colère, si nécessaire, sans agresser l'autre ; une colère légitime avec ses règles et ses limites.

Le mot « STOP », composé de quatre lettres, a un jour éveillé en moi la phrase suivante : « Savoir faire taire l'oppression exercée par les proches. » Il convient toutefois de définir la notion de proches. Qui sont-ils ? Il s'agit de toutes les personnes qui gravitent autour de vous, tant dans votre sphère conjugale que dans vos sphères familiale, sociale et professionnelle. Ils interfèrent avec vos choix, vos décisions, vos envies, et peuvent vous aiguiller sur des chemins à bon escient, ou inversement vous éloigner de vous. Ces gens sont proches parce qu'ils sont présents dans les actes de votre vie. Il peut arriver parfois qu'ils soient peu familiers, voire inconnus jusqu'à récemment, mais l'attirance et la résonance affective que la relation génère crée une proximité susceptible d'assujettir.

« STOP » est un mot magique que tout assujetti devrait un jour ou l'autre apprendre comme on apprend à dire « merci », « au revoir » ou encore « bonjour ». Nous verrons que rien ni personne ne peut être une entrave au respect de soi, même si parfois nous n'avons que quelques secondes pour décider de résister ou pas à l'autre.

CHAPITRE 15
Se reconsidérer soi ainsi que les autres

Comme l'on vit inévitablement dans une sphère sociétale, reconsidérer ses valeurs c'est sans aucun doute reconsidérer sa relation aux autres. Ainsi, se désassujettir revient à repenser son environnement non pour le bannir mais pour s'y intégrer autrement, en n'y jouant plus ce rôle qui ne vous convient pas ou plus. Une multitude de raisons peut expliquer que votre statut amoureux, familial, professionnel ou social soit devenu inadapté à vos yeux : nécessité de performer, tenues vestimentaires obligatoires, fréquentations imposées, façons de faire conseillées, contrainte religieuse... La liste peut être longue.

Les individus qui croisent votre route depuis longtemps (conjoint, enfant, ami, patron, parent...) vous voient d'une certaine façon et, au fond, le passé leur convient bien. Si les changements sont nécessaires pour vous parce que l'absence de changement est devenue source interne de sacrifice et de déni de soi, ils sont parfois difficilement compris et acceptés par ceux qui, soi-disant, vous aiment, vous connaissent parfaitement et veulent votre bien. Je remarque que le changement est souvent plus facile à établir avec des personnes qui n'ont pas connu votre histoire précédente.

Je me souviens encore des mots d'une patiente : « Il voulait que je sois mieux dans mes baskets et m'encourageait à faire un travail sur moi, et puis lorsque le changement est arrivé, que je me suis enfin sentie bien, que je me suis enfin fait respecter, alors ça n'allait plus. Je n'étais plus celle qu'il avait rencontrée, celle du début. J'avais changé ! »

Étrange paradoxe que de vouloir le bien de l'autre et son contraire. Derrière cette résistance, qui cache une sorte de nostalgie du passé, il y a sûrement la peur de perdre ses repères. Alors, surtout ne succombez pas à cette tentation de, finalement, ne rien changer et de retomber dans vos travers. Chahutez enfin cette interaction négativement parfaite !

Affronter ses propres démons et ceux des autres passe bien évidemment par une reconsidération de soi et des autres. C'est pourquoi nous parlons beaucoup dans nos thérapies et dans nos ateliers de gestion émotionnelle, d'estime de soi. Vous avez l'énergie pour dépasser les blessures de l'enfance qui ont un pouvoir d'attraction et qui vous attirent dans des mécanismes interactionnels infructueux. Vous n'êtes pas qu'un vulgaire rouage, une pièce d'une machine infernale qui avance dans le temps sans que vous puissiez en choisir la direction et le rythme ! Personne n'est uniquement une somme infinie de mauvaises choses et de tristes expériences. Alors appuyez-vous sur les belles expériences de votre histoire. Elles existent et doivent être encourageantes.

LA VOLONTÉ, MOTEUR DU CHANGEMENT

Un travail sur soi peut être court ou long, avoir une fin ou être infini. Tout dépendra de la volonté que vous déciderez de mettre dans l'apprentissage de votre changement. Tout thérapeute rencontre trois types de patients.

- *Les touristes,* qui ne savent pas très bien ce qu'ils font là ; sans doute sont-ils poussés par un environnement épuisé par leurs mauvais comportements !
- *Les victimes,* qui ne cessent de se plaindre car elles pensent vivre dans un environnement persécuteur dont elles seraient

la proie quotidienne. Elles ne s'estiment en rien responsables de la situation, ni totalement ni partiellement. Elles pensent que le problème, c'est les autres. Alors, elles attendent (et peuvent souvent attendre longtemps !) le changement de l'autre, le retour de l'autre, les excuses de l'autre… Elles aimeraient détenir une baguette magique !

- *Les volontaires,* qui cherchent à comprendre les raisons de leur souffrance psychologique et physique afin de changer ce qui peut l'être et accepter ce qui ne peut changer. Ils savent que le changement viendra d'eux. Ils sont prêts à explorer la vie et font preuve de courage, de patience et de curiosité.

La volonté de changement est donc indispensable à la « guérison ». Pour cela, il faut d'une part que le contexte soit favorable au changement, et d'autre part que celui-ci soit possible, ce qui n'est pas le cas à tout moment. Il faut parfois du temps ; en un mot, il faut être *prêt.* Yves Doutrelugne énonce clairement qu'il y a un temps pour les pansements et un temps pour les changements. Indépendamment du moment, nous verrons plus loin qu'il existe des situations précises où un important changement peut mettre la personne en danger.

Quoi qu'il en soit, n'attendez pas que l'autre change pour changer. Si c'est le cas tant mieux, sinon tant pis. De même, n'oubliez jamais que votre changement peut malgré tout entraîner le changement de l'autre mais uniquement dans la limite de ses capacités !

Ainsi, la marionnette que vous étiez décide maintenant de ne plus avoir besoin de son marionnettiste pour se mouvoir. *Vous n'êtes plus une marionnette ; vous êtes vivant.* Votre autonomie vous permet d'explorer les choses par vous-même, et ce que vous dites, ce que vous êtes et ce que vous faites a la qualité et la saveur de l'authentique. Le discours de l'autre n'est plus une référence mais seulement un avis, une perception parmi tant d'autres.

L'ESTIME DE SOI

Un jour, un patient m'écrivit: «Je suis étonné de la confiance, l'estime, l'amour que les autres me portent, j'ai l'impression qu'ils se trompent et que je ne mérite pas toutes ces qualités qu'ils m'attribuent. Mon père, lorsque j'étais enfant et ado, m'a toujours dénigré. Ce que je faisais n'était jamais assez bien à ses yeux.»

Les frustrations et les échecs enracinés durant l'enfance, puis invariablement reconduits pendant la vie adulte risquent d'engendrer un manque d'estime de soi s'apparentant à une tache d'ombre cachant la lueur des jours meilleurs. L'estime de soi est donc cette valeur que nous nous accordons malgré les inévitables difficultés de la vie et malgré les inévitables regards désapprobateurs des autres. Quoi qu'il arrive, on est son meilleur ami; un ami qui n'a rien à camoufler. Une personne bien dans sa peau, avec un sentiment de sécurité affective intérieur, tremble rarement face à soi et aux autres. Elle a toutefois le droit d'avoir peur et de l'exprimer, mais sa maison intérieure abrite des locataires stables (modes parent, adulte, enfant), respectueux et complémentaires. Tous ces «bouts de nous» œuvrent ensemble et affirment une volonté claire d'exprimer ce qu'ils pensent, ce qu'ils veulent, ce qu'ils ressentent tout en respectant l'interaction. Autrement dit, *on ne s'affirme pas contre ou pour les autres mais pour soi.*

Beaucoup d'ouvrages parlent de confiance en soi mais celle-ci n'est que le maillon d'une chaîne et peut même être le dernier! Souvent, il y a en amont une problématique d'amour de soi et d'image de soi, car comment avoir confiance en soi si l'on ne s'aime pas? Nombreux sont les assujettis qui n'aiment pas ce qu'ils sont dedans et dehors. Ils se trouvent moches, sans envergure, sans culture, sans intérêt, fades, trop maigres, trop gros...

L'amour de soi

L'amour de soi est sans doute la clé de voûte de l'édifice. «S'aimer soi-même est bien le socle de l'estime de soi, son constituant le plus profond et le plus intime[18] », affirment Christophe André et François Lelord. Si on ne s'aime pas, et pire encore, si on se déteste, il est inutile d'essayer d'avoir une bonne image de soi et de développer une confiance en soi bien ancrée. C'est peine perdue !

Rappelez-vous le paragraphe sur l'arbre de vie. C'est dans le tronc de l'arbre, refuge affectif, que se développe l'amour de soi, héritage de l'histoire de chacun. Cet amour de soi autorise à s'aimer malgré ses défauts, ses failles, ses limites, ses fragilités ; malgré les fêlures, les cicatrices et les plus petits bobos mais aussi malgré les échecs, les déceptions, les contre-performances... Beaucoup d'assujettis perçoivent leur grande sensibilité comme un défaut alors qu'il s'agit d'une belle qualité, source de fines perceptions, certes parfois « fragilisantes ». On s'aime parce que l'on est digne d'exister et digne d'amour. On s'aime parce que l'on a quelque chose à accomplir sur cette terre.

Cet amour porteur d'expériences positives puise son énergie et sa vitalité principalement dans l'éducation affective reçue des figures d'attachement principales et satellites. La joie que les parents ont eue à élever l'enfant et à le faire grandir en toute sécurité procure à celui-ci cette certitude d'exister vraiment et d'avoir de la valeur. Les bonnes nourritures affectives, comme un bon terreau, vont lui permettre de s'enraciner et de s'épanouir harmonieusement un peu plus chaque jour. Inversement, la perception de ne pas compter aux yeux de ceux qui vous ont donné la vie produira un amour de soi atrophié, et cette carence affective rendra le tronc calleux et peut-être vide comme un arbre mort. L'assujettissement embryonnaire deviendra au fil des rencontres interactionnelles un handicap parfois tragique.

La vision de soi

Il s'agit du regard que la personne porte sur elle-même. Avoir une bonne vision de soi, c'est donc cette capacité à voir très clairement et avec justesse ses qualités et ses défauts, ses bons et ses mauvais

18. Christophe André et François Lelord, *L'estime de soi*, Paris, Odile Jacob, 2008, p. 117.

côtés, ses forces et ses faiblesses. Il y a derrière ce regard averti et aiguisé, une forme d'honnêteté avec soi-même. Or, je m'aperçois souvent qu'un assujetti est incapable de me donner ses deux plus belles qualités et ses deux plus gros défauts. Comme s'il en était privé ! Il lui est d'ailleurs plus facile de trouver deux défauts que deux qualités ; des défauts qu'il est souvent le seul à voir !

Parce qu'il est important de mieux se connaître et de développer cette transparence avec soi-même, je vous invite à prendre un peu de temps pour définir selon vous une liste de dix qualités et de dix défauts qui vous caractérisent. Lors d'ateliers de gestion émotionnelle, il est souvent difficile de faire entendre à un assujetti qu'il a bien fait tel ou tel exercice, ou bien qu'il a progressé depuis le dernier stage. Il est habité par un doute permanent sur ses capacités même lorsque les autres stagiaires reconnaissent et confirment les progrès faits ! L'assujetti entend mais n'écoute pas vraiment. Il reste sceptique, méfiant et répond « peut-être » aux compliments qui lui sont adressés. Il sait voir les qualités des autres mais a beaucoup de difficultés à reconnaître les siennes, et se tient parfois à la limite de la mauvaise foi. Surprenant et décourageant !

Ainsi, les moindres aléas de la vie renforcent cette incapacité à tirer profit de ses forces et à tirer des enseignements de ses faiblesses. Je me souviens d'une patiente qui, venant de se séparer de son mari, m'avoua : « Mais qui voudra de moi et de mes deux enfants ? » Les personnes ayant une vision négative d'elles-mêmes s'estiment différentes des autres ; leur vie est plus compliquée, leurs problèmes plus importants... « Je suis nul », « Les autres ont plus de chance », « Ça n'arrive qu'à moi », disent-elles... Elles se délectent dans un rôle de victime et l'échec se tient alors en embuscade.

La confiance en soi

La confiance en soi devrait être la résultante des deux autres. Si je m'aime et si je peux parfaitement évaluer mes forces et mes faiblesses, alors j'ai confiance en moi. Il semble toutefois que le manque de confiance en soi puisse exister sans qu'il y ait absence d'amour de soi et mauvaise image de soi.

La confiance en soi est cette capacité à rebondir dans les situations de la vie plus ou moins favorables. Des parents qui n'exposent pas l'enfant à des situations inconnues nécessitant un dépassement de soi, ou qui, inversement, le mettent en danger en l'exposant de façon excessive ou inadaptée à de telles situations, jouent très certainement un rôle non négligeable dans ce développement dysfonctionnel.

Je distingue deux formes de confiance en soi : confiance en sa personne, et confiance en ses compétences intellectuelles, relationnelles ou physiques. En effet, certains assujettis n'ont pas confiance en ce qu'ils sont intrinsèquement mais s'estiment compétents dans des domaines particuliers (généralement le domaine professionnel). Ils y développent des compétences spécifiques apprises tôt. L'enfant prisonnier d'une histoire affective défaillante cultive en effet, à travers ses rêveries protectrices et libératrices, une sorte de jardin secret, une passion, un don, une compétence, une niche, comme disent les spécialistes en marketing. Plus tard, il lui appartiendra de transcender cette particularité qu'il connaît bien. Je vous invite à retrouver des situations dans lesquelles vous avez finalement sorti votre épingle du jeu grâce à la mise en avant de votre ressource principale.

La confiance en soi, c'est être capable de tirer des enseignements de ses échecs et de ses erreurs pour ne pas les reproduire, car il n'y a pas de fatalité. Chacun a le pouvoir de changer les choses ; la capacité à passer de l'autre coté de la rivière en ignorant parfaitement ce qui se passe là-bas. Précisons qu'un afflux de stress n'est pas forcément dû à un manque de confiance en soi, il permet plutôt de canaliser toute son énergie, autorisant ainsi un dépassement de soi.

L'ACCEPTATION DES AUTRES

Se désassujettir c'est faire une croix sur son besoin excessif d'amour et de reconnaissance, son sentiment d'abandon, son manque d'estime et d'autonomie, son sentiment d'échec et d'exclusion... Mais c'est aussi accepter la différence. Paul Watzlawick raconte l'histoire suivante : « Celui-ci [un homme] veut accrocher un tableau. Il possède un clou mais pas de marteau. Le voisin en a un, que notre homme décide d'emprunter. Mais voilà qu'un doute le saisit. Et si le voisin s'avisait de me le refuser ? Hier, c'est tout juste s'il a répondu d'un vague signe de tête quand je l'ai salué. Peut-être était-il pressé ? Peut-être a-t-il fait semblant d'être pressé parce qu'il ne m'aime pas ? Et pourquoi ne m'aimerait-il pas ?... Pourquoi refuse-t-il de me prêter son marteau, hein ? Comment peut-on refuser un petit service de cette nature ? Ce sont les gens comme lui qui empoisonnent la vie de tout un chacun[19] !... » Amusant non, et tellement vrai !

À ce sujet, un certain nombre de remarques me paraissent essentielles.

- Ce n'est pas parce que vous posez vos nouvelles règles du jeu que l'autre (ou les autres) doit adhérer à la partie ! Respecter l'autre c'est par exemple accepter qu'il ne vienne pas au cinéma voir le film que vous avez choisi. Les autres sont ce qu'ils sont ; les autres sont comme ils sont. Chacun doit être à sa place, se respecter et ne rien imposer. Autrement dit, dans un conflit sain, il n'y a ni dévalorisation ni survalorisation, et chaque partie pose son choix. Les négociations peuvent ensuite commencer. Personne n'a le pouvoir, ni le droit de faire changer l'autre. Par contre, proposer un changement pour atteindre une nouvelle harmonie interactionnelle est concevable, à condition que l'autre le veuille bien pour lui et non pour vous faire plaisir !
- Accepter les autres, c'est remettre en cause la problématique assujettissante (le comportement) et non la personne elle-même (l'identité). C'est distinguer l'émotion ressentie du jugement culpabilisateur, car ce dérapage peut être vécu comme une attaque personnelle, véritable blessure qui risquerait de mettre en échec le conflit. Plutôt que de lancer : « Tu es complè-

19. Paul Watzlawick, *Faites vous-même votre malheur*, *op. cit.*, p. 35.

tement idiot de me proposer cette solution! », il est préférable de dire posément: « Je ne suis pas d'accord avec ce que tu proposes ». Au terme d'un conflit juste et respectueux, chacun doit accepter de faire l'objet de censure puisque les divergences sont acceptées, à condition toutefois que la censure porte sur ce que l'on fait et non sur ce que l'on est. Je distingue ainsi le mode actionnel et le mode existentiel.

Le mode actionnel concerne tout ce qui est fait ou dit, tout ce qui est mis en place. Il consiste par exemple à dire: « Je n'aime pas ta façon de conduire », ou « Je te trouve peu ordonné ». Le problème comportemental, objet de l'échange, est séparé de la personne. Dans ce mode, le pronom « tu » est remplacé par le pronom « je » car le « tu » attaque directement la personne et non le comportement indésirable. Ainsi, si l'on évite un langage accusateur, le message est moins violent parce qu'il ne touche pas aux valeurs affectives de la personne. Il permettra d'ouvrir des portes et peut-être d'aboutir à une nouvelle répartition des tâches. Si ce n'est pas le cas, l'utilisation de ce mode évitera à tout le moins l'amplification et la non-gestion du conflit ainsi que la dégradation du lien.

Le mode existentiel parle de la personne elle-même. Une critique faite sur ce mode altère les règles de base de la communication car elle blesse, rabaisse et atteint l'autre dans sa construction cognitive et émotionnelle. Par exemple: « Tu es moche », ou « Tu ne comprends jamais rien... » Vous devez être extrêmement vigilant quant aux censures adressées sur le mode existentiel, qui sont une façon de nier les qualités de l'autre et d'insister uniquement sur ses défauts.

Le mode actionnel concerne l'objet de la communication alors que le mode existentiel concerne la relation. Anthropologue et chercheur dans le domaine de la communication, Gregory Bateson a souligné dans ses écrits que les deux modes étaient souvent contenus dans les messages interactionnels. Pour cette raison, soyez attentif et dites Non à la situation en rassurant l'autre sur l'absence de mise en cause du lien.

- Critiquer l'entourage de l'autre, c'est critiquer l'autre : « Tu es comme ta mère », ou bien « J'ai l'impression de voir ton père ». Ces comparaisons sont très rarement acceptées par celui qui réagira en protecteur de ses valeurs affectives. Critiquer l'appartenance « filiatrice » de quelqu'un, c'est, au bout du compte, abîmer les racines de son histoire affective, qu'elles soient saines ou pas.
- L'autre ne changera pas pour vous. C'est une certitude. Il fera tout au plus un effort, mais l'effort est éphémère. S'il vous aime vraiment pour ce que vous êtes profondément, il pourra s'interroger sur sa propre mise en cause et s'il ne l'envisage pas, alors la décision de poursuivre ou non le lien vous appartiendra.

Il est extrêmement intéressant de remarquer que lorsque l'assujetti sort de son dysfonctionnement et qu'il n'est plus victime de sa vie et des autres mais acteur de son existence, il a beaucoup de difficultés à côtoyer des gens qui gémissent. Comme si cette victimisation faisait écho à ce qu'il n'est plus et ne veut plus être.

CHAPITRE 16
L'inévitable conflit

Le pouvoir, l'autorité et l'obéissance sont des valeurs difficilement détrônables ! Être dans la norme sociale impose le respect d'un ordre établi. Il est donc de bon ton, en société, de donner une bonne image de soi en recourant à un ensemble de codes classés et répertoriés. « Ne pas faire de vagues » est rangé dans le registre de la politesse et de la sociabilité, tandis que « se faire remarquer » est plutôt considéré comme un comportement provocateur, voire anarchique. Même si les mentalités se sont assouplies (certains diront parfois trop), ouvrant la porte à la demande individuelle, le désir de se faire plaisir, de se respecter et de prendre soin de soi porte encore le poids de notre histoire judéochrétienne, il est estampillé « pas bien » et considéré par nos consciences comme devant être une exception à la règle.

Vivre sans conflit est utopique, alors certains s'excluent, pensant que vivre sans les autres les protège du conflit. Or, être seul sur une île, incapable de choisir entre chasser et pêcher est source de conflit avec soi-même ! Ainsi, deux parties de soi peuvent se trouver en opposition, nous chahutant comme une feuille prise dans un courant d'air. Quoi qu'il en soit, seul ou avec les autres, le conflit est immanquablement présent au quotidien. L'accepter, c'est revendiquer ce qui vous tient à cœur. C'est par exemple oser renvoyer un plat froid, demander une évolution professionnelle, réclamer de l'aide… Rares sont les assujettis qui s'autorisent à contrer la hiérarchie, les codes, les règles, les principes, les habitudes.

L'assujetti a perdu l'usage du Non et du STOP et son discours si peu affirmé se heurte à des murs humains. On ne l'écoute pas. Ses revendications souvent mal exprimées sont considérées plus comme des sautes d'humeur que comme des demandes essentielles. Les autres (ou l'autre) entendent le son de sa voix mais n'écoutent pas ce qu'il dit. Désormais, exigez d'être écouté et plus simplement entendu, sans oublier d'écouter à votre tour. L'échange pourra alors aboutir.

LES PREMIÈRES TENTATIVES

Dans toute société humaine ou animale, le conflit est une nécessité fondamentale. Très tôt, chacun d'entre nous tente de l'approcher avec plus ou moins de réussite, de perspicacité et de ténacité. Se familiariser avec le conflit pendant l'enfance et l'adolescence permettra d'éviter plus tard des acceptations imposées et des dérapages agressifs. Pour l'assujetti, la gestion d'un conflit est profondément effrayante ; or, se désassujettir c'est justement appréhender le conflit comme une nécessité.

Les premiers « NON »

L'opposition, nous sommes tous nés dedans ! Il s'agit là d'un processus normal que nous avons testé dans notre petite enfance, une époque où chaque phrase était ponctuée d'un Non. C'est le temps où les goûts et les désirs de l'enfant commencent à prendre forme. Sa personnalité tente de s'affirmer, certes maladroitement, en refusant les règles et les contraintes des grands. C'est la recherche des premiers conflits indispensables à l'apprentissage. De l'accueil fait à cette rébellion, l'enfant tirera certains enseignements. Si son expérimentation est mal venue, elle sera réprimée par une attitude parentale autoritaire et sévère et l'enfant s'abstiendra peu à peu d'oser l'opposition, ou bien au contraire tentera de chercher en permanence les limites et les failles de ses interlocuteurs, les poussant ainsi à bout. *A contrario,* si l'opposition ne rencontre aucune résistance, l'enfant se repliera sur lui-même avec un sentiment d'insécurité affective ou développera des comportements d'enfant roi.

Rappelez-vous l'équilibre entre surprotection et sous-protection, entre trop et pas assez. L'excès, comme le manque, stimule l'échec du désir de découvrir. L'enfant incapable de trouver une ligne directrice dans sa construction et son expérimentation sera un enfant roi ou un enfant rien. Il est donc essentiel que l'apprentissage du Non par le petit enfant soit accepté par son environnement parental qui doit également lui en expliquer la raison d'être ; accepté mais contenu car c'est aussi l'âge de découvrir les limites imposées ! L'enfant doit trouver face à lui des parents sécurisants capables d'osciller intelligemment entre sévérité et liberté surveillée.

La fameuse crise d'adolescence

« Quoi que l'on fasse, ce n'est jamais bien », disent les parents pris dans la tourmente revendicatrice de l'adolescent. Cette période de fragilité affective façonne des adolescents « écorcés vifs » qui contestent, refusent, revendiquent, insultent, dénigrent.

Les parents ont à s'adapter et à accepter les différents cycles d'évolution de leur enfant. Ils doivent admettre que leur image n'est pas toujours reluisante aux yeux de leur progéniture ; qu'ils sont tout d'abord indispensables, puis ensuite mis de côté, jusqu'à ce qu'ils soient plus tard reconnus pour l'éducation affective qu'ils ont apportée. C'est comme ça ! Françoise Dolto décrit parfaitement bien cet épisode où l'adolescent est comme le homard qui perd sa coquille protectrice au profit d'une enveloppe encore un peu molle. L'ordre établi est alors chahuté et les parents tant aimés deviennent soudain détestés. Éprouvant, me direz-vous, et pourtant cet épisode est souhaitable ! Rien de mieux pour faire naître un jeune adulte qui n'aura pas plus tard à vomir son venin car il s'en sera purgé à l'adolescence. À ce stade, toutefois, les parents ont également la responsabilité de poser des règles. L'équilibre entre les limites à faire respecter et la liberté d'expérimenter le conflit est à trouver. Ce va-et-vient dans l'exploration humaine annonce la naissance du respect de soi mélangée à la découverte du respect des autres. Ce va-et-vient pareil à un mouvement de balançoire permet de tirer les leçons d'une vie en société, où chacun trouve sa place au prix d'une négociation socialisante.

ET APRÈS...

Nous avons donc tous osé ouvrir la porte de l'opposition, mais certains ont perdu la clé plus tôt que d'autres. Certains savent quand, comment et pourquoi, d'autres ont oublié. Certains la retrouveront, d'autres pas...

Pourtant, tout au long de notre vie, nous sommes confrontés à des situations propres à nous faire réagir afin que nous fassions respecter ce que nous sommes, ce que nous avons et ce que nous faisons. L'assujetti a beaucoup de difficulté à trouver l'équilibre entre le respect de lui-même et le respect des autres, et sa gestion des conflits est misérable. Il passe de la passivité à l'agressivité. Il est dans l'inaction et dans la réaction, incapable d'être dans l'action. L'excès ou le manque s'impose et l'absence ou le trop de conflits l'abîme. Le mode enfant fait des siennes pendant que le mode adulte assiste impuissant à une autodestruction et une destruction du lien.

Dans sa phase de passivité, l'assujetti se contentera d'être en conflit avec lui-même, cultivant des pensées telles que « Je suis nul », « Je ne vaux rien », « Ma vie est un gâchis », « Je n'ai jamais rien réussi »... Il lui est alors impossible de prendre une décision. Comme il veut tout et son contraire, la seule solution possible est le *statu quo*. C'est une façon de ne jamais s'autoriser ce qu'il désire vraiment. Tout est prétexte à ne rien changer et à repousser l'éventuelle décision à demain. Ainsi passent les jours, les semaines, les années sans que rien ne bouge ; une vie d'inaction, une vie de victime des autres et de bourreau de soi.

Dans sa phase agressive, l'assujetti pourra être en conflit avec tout le monde et être en guerre contre la terre entière ! Toute interaction est une construction sociale qui nécessite l'existence à un moment ou un autre d'un conflit, or là, il ne s'agit plus d'un conflit sain mais d'une contre-attaque, d'un combat, d'une intimidation. Il ne s'agit plus d'une colère justifiée, appropriée et proportionnelle. Il y a méfiance, hostilité, car l'autre est perçu comme une menace, et la seule façon d'en sortir indemne est de gagner par rapport aux raisons du différend. Les règles de l'altérité nécessitant une écoute respective sont inopérantes. L'équilibre entre respect de soi et respect des autres est perdu.

Je me souviens d'un patient qui me disait: «Je n'ai jamais appris l'échange, le respect de l'autre et l'intérêt de la contradiction avec un père autoritaire, pour qui toute injonction était un ordre indiscutable.»

LE CONFLIT, SOURCE DE LIEN SOCIAL

Le siècle des Lumières, avec ses philosophes utopiques, a cru que nous pourrions un jour vivre sans conflit. Erreur! Le conflit est partout. Inévitable. Indispensable. En refusant le conflit, vous acceptez les degrés d'oppression, allant du simple désagrément à la négation de soi. Cette acceptation systématique des situations vous traîne dans un monde de relations nauséeuses. Un monde sans conflit c'est une terre sans orage, sans pluie nourricière! Un monde de demi-mesures, d'assujettis résignés ni morts, ni vivants. Le conflit est l'essence même du lien. Ne vous arrive-t-il pas d'être profondément bien après avoir pu dire à votre conjoint ou à votre patron ce que vous aviez sur le cœur?

- *Le conflit permet une issue positive.* Rappelez-vous que les autres (ou l'autre) ne doivent pas seulement entendre les sons de votre voix mais écouter les mots que vous leur dites. Les animaux nous donnent un bel exemple de gestion du conflit. En effet, ils peuvent passer d'une émotion d'affirmation, pour être acceptés dans un groupe, à une émotion d'apaisement lorsque leur place est faite. Les pulsions sont là, mais elles sont contrôlées et dépassées. Le passage de l'opposition à l'apaisement s'enchaîne avec aisance. Le monde humain est loin d'aborder les conflits avec autant de fluidité. L'agressivité, les rancœurs, la jalousie sont des rochers en travers des routes de la communication qui mettent un certain temps avant de s'effacer du corps sans laisser de trace.

Travailler ses émotions améliore l'estime de soi et permet de ne pas considérer systématiquement l'autre comme une menace. Apprendre à entrer dans une émotion puis apprendre à en sortir pour rétablir la paix relationnelle est fondamental. Mais la gestion des émotions s'apprend par l'usage, de même qu'un simple mouvement, pour être intégré, doit être répété des centaines de fois. Je ne saurais trop conseiller les stages et les ateliers de pratique de jeux de rôles et d'improvisation qui, même s'ils recourent à des situations fictives, confrontent à soi et au regard de l'autre.

- *Le conflit permet l'altérité* et donc la capacité à vivre dans un groupe. Il ne rime pas avec abus de pouvoir, domination et assujettissement de l'autre. Il n'est pas un outil d'oppression, ni de vengeance. Il est essentiel de prendre en compte l'existence de l'autre, d'écouter ses arguments et de les reformuler pour être sûr de les avoir bien compris, sans jamais perdre de vue son propre objectif.

  Lorsque le conflit est systématique ou sans issue, il peut être intéressant de poser par écrit les bases d'une alternative comme un contrat engageant les différentes personnes engluées. Cela ne fonctionnera évidemment pas dans toutes les interactions ni dans toutes les situations.
- *Le conflit doit pouvoir exister dans une relation transversale mais aussi dans une relation hiérarchique.* Je reconnais que dans ce cas, la difficulté est tout autre, et les règles morales de notre société ne nous aident pas vraiment. Mais la prise de risque est inévitable, et l'affrontement vaut mieux que le silence et l'acceptation de règles assujettissantes. L'estime de soi en dépend ! Trop

de personnes assujetties taisent un conflit par peur de représailles.

Je me souviens d'une patiente salariée d'une importante entreprise de services venue me consulter à propos du terrorisme exercé par son patron. Elle me déclara: «Il n'y a pas une semaine, pas un jour où une d'entre nous ne part pas en larmes; c'est trop dur, il me fait peur, il nous fait peur. Il est pourtant parfois si gentil avec nous». Vous reconnaissez sans doute dans ce dernier bout de phrase l'intervention d'une culpabilité assujettissante!

- *Le conflit s'installe pour des raisons valables.* S'étriper pour un steak un peu trop cuit paraît dérisoire à moins que ce conflit ne cache des causes réelles plus profondes. Il ne serait alors qu'une ombre sur un tableau noir que vous voulez voir blanc. Il est donc nécessaire d'identifier avec une certaine clairvoyance ce qui se passe en vous, ce que vous ressentez vraiment et ce pourquoi vous réagissez à la plus petite offense ou contrariété.
- *Le conflit nécessite l'existence d'une interaction désirée.* Entrer en conflit avec une personne étrangère pour quelque chose qui ne vous concerne pas est inutile. Il faut donc un partage de territoire, un minimum de liens communs. Il faut une relation vivante. Prendre la défense d'un quidam est utile ponctuellement, en cas de danger par exemple, mais le rôle de Zorro, s'il est joué en permanence, dissimule sûrement une autre problématique.
- *Le conflit doit, par souci d'équité, générer une opposition.* Le désaccord permet l'analyse de la situation sous un autre angle. L'opposition respectueuse est source d'équilibre relationnel et d'enrichissement personnel.
- *Le conflit envoie et renvoie des critiques qui ne doivent concerner que le point faisant l'objet de la discussion.* Pas plus. Une critique concernant des événements antérieurs ou la personne elle-même n'est pas acceptable.

La bonne critique fait partie du jeu conflictuel et même si elle chahute le besoin de reconnaissance, sachez l'écouter, la comprendre, la reformuler et réfuter ce qui vous paraît injuste.

- *Un conflit peut en cacher un autre.* L'idéal serait que votre message soit parfaitement entendu et définitivement accepté ! Mais certaines personnes ont l'art de pousser l'autre à bout et il vous faudra sans cesse réaffirmer vos choix, vos opinions... Comprenez qu'un assujettisseur vous a connu assujetti et qu'il pourra avoir beaucoup de mal à intégrer le changement et donc à admettre l'altérité. Il veut certainement votre bonheur mais pas à son détriment !

QUELQUES RÈGLES POUR UNE COMMUNICATION DÉSASSUJETTISSANTE

Nous l'avons déjà dit, une mauvaise communication fait principalement intervenir le mode parent ou enfant. Rappelez-vous, le mode enfant activera plutôt un langage et des attitudes plaintives et de victimisation et le mode parent activera plutôt un langage et des attitudes de persécuteur ou de sauveur. C'est le mode adulte qui formule le meilleur discours. Voici donc une liste d'attitudes non exhaustives utilisées par le mode parent ou enfant, que vous devez absolument bannir : *diriger ou imposer, menacer, faire la leçon, dramatiser, voir négativement, répondre pour l'autre, critiquer, dévaloriser, rassurer exagérément, infantiliser, bouder, flatter...*

La forme du langage en dit long sur l'esprit de l'échange interactionnel. Il est donc essentiel de détecter sur quelle base votre interlocuteur et vous-même décidez d'échanger. Vous devez savoir où vous voulez aller, quel est votre objectif et ce que vous êtes prêt à accepter. Pour cela vous devez impérativement respecter trois principes :

- Être congruent, c'est-à-dire avoir un discours en adéquation avec ce que vous pensez ;

- Ne pas tenter désespérément de convaincre l'autre en acceptant les divergences ;
- Être précis dans vos demandes. Une formule telle que « J'aimerais aller au restaurant un de ces soirs » risque par exemple de rester longtemps sans réponse concrète.

Définir la problématique

Il est d'abord important de définir clairement le problème interactionnel. Deux techniques, utilisant la visualisation et le ressenti, peuvent vous être d'un grand secours.

- *La technique « projectile arrière »* : représentez-vous mentalement une situation conflictuelle passée ressemblant à celle que vous vivez actuellement et essayez d'en analyser le contenu, le ressenti, l'émotion dominante et ce que vous en avez tiré comme enseignement.
- *La technique « projectile avant »* : imaginez que rien ne change et que vous revivez les mêmes situations à cinq ans d'intervalle. Est-ce que cela vous paraît envisageable et juste ? Posez-vous des questions : « Puis-je m'imaginer vieillir avec cette personne à mes côtés ? », ou bien « Puis-je m'imaginer, dans cinq ans, marcher le long d'une plage sa main dans la mienne ? », ou encore « Pourrais-je ouvrir tous les matins jusqu'à l'heure de ma retraite les portes de cette entreprise ? », ou « Puis-je continuer à avoir froid sous ce climat alors que mon corps réclame de la chaleur et de la lumière ? »

Élaborer des solutions

Dressez une liste de toutes les solutions ou du moins du plus grand nombre envisageable de solutions désassujettissantes ! Toutes doivent être envisagées, de la plus crédible à la plus absurde et de la plus facile à la plus difficile. Ne posez pas de limite ni de frontière car la bonne solution, ou du moins la meilleure, est peut-être là où vous ne vous y attendez pas !

Évaluer chaque solution

Chacune des solutions doit ensuite être décortiquée. N'hésitez pas à mettre par écrit, en colonnes, leurs avantages et leurs inconvénients. Quelles en sont les conséquences pour vous-même ? Établissez l'impact psychologique, physique, moral, affectif et bien sûr matériel qu'elles auraient sur vous... Attention de ne pas rechercher la solution parfaite, elle n'existe pas !

Il est également important de prendre en compte les conséquences de vos futures décisions sur votre environnement amoureux, familial, social et professionnel. N'oubliez pas que les autres, du moins les plus proches, sont forcément concernés par vos décisions. *Nous ne sommes pas des Robinson sur une île !*

Prendre une décision, l'exécuter et s'y tenir

Toute décision est difficile à prendre pour un assujetti parce qu'elle remet en cause un certain nombre de choses pour lui et pour les autres. Vous devez affirmer votre différence, vos choix, vos envies, bref, imposer votre identité à travers les actes que vous posez. Mais il est hors de question de se mettre fondamentalement en danger. Prendre des risques oui, se mettre en danger non ! N'oubliez pas qu'une décision doit vous conduire vers un bien-être physiologique et psychologique.

Une fois la décision prise, elle devra être appliquée, respectée et maintenue.

CHAPITRE 17
L'indispensable colère

Bien que la colère soit nécessaire au respect de soi, cette émotion dite négative souffre de sa mauvaise image. Elle a été et est encore très souvent condamnée par les sociétés tant occidentales qu'orientales. Dans la tradition judéo-chrétienne, la colère est fortement désapprouvée. Elle fait partie des sept péchés capitaux au même titre que l'orgueil, l'avarice, la paresse, la luxure, l'envie et la gourmandise. De même, dans la tradition bouddhiste, la colère est réprimée comme constituant l'un des cinq obstacles à l'épanouissement au même titre que la convoitise, l'agitation, le doute et la torpeur.

Cette émotion est d'ailleurs définie comme un état violent et passager résultant du sentiment d'avoir été agressé ou offensé. *Décharger sa colère, fondre un plomb, voir rouge* sont autant d'expressions populaires présentant la colère comme une attitude négative. Ses formes expressives font fuir.

Je ne suis pas d'accord avec cette perception peu reluisante. Comment la colère pourrait-elle être négative alors qu'elle est profondément utile ? J'y vois au contraire un acte positif d'affirmation de soi et de désassujettissement. Elle nous alerte et informe les autres de notre frustration tout en nous donnant l'énergie d'agir. *A contrario,* les comportements qu'elle risque d'entraîner peuvent être préjudiciables et négatifs. La colère a ses codes et ses limites qu'il convient de respecter. L'agressivité serait ainsi la résultante d'une colère mal intégrée et non maîtrisée.

LA MAUVAISE IMAGE DE LA COLÈRE

Intrinsèquement, la colère prépare à l'action. Sa seule expression peut intimider et imposer un respect quasi immédiat. Mais attention, être en colère n'est pas être coléreux ou colérique ! La colère n'est pas liée à un trait de la personnalité, elle est une réponse face à un certain environnement. Être en colère répond à une situation préalablement condamnée par soi. La colère n'est pas à confondre avec l'impulsivité ou l'irritabilité. De nombreuses études cliniques définissent l'irritabilité comme un état caractérisé par une diminution du contrôle de soi qui se traduit par une explosion de colère exprimée ou intériorisée. Ainsi, l'expérience de l'irritabilité n'a pas la valeur cathartique d'une réaction de colère.

La colère est de ce fait au centre de nombreuses recherches qui distinguent la colère explicable et la crise de colère. Cette dernière, se manifestant par des excès de colère brusques et non justifiés par un événement déclenchant, se rapprocherait d'un état d'agressivité.

La colère n'est pas agressive

Nous l'avons dit précédemment, ces deux manifestations émotionnelles sont de faux amis à ne pas confondre. L'agressivité est une colère non maîtrisée s'accompagnant plus ou moins d'une intention de nuire. Les mots jaillissent comme une bile acide, les mouvements sont saccadés et les expressions corporelles menaçantes. Cette émotion envahissante et dévastatrice dépasse la pensée, alors que la colère est juste la manifestation énergique d'un profond mécontentement.

Dire STOP à quelqu'un, c'est simplement s'opposer fermement à un acte, une injonction ou une prescription que l'on refuse. Cette fermeté est exprimée avec plus ou moins d'intensité en fonction de l'interaction concernée. La colère a un début et une fin, elle est canalisée par son auteur.

- L'agression répond au crescendo suivant : critique d'un comportement, puis critique de la personne, puis dévalorisation de la personne, puis menace, puis violence.

- La colère désassujettissante évolue comme suit : critique d'un comportement puis redéfinition des limites que vous souhaitez imposer ; tout cela en respectant certaines règles de communication. L'expression émotionnelle est adaptée à la situation : les gestes sont tendus mais pas violents, la voie est ferme mais pas hurlante, le regard est implacablement dirigé vers l'autre mais sans méchanceté… Toute l'attention est portée sur le récepteur de la colère, et les autres, les objets, les animaux alentour ne sont pas pris en otage. Rappelez-vous : le bon ton, au bon moment et face à la bonne personne.

Si la colère s'impose à l'autre, il est souhaitable qu'elle soit acceptée par lui. Ainsi, elle permet d'être entendu. Et si l'on est entendu, il y a de fortes chances pour que l'on soit compris. Compte tenu du respect des règles de réciprocité, chacun va pouvoir s'exprimer et s'expliquer sans craindre ni le regard, ni les mots, ni les gestes de l'autre permettant à ceux qui communiquent d'accéder à d'autres émotions relationnelles, telles que l'humour, pour dédramatiser et désamorcer les tensions.

UN ACTE DE COMMUNICATION

Les psychologues évolutionnistes ont constaté que les animaux qui avaient adopté un mauvais équilibre de défense avaient des vies plus brèves et moins de descendants. Ainsi, un mâle trop agressif aurait une vie plus courte et un mâle trop soumis ne trouverait pas de partenaire sexuelle.

L'*assertivité* est une compétence relationnelle qui permet d'exprimer ce que l'on pense sans agresser l'autre. La colère est parfois indispensable pour affirmer un désaccord. Elle est source d'énergie positive et permet de se sentir respecté et actif. Elle est un outil pour combattre la passivité. La colère est donc un outil de communication efficace, même si les autres ne la perçoivent pas comme telle. Elle ouvre la voie à l'explication en évitant les frustrations. Elle attire l'attention de l'autre sur un point de conflit et ouvre le débat. Toutefois, s'il s'agit d'une émotion essentielle, elle n'est pas obligatoire ! Et puis, sans doute que plus vous saurez l'exprimer, moins vous aurez besoin de le faire car les autres connaîtront vos limites à ne pas franchir. La perception qu'ils auront de vous aura changé !

La capacité d'apprivoiser la colère est ce qui permet de trouver un juste équilibre dans l'expression de celle-ci. En l'absence d'équilibre, la colère est tortionnaire ou plaintive et s'empare de l'être tout entier avec des réactions épidermiques parfois violentes. Elle paralyse la communication car elle la fait dépendre d'une perception unique, sans possibilités d'échanges. Les répercussions psychologiques et physiologiques sont grandes. Trop de colère, explosive ou contenue pendant trop longtemps peut entraîner des regrets pour soi et des rancœurs ou du mépris vis-à-vis des autres. Les sensations physiques telles que les poings serrés, les muscles contractés, la mâchoire crispée, des palpitations, l'estomac noué et des sueurs froides exagérées sont autant de résonances à limiter. De nombreuses recherches scientifiques ont démontré l'incidence néfaste de la colère ruminée ou explosive sur l'organe du cœur, avec des risques d'accident cardiovasculaire. La dépression se tient également en embuscade ; des études avancent en ce sens qu'elle est une colère que la personne retourne contre elle.

LES CARACTÉRISTIQUES DE LA COLÈRE

Rappelez-vous l'histoire du saumon qui remonte la rivière. Une émotion ne naît jamais par hasard. Elle est le fruit d'une pensée sur soi, les autres ou le monde. La moindre parole, la moindre attitude, la moindre mimique, le moindre regard de l'autre suffit à déclencher un processus de pensées interprétatives. Or, le besoin de reconnaissance, la peur de l'abandon, la nécessité d'être aimé forcent l'assujetti à construire des interprétations négatives. Vous devez donc apprendre à comprendre votre processus PÉC pour exprimer des émotions justes et équilibrées. Car si l'autre n'est pas à l'heure au rendez-vous, ce n'est pas forcément parce qu'il n'a pas envie de vous voir !

La colère doit ainsi présenter un certain nombre de caractéristiques pour être acceptable et acceptée. L'assujetti doit donc se demander si sa colère est justifiée, appropriée et proportionnelle.

Est-elle est justifiée ?

Est-ce que vous vous adressez à la bonne personne ? Est-ce que la colère répond bien à l'événement présent ou est-elle l'indicateur d'un trop-plein d'événements passés sous silence ? De même, est-ce la personne ou l'événement que vous condamnez ?

Nous avons vu que le conflit a beaucoup plus de chances d'aboutir positivement si vous faites valoir votre ressenti par rapport à la situation que si vous critiquez l'autre dans ce qu'il est.

Est-elle appropriée ?

La colère doit être exprimée au bon moment afin de ne pas perdre sa raison d'être. De ce fait, l'assujetti peut en venir à se dire : « Tant pis, c'est trop tard », et risque d'abandonner l'échange.

Je me souviens d'une patiente qui avait accepté pendant des années de travailler au-delà de ses horaires. Un jour, elle refusa cet abus. Son patron, habitué à sa docilité, ne toléra pas cette rébellion et lui imposa en guise de représailles d'être présente durant les vacances de Noël. Il usa pour cela de violence verbale et physique ; ce qui porta le conflit devant les tribunaux.

Sachez parfois retarder votre colère. En effet, lorsque l'émotion est trop violente à l'intérieur de vous et que son expression risque de vous conduire à une sortie de piste, il peut être utile de la remettre temporairement à un peu plus tard afin d'éviter de devenir agressif et violent et de susciter les mêmes réactions chez l'autre. La difficulté est effectivement de définir le bon moment.

De même, aborder une discussion alors que l'autre est de mauvaise humeur conduit à un probable échec, le moment étant mal choisi. Attendez un peu que la tension redescende mais n'oubliez pas pour autant ce que vous avez à dire.

Retarder la colère permet de prendre un peu de recul et de demander éventuellement conseil afin de pouvoir formuler plus précisément le message. En attendant, il est possible de déplacer sa colère sur un objet qui ne souffrira pas de vos débordements ! Taper, par exemple, sur un punching-ball ou bien crier dans sa voiture permet d'évacuer la tension physique, de prendre de la distance et de revenir à un niveau d'expression (de la colère) moins intense.

Est-elle proportionnelle ?

L'intensité de la colère doit être contrôlée, elle doit être exprimée avec justesse et sans débordement. Certaines populations comme les Asiatiques ou les Inuits apprennent très vite à contrôler leurs émotions. Pour ces peuples, le contrôle de la colère est signe de maturité et de maintien d'une cohésion sociale. Rappelons que contrôler une émotion ne veut pas dire qu'on ne l'éprouve pas !

Quoi qu'il en soit, la colère variera en intensité selon le niveau où vous vous situez sur l'échelle d'oppression. Il sera également indispensable de déterminer si votre colère est provoquée par une situation involontaire ou volontaire. De même, vous devez vous demander s'il y a chez l'autre l'intention de vous nuire.

- *Sachez amplifier votre colère* : il est souvent difficile d'être entendu lorsque pendant des années, voire des décennies, la personnalité, les choix, les désirs, les opinions, les envies ont été passés sous silence ; lorsque rien n'a pu être exprimé, expliqué, défendu… Alors dites et redites ce que vous voulez dire jusqu'à ce que l'on écoute et respecte votre point de vue. Amplifiez l'intensité et le ton des mots afin de les rendre plus efficaces, mais ne vous permettez jamais l'agression.
- *Sachez maintenir votre colère* : parfois, la colère doit être maintenue dans le temps ; le temps de s'assurer que tout est rentré dans l'ordre.

Je me souviens d'une patiente de 48 ans qui avait été violée par son père à l'âge de huit ans. Elle a longtemps fui le domicile paternel, habitant à l'autre bout de la France. Et puis le temps a dissipé sa colère, le lien s'est renoué tant bien que mal et sa vigilance est tombée. Le père est devenu grand-père et il répéta son abominable acte sur sa petite-fille, plus de 20 ans après. La colère ou du moins la vigilance de cette femme n'aurait jamais dû s'éteindre !

Je parle de *colère volatile* lorsque son maintien est trop bref et qu'elle est trop vite remplacée par de la pitié, de la culpabilité et suivie d'un pardon rapide. La durée de la colère sera bien évidemment proportionnelle à la gravité de l'événement source de la colère. Et s'il est souhaitable d'en venir un jour à accepter les faits, rappelez-vous qu'accepter n'est pas nécessairement pardonner !

CINQUIÈME PARTIE
Et demain…

Jusque-là, tout le monde y a trouvé son compte
mais aujourd'hui le compte est dans le rouge.
PATIENT ANONYME

Adopter des solutions de changement c'est accepter de désapprendre pour mieux apprendre. C'est acquérir une souplesse, faire peau neuve en quelque sorte, c'est voir le monde avec d'autres yeux et l'entendre avec d'autres oreilles. Accepter le changement c'est quitter sa cuirasse, son armure. C'est laisser sa rigidité, son entêtement, ses croyances et ses repères. C'est accepter d'être nu et de prendre des risques. C'est explorer de nouveaux horizons sans forcément changer d'environnement. C'est développer la capacité à accueillir la nouveauté, la surprise, l'incertitude. C'est oser être autrement, différent. Je ne peux m'empêcher de rappeler à mes patients la fable de La Fontaine du loup maigre invité par un chien bien nourri. Le loup préférera finalement la liberté à un collier rassurant… Tous ces changements réclament du temps ; et du temps vous en avez à présent puisque vous ne courez plus pour satisfaire les besoins des autres ! Vous êtes votre priorité.

Bravo ! Vous pouvez être fier de vous. Il reste cependant un certain nombre de questions à résoudre : quelle place occupe encore à vos yeux l'autre (ou les autres) dans votre environnement ? Que reste-t-il de vos amours, comme dirait la chanson ?

Que deviennent ces environnements familial, professionnel et social qui doivent à présent respecter vos choix et vos besoins ? Bref, votre désassujettissement est-il source de respect, de réconciliation ou d'éloignement interactionnel ?

Il n'y a que vous qui puissiez répondre à cette dernière question et décider de l'avenir. Quel impact le passé assujettissant a-t-il laissé à l'intérieur de vous ? Les blessures et l'épuisement d'hier peuvent-ils cicatriser joliment ? Les problèmes liés au passé sont-ils définitivement résolus ? Les autres (ou l'autre) sont-ils prêts à ressurgir et à adopter les mêmes comportements qu'auparavant à la moindre négligence de votre part ? Jusqu'où êtes-vous prêt à aller dans l'acceptation de la trahison ? Autant de questions et de réflexions qui risquent de hanter un long moment vos jours et vos nuits. Sans doute vous faut-il encore du temps pour peser le pour et le contre ; du temps pour écouter les battements de votre cœur…

CHAPITRE 18
Cultiver le changement

Dans son ouvrage, *Découvrir un sens à sa vie avec la logothérapie*, Viktor E. Frankl, psychiatre, raconte sa propre histoire ; celle d'un juif déporté à Auschwitz qui, en dépit de conditions de vie inhumaines, a survécu. Il écrit que le principal souci de l'homme n'est pas de prendre du plaisir ou de fuir la douleur, mais de découvrir un sens à sa vie. Or, trouver un sens à sa vie, c'est mettre en place son propre changement ; il ne sert à rien d'espérer celui de l'autre en larmoyant sur son sort. Alors faites de votre mieux pour vous-même sans attendre de récompense. Refusez la morosité ambiante et fuyez les pièges d'une société mercatique. Préférez la richesse d'un « petit rien » à la satisfaction de rêves inatteignables et de fausses espérances. Acceptez de passer pour un utopiste et un doux rêveur. Au diable, les mauvaises langues ! En changeant votre image, vous initiez un changement interactionnel, et cela a quelque chose de magique et de profondément revalorisant.

Le changement se recherche et s'apprend. Beaucoup de personnes assujetties se disent dépressives, ou du moins déprimées, et l'on sent que le pessimisme se tient en embuscade derrière chaque phrase qu'elles prononcent. Un mal-être qui les emprisonne, comparable à des barbelés, derrière lequel elles se résignent et jettent l'éponge, abandonnant le changement pour rester enfermées dans leur victimisation. Jean Cottraux affirme : « La dépression est faite d'inhibition, d'incapacité à ressentir du plaisir, de rêveries stériles, de pensées rigides et négatives, d'absence de projection dans l'avenir et de désir de mort. La créativité, elle, se traduit par une tendance à l'action, par la capacité à avoir du plaisir, à jouer, à rêver, par une pensée souple et positive, une projection dans l'avenir et un désir de survie[20]. »

Des chercheurs ont défini un certain nombre de besoins universels et fondamentaux : la subsistance, l'affection, la protection, la compréhension, la participation, le temps pour soi, la créativité, l'identité et enfin, la liberté. Voilà ce que les figures d'attachement principales puis satellites doivent offrir aux générations suivantes. Certains de ces besoins n'ont certainement pas été satisfaits chez l'assujetti ! Sachez que si l'on ne peut revivre et refaire le passé, chacun a par contre la possibilité de transformer son présent au prix d'un certain nombre de modifications cognitives, émotionnelles et comportementales favorisant la neuroplasticité du cerveau, et plus globalement, une souplesse du corps et de l'être tout entier. Beaucoup d'assujettis réalisent leur épuisement physique et psychologique aux alentours de la quarantaine. Cela signifie qu'il leur reste 40 ans pour vivre autre chose et autrement ! Alors, qu'attendez-vous ?

DONNER UN SENS À SA VIE

Michel Castillo, dans son roman *La guitare*, laisse entrevoir merveilleusement bien ce que signifie l'expression *donner un sens à sa vie* : « Le temps passait et je continuais de rêver que j'étais beau. Dans mes rêves, à la vérité, j'étais tantôt un grand danseur, tantôt un pianiste célèbre, parfois un écrivain à la mode, mais toujours grand et toujours beau. Je vivais dans l'ennui. Ma vie s'écoulait dans l'univers factice où mes proches m'avaient enfermé. Je comprenais que mes rêves étaient plus vrais que ma vie ; que j'étais plus ce que je rêvais d'être que ce qu'il me fallait être…[21] » Robert Firestone précise quant à lui que l'on ne trouve pas le sens de la vie sur un papier caché sous un rocher et rédigé par quelqu'un

20. Jean Cottraux, *La répétition des scénarios de vie*, Paris, Odile Jacob, 2001, p. 243.
21. Michel Castillo, *La guitare*, Paris, Seuil, 1998, p. 61.

d'autre ; on le trouve en donnant du sens à sa vie depuis l'intérieur de soi.

Donner un sens à sa vie, c'est refuser en tout premier lieu que l'on dirige votre vie ; ni le conjoint, ni le voisin, ni la famille, ni les amis, ni les collègues, ni la hiérarchie, bref, personne. Nous arrivons tous sur cette terre pour y accomplir quelque chose qui nous rend particulier et qui nous permet l'épanouissement. Ce quelque chose de spécifique nous donne un *plus* inestimable que nous sommes seuls à posséder. Il nous appartient donc de le trouver pour le faire grandir et le faire vivre.

Beaucoup de patients me disent qu'ils n'ont pas de talent particulier. Mais sortir de l'assujettissement, c'est déjà un bien grand talent ! Pouvoir transcender les critiques, les manques, les échecs et les traumatismes de la vie est grandiose. Le talent d'oser dire, car parler et écouter sont deux qualités qui permettent le lien, est magique. J'ai souvent insisté dans cet ouvrage sur l'utilité du langage. J'ai souvent proposé de recourir aux mots car ils sont un véritable remède, tant pour soi que dans la relation à l'autre.

Vous avez donc la possibilité de sortir de l'assujettissement, tout comme vous avez trouvé l'énergie nécessaire pour apprendre à grandir. Rappelez-vous que même si vous avez été confronté à une éducation affective fragilisante, vous avez su vous manifester en suçant le pouce, en vous balançant farouchement sur une chaise…

Je m'aperçois que beaucoup de patients assujettis s'étiquettent dépressifs pour mieux regarder le passé plutôt que l'avenir. Un antidépresseur, un anxiolytique, un régulateur d'humeur, même s'ils ont une réelle utilité, ne vous aideront pas à dire STOP, à oser vous affranchir des autres et à partir en quête d'une vie plus juste pour vous. Certes, parfois la dépression est là, fortement enracinée, mais dans beaucoup de cas il s'agit plutôt d'un mal-être qui, pour moi, n'a rien de pathologique. D'autres parleront de déprime, de pessimisme ou de mélancolie. Quoi qu'il en soit, il s'agit d'un abattement, d'une résignation, d'un questionnement sans réponse sur le chemin de vie à prendre. Qui suis-je ?

Où vais-je ? Ce qui est sûr, c'est que le bon chemin est à trouver et que l'on peut tous transformer un mal-être en mieux-être, puis enfin en bien-être. C'est une question de volonté et d'optimisme.

Je le répète, nous sommes tous sur cette terre pour y accomplir quelque chose de beau, j'en suis profondément convaincu, mais il faut de la volonté pour mettre en place au quotidien des actes visant le changement. Se donner un but, des objectifs à atteindre pas à pas, au-delà des obstacles mis sur nos routes. Parce que des obstacles, il y en a eu et il y en aura encore jusqu'au bout, jusqu'au jour de notre mort. Nous commettrons encore beaucoup d'erreurs, mais l'essentiel est de les absorber le mieux possible. Donner un sens à sa vie, c'est refuser la fatalité et s'autoriser à sortir d'un contexte assujettissant en utilisant son intelligence « intellectuelle » mais aussi émotionnelle, en écoutant son intuition, en recourant à des mots, des gestes, des expressions permettant d'exprimer la colère que l'on éprouve à ne pas se sentir respecté.

Je me souviens d'une patiente engluée dans une fusion maternelle asphyxiante. J'avais fondé de beaux espoirs de changement et la thérapie et les ateliers montraient des résultats prometteurs. Et puis soudain, la peur du changement, la peur des réactions de l'autre a stoppé son épanouissement net, sur-le-champ. Cette patiente a fui les rendez-vous et, du jour au lendemain, je ne l'ai plus jamais revue. Même sa politesse (jusque-là infaillible), qui la faisait annuler un rendez-vous, avait disparu. Sans doute souffre-t-elle encore d'être passée tout à côté du changement sans l'avoir définitivement adopté...

Je me souviens aussi de cette patiente décidée coûte que coûte à trouver les armes thérapeutiques afin de mettre un terme à la violence verbale, et parfois physique, de son mari. Sa thérapie fut douloureuse parce qu'elle dut affronter les menaces et l'opposition conjugale. Malgré cette intimidation manipulatrice, elle résista et, petit à petit, trouva sa place dans la cellule familiale ; une autre place, sans violence, une nouvelle place, dans le respect. L'autre avait courbé l'échine, ne pouvant plus s'autoriser l'humiliation et la domination. L'amour avait été plus fort.

Donner un sens à sa vie, c'est ne plus être silencieusement soumis et obéissant à l'autorité. Il y a peu de temps, j'ai été effaré par une expérience de téléréalité. Le jeu nommé « Zone Extrême » reproduisait l'expérience faite plusieurs années auparavant par des chercheurs dans le cadre d'une étude psychologique. Il permettait à des personnes sélectionnées de déclencher des décharges électriques de plus en plus violentes sur un candidat qui ne donnait pas les bonnes réponses aux questions posées. Alors que le candidat puni demandait l'arrêt des chocs, plus de 70 % des personnes ont répondu jusqu'au bout aux injonctions d'obéissance en électrocutant le joueur !

Il faut du temps pour donner un sens à sa vie ; le temps de comprendre pourquoi on en est là. Les jours meilleurs tant attendus se préparent comme on prépare une compétition ! Une fois en route, le temps n'a alors plus la même dimension. Il devient précieux parce qu'il est dense, intense et plein de bons moments. Une odeur, un chant, un paysage, un sourire nourrissent vos jours et vos nuits. Et le confort matériel n'a rien à voir dans tout cela. Il peut être un gage de sécurité mais pas de bien-être. Beaucoup de personnes restent enfermées dans l'assujettissement par peur de manquer d'argent, mais aussi parce que l'enfant intérieur aime les récompenses, les gadgets, les bonus. Ce dernier réclame plus et refuse d'avoir moins.

Je me souviens particulièrement d'un assujetti débordé dans ses tâches quotidiennes qui investissait ses primes salariales dans tous les appareils et gadgets robotisés susceptibles de lui faire gagner du temps. Or, malgré cette armada d'outils de secours, il était systématiquement en retard à ses consultations, se plaignait de manquer de temps et souffrait de crises d'angoisse de plus en plus marquées. Étrange paradoxe !

DÉVELOPPER SA CRÉATIVITÉ

Développer sa créativité, c'est ouvrir les portes de l'inconnu au lieu de les tenir fermées ! C'est s'autoriser à réaliser ses rêves au lieu de se contenter de les rêver. Beaucoup d'assujettis ont des capacités qu'ils sous-estiment, peut-être même des dons cachés, des champs de compétence à transcender et pourquoi pas, à développer sur un plan professionnel. Leur sensibilité souvent exacerbée rend possible la réalisation de belles choses hors des sentiers battus.

Un créatif n'est pas forcément un artiste

Il peut y avoir de la créativité dans tout ce que nous faisons quotidiennement (conduire, s'habiller, manger…) mais aussi dans un domaine particulier où nous excellons. Je voudrais apporter une précision importante quant à la notion de créativité. Beaucoup de personnes confondent être créatif et être un artiste et me disent : « Je n'ai aucun don ! » *Tout le monde ne peut être un artiste mais tout le monde peut créer.* Créer sollicite le talent et le talent se cherche. Beaucoup de gens ignorent sans doute qu'ils en ont un ou plusieurs, ou qu'ils peuvent en développer : apprendre à cuisiner par exemple, car même un simple plat de pâtes peut séduire les palais les plus fins ! Créer, c'est appréhender le monde autrement en expérimentant au-delà de ses propres limites. Créer, c'est introduire des changements et de la beauté dans un ou des domaines de sa vie. Créer, c'est appliquer son potentiel maximum d'intuition et d'inspiration à la réalisation d'une tâche. Créer, c'est aussi fréquenter des lieux et des activités qui favorisent l'art, le sport, la musique, la danse, les sciences… Il y a du plaisir derrière tout cela ; le plaisir des mots, de l'imaginaire, du clown, de la rêverie, du rire, du théâtre, du mouvement, le plaisir de construire, de voyager… La liste est immense et c'est à vous qu'il appartient de croire que l'un d'eux peut vous convenir et vous ravir. Même la routine peut être transformée en plaisir. Alors n'ayez pas peur de ne pas savoir et de vous tromper car une piste peut vous conduire à une autre jusqu'à ce que vous ayez la certitude de vouloir pousser plus loin la découverte.

En tant que musicien, je voudrais apporter une précision concernant le langage des notes. La musique aux effets tranquillisants doit être citée comme un outil merveilleux dans l'accomplissement de soi, source de lien. L'adage *la musique adoucit les mœurs* est bien connu et vaut aussi bien dans le monde animal que dans les mondes végétal et humain. Il semblerait d'ailleurs que chez les personnes atteintes de la maladie d'Alzheimer, la musique déjà apprivoisée et cultivée par le cerveau perdure longtemps alors que les mots se sont déjà envolés ! Elle reste accrochée à nos mémoires et suscite l'émotion.

L'hémisphère gauche et l'hémisphère droit

Les deux hémisphères de notre cerveau fonctionnent indépendamment l'un de l'autre, chacun ayant certaines spécificités.

L'hémisphère gauche a quelque chose de plus cartésien. Il contrôle le langage, l'écriture, les calculs et fait de la musique. Il est le siège de la logique, du rationnel. Il construit, analyse, vérifie... Il est lucide et peu affectif. Ses capacités d'analyse ont permis à la société occidentale de devenir une société de performance et de consommation avec tous les excès que l'on connaît. En quelque sorte, l'hémisphère gauche parle, élabore, construit mais ne sait pas vraiment.

L'hémisphère droit, c'est autre chose ! Il est intuitif, créateur, fantaisiste... Il synthétise et donne une vue d'ensemble. Il gère les perceptions, l'orientation, les formes... Notre cerveau droit permet les métaphores, l'humour, ressent les émotions, écoute de la musique et favorise l'imaginaire. Il s'émeut et peut même déprimer. Dans le cadre des relations, il reconnaît les visages et lit les expressions émotionnelles dans leur globalité. Bref, le cerveau droit, contrairement au cerveau gauche, est très difficilement remplaçable par les ordinateurs !

Nos cultures nous apprennent les trois piliers fondateurs de tout lien : l'écriture, la lecture et le calcul. Si, par exemple, nous nous concentrons sur le domaine de l'écriture, nous pouvons dire que notre hémisphère gauche s'occupe du sens, de la sémantique, de la géométrie des mots, de la syntaxe, de la grammaire. Il est séquentiel, alors que l'hémisphère droit va s'activer à travailler la résonance des mots, leur musicalité, l'émotionnel, la poésie, la rime. Il a une vision globale et crée l'ambiance. Par exemple, une personne atteinte d'une lésion au niveau de l'hémisphère droit perd la mélodie et l'intonation de ses phrases mais pas le contenu du message. Autre exemple, le mot « arbre » a le même sens pour un Africain et un Suédois, mais la représentation qu'ils en auront sera différente. La forme, les couleurs, l'ambiance, les sensations associées (chaleur, froideur...) seront élaborées par l'hémisphère droit.

Ainsi, nos deux hémisphères sont indispensablement complémentaires et affirmer la suprématie de l'un ou de l'autre est absurde. Dans le domaine de la communication humaine, le cerveau gauche permet le langage et le cerveau droit l'expression ; l'un s'occupe de ce qui est dit et l'autre de la manière dont c'est dit. Daniel Pink note ainsi : « Les deux hémisphères marchent de concert... Un monde rempli d'émotions sans aucune logique ne serait que larmes et crises d'hystérie, car les pendules ne seraient jamais à l'heure et les bus seraient toujours en retard[22]. »

Pourtant, malgré ce constat, les cultures du monde ont attribué des valeurs différentes à chacun de nos deux cerveaux. Les sociétés occidentales ont misé sur la suprématie du cerveau gauche au détriment du cerveau droit, permettant l'émergence d'une civilisation scientifique et technique qui accumule les découvertes ; un arsenal impressionnant de robots, machines en tout genre, gadgets électriques et électroniques... pour le pire et le meilleur. Même des sociétés telles que le Japon, l'Inde ou la Chine, happées par l'attrait de l'argent et de la consommation, découvrent aujourd'hui la culture du cerveau gauche.

L'énorme capacité d'intervention technologique et scientifique montre cependant des failles car ce développement, dont nous bénéficions, devrait être au service de toutes les vies qui peuplent cette planète. Ce qui n'est malheureusement pas le cas. Une qua-

22. Daniel Pink, *L'homme aux deux cerveaux*, Paris, Robert Laffont, 2007, p. 36.

lité de vie fragile et le sentiment d'un avenir assombri guettent l'homme et la femme en Occident. Rares sont ceux qui ont une vision belle et optimiste du monde. Nous sommes devenus des esclaves des temps modernes qui perturbons par là même la sécurité affective de nos enfants et de nos petits-enfants. Les cellules familiales volent en effet en éclats avec de plus en plus de couples divorcés, des grands-parents suractifs et absents, des pères chahutés dans leur rôle et des mères plus que jamais engagées professionnellement et socialement. Rappelons que les premiers neurones apparaissent chez l'embryon au bout de deux mois d'existence et qu'à ce stade la compréhension du lien affectif existe déjà. Dans le contexte sociétal actuel, les enfants sont ainsi privés d'un maternage pourtant indispensable et les parents peinent à trouver leurs marques et à assurer leur fonction éducative. Ce manque induit à coup sûr de futurs dysfonctionnements et des peurs à venir.

A contrario, dans les zones épargnées où l'hémisphère droit a encore un fort impact, la société est conçue tout autrement. La collectivité prime sur l'individu, et le respect de soi et des autres est une valeur reconnue. Il s'agit de sociétés d'appartenance (à une famille, un clan, un village, une culture) et d'acceptation (de soi et des autres). Mais ne nous leurrons pas, l'hémisphère droit a aussi ses limites et ses dérapages nocifs. Ces sociétés où il y a si peu de technologie moderne et où le temps a si peu d'importance souffrent par exemple d'un manque de protection contre les fléaux et les maladies. Lucien Israël affirme en ce sens : « Nous souffrons des excès ou de la distorsion de la voie du cerveau gauche. Ils souffrent de son absence[23]. »

Pourtant, une lueur d'espoir et une étincelle d'optimisme et de volonté semblent briller à l'horizon. Dans les sociétés occidentales, l'ère du changement ou du moins d'un meilleur équilibre semble être en cours. Beaucoup de citoyens s'y emploient car ils ont compris que le changement social passe par notre propre changement individuel ; nous en sommes les acteurs

23. Lucien Israël, *Cerveau droit, cerveau gauche*, Paris, Plon, 1999, p. 286.

vivants et authentiques. Le journaliste américain Gregg Easterbrook affirme que la transition du besoin matériel vers le besoin de sens est en cours, ce qui ne s'est jamais vu dans l'histoire, estime-t-il. Il est temps, cela est urgent, car n'étant pas reconnu par notre système culturel et éducatif, l'hémisphère droit trouve encore trop de ses adeptes parmi les plus fragiles, les paumés, les rebelles ; parmi des gens en marge de la société par *overdose* de cerveau gauche. La recherche de dépendances en tout genre s'impose alors comme une nourriture affective de substitution.

Ce qui existe au niveau sociétal se retrouve *a fortiori* chez les personnes prisonnières de leur assujettissement. Leur faible estime d'elles-mêmes ne les autorise pas ou plus à s'offrir les services d'un hémisphère droit éveillé. Il est laissé en friche et la personne attend un changement des autres plutôt que d'elle-même.

Les composantes d'une créativité désassujettissante

Il existe mille façons de s'accomplir et la créativité ne nécessite ni un héritage génétique, ni une culture familiale et sociale préalable, ni une histoire affective saine, bien qu'une curiosité stimulée dès l'enfance favorise l'ouverture aux choses nouvelles. La créativité réclame juste la capacité de façonner les événements de la vie en une richesse modelable et exploitable. Mihaly Csikszentmihalyi écrit ainsi : « Au lieu d'être façonnés par les événements, ils ont plié les événements à la réalisation de leurs objectifs... Ainsi, une vie créative reste déterminée par une volonté qui s'exerce sans relâche, la farouche détermination de réussir, de comprendre le monde, de profiter de tous les moyens disponibles pour démêler certains des mystères de l'univers[24]. »

La créativité réclame des forces contraires et paradoxalement complémentaires : solitude et empathie, ouverture et obsession, lumière et pénombre... Des états que l'assujetti connaît. Il a

24. Mihaly Csikszentmihalyi, *La créativité, psychologie de la découverte et de l'invention*, Paris, Robert Laffont, 2006, p. 234.

appris le paradoxe ! Il est capable d'aimer et de haïr, de fuir et de suivre, il porte de l'attention aux autres et réclame une attention parfois excessive, il se plie aux tâches matérielles et cultive un imaginaire personnel nourricier, il est sensible et pragmatique, il a peur d'être seul et a peur des autres… Son spectre d'exploitation de ressources est large, mais hier et encore aujourd'hui, tous ses états s'emmêlent et se contredisent, l'empêchant d'avoir quelque action créative que ce soit. Mais demain ? Alors transformez ce qui vous semble une faille en une force et sublimez vos qualités et vos faiblesses.

Tout s'apprend ; pour cela il faut de la volonté : la volonté de consacrer un peu de temps à la nouveauté. Certes, cela n'est pas toujours facile lorsque le temps est compté ! Vouloir dégager des instants pour soi alors que tout s'affole autour n'est pas simple. Mais, sauf situation de vie extrême où le plaisir de vivre est remplacé par la contrainte de survie, je reste persuadé que tout est une question d'organisation, de volonté et de curiosité.

Une question d'organisation

Repensez votre emploi du temps et supprimez l'inutile. Le temps, vous en avez, maintenant que vous êtes votre priorité ! Dans la mesure du possible, adaptez vos horaires et optimisez les plages d'efficacité personnelle. Soyez méthodique, mettez de l'ordre et rangez vos affaires pour éviter de perdre du temps à chercher ce qui devrait être à sa place, sans pour autant nourrir un perfectionnisme inutile. Occupez les phases d'ennui par une nourriture créative, à moins que vous ayez vraiment envie de ne rien faire ; ce qui est tout à fait louable. Ne rien faire est une belle prouesse, à condition de savoir en profiter. Rappelez-vous, le rien n'est pas le vide. Ne rien faire est un art !

Repensez votre environnement matériel dans sa globalité. Là aussi l'Échelle du niveau d'oppression (désagrément, compromis, sacrifice, négation de soi) peut vous être utile afin d'éviter les tensions et les sommeils difficiles.

Je me souviens d'une patiente assujettie qui vivait au fin fond d'un village savoyard perdu à plus de 1500 mètres d'altitude, alors que la montagne l'angoissait !

Une question de volonté

Multipliez les possibilités de changement et regardez le monde autrement, en conquérant plutôt qu'en perdant, en optimiste plutôt qu'en pessimiste. Acceptez de passer de l'autre côté du rideau même si vous ne savez pas ce qu'il y a derrière. Allez chercher l'inconnu, allez plus loin dans la découverte d'une possible source de créativité. Cherchez, apprenez, testez et recommencez. Tout ceci est normal. Il n'y a pas vraiment d'erreur mais juste de l'apprentissage. D'ailleurs, on apprend toute notre vie et même notre dernier souffle est un apprentissage puisqu'il est inconnu ! De toute façon, la créativité nécessite une phase de destruction, nécessaire préalable à une phase de reconstruction. Ne vous contentez pas du « pas trop mal », de « l'à peu près » et de la facilité. La complexité permet la sublimation. Allez jusqu'au bout du possible et plus loin encore car derrière une bonne idée, il y en a généralement d'autres très bonnes. L'idée géniale est en embuscade comme le loup est au coin du bois. Alors, tournez autour du but et ne soyez jamais désespéré de ne pas l'atteindre, car un jour vous l'atteindrez. L'exploration des ressources intérieures est à ce prix.

Développez votre agilité physique, manuelle ou intellectuelle afin de traiter les informations avec plus de rapidité. Envisagez le tout et son contraire et autorisez-vous des pensées alternatives. Ne figez rien, n'enfermez rien. Quittez les préceptes reçus et fondez vos opinions sur votre propre vécu.

Une question de curiosité

Acceptez d'être surpris par tout ce qui vous entoure. Étonnez-vous de tous ces « petits riens » qui se glissent dans votre quotidien et que vous ne voyez même pas, de l'infiniment petit à l'infiniment grand. Plus on voit, plus on est vu, et plus on apprend, plus on sait.

Acceptez de surprendre les autres. Marquez votre unicité et votre complexité, même si cela déplaît. Affirmez vos choix, vos opinions, vos envies. Changez vos habitudes, renoncez à l'apparence. Soyez enfin vrai, soyez enfin vous !

Je me souviens d'une patiente de 53 ans travaillant depuis le début de sa vie professionnelle dans un service administratif. Elle cultivait l'ennui et la routine, subissant les jours comme une fatalité en se traitant de « petit fonctionnaire », aigrie d'avoir manqué de courage pour saisir les opportunités de changement. De plus, sa vie affective ne laissait pas entrevoir de belles perspectives. Dans cet environnement dénué de chaleur et de vie, elle s'étiolait et s'abritait derrière des excuses et des prétextes. Comprenant l'importance et l'urgence du changement, elle entreprit un travail sur elle, mettant au grand jour son assujettissement et sa peur des autres et d'elle-même. Le jour du changement approcha, de grands bouleversements s'apprêtaient à jaillir dans sa vie. Elle expérimenta, pris des risques sans pour autant se mettre en danger, modifia des habitudes (coiffure, tenue vestimentaire), changea d'administration et mit un terme à une relation amoureuse stérile. Elle décida également d'apprendre le dessin. Du jour au lendemain, son visage s'est transformé. Elle avait l'air d'avoir dix ans de moins... Cela lui a demandé du temps, de l'énergie et du courage ; mais je crois vraiment que l'on n'a rien sans rien !

ÉVEILLER SES SENS

Rappelons que nous possédons cinq sens : l'ouïe, la vue, l'odorat, le toucher et le goût. La sollicitation sensorielle, qui doit commencer le plus tôt possible dans l'enfance, stimule et favorise les câblages neurobiologiques et permet de franchir plus aisément les différentes étapes du développement. *A contrario,* une éducation affective défaillante, pire encore, un traumatisme vécu, altère les facultés sensorielles de l'enfant. Il devient alors un otage prisonnier de ses sens au lieu d'en être le bénéficiaire. Plus tard, la moindre image, le moindre son, la moindre odeur réveillera un vécu sensoriel douloureux, provoquant en lui une bourrasque de pensées et d'émotions dysfonctionnelles. L'assujetti à fleur de peau est l'otage de ses sens et s'oblige à une constante vigilance. Dans un contexte où les souvenirs ne sont que douleurs ou absences, il s'attache intensément ou se désintéresse intensément. Il se souviendra des moindres détails ou bien oubliera des pans entiers de sa vie.

Des sens en éveil, c'est une sensibilité avec une fragilité acceptée et équilibrée. C'est une intelligence émotionnelle et intuitive qui comprend les moindres subtilités actionnelles sans tomber dans les pièges des distorsions cognitives. C'est aussi un corps en mouvement qui parle à soi et s'adresse aux autres. Avoir des sens en éveil c'est donc devenir passeur d'information et de ressenti pour mieux communiquer. Il est donc nécessaire de stimuler vos différentes perceptions sensorielles en apprenant à focaliser votre attention sur un objet, une image, un son ou une odeur, à vous concentrer sur cette « chose », à la regarder, à l'écouter ou à la sentir. Lorsque tous nos sens sont en éveil, nous sommes capables d'adoucir notre palais, de ravir nos oreilles, de remplir notre nez, de materner notre corps et d'éblouir nos yeux. Nous pouvons nous émerveiller de tous ces « petits riens » qui nous entourent et que nous observons si mal. Malgré tout, si tous nos sens sont essentiels, certains sont plus développés que d'autres ; cela est propre à chacun de nous. Je voudrais préciser que l'olfaction présente des caractéristiques bien particulières. Elle ravive les souvenirs les plus anciens et permet une représentation presque immédiate et complète d'images, de sons et de sensations kinesthésiques.

Et l'intuition dans tout cela ? L'intuition, souvent appelée sixième sens, est pour moi l'alchimie des cinq sens parfaitement aiguisés et équilibrés. Combien de fois n'avez-vous pas dit : « Je le savais », ou bien « Je n'aurais pas dû y aller »... Cette petite voix intérieure sera d'autant plus présente, fiable et respectable que vous aurez mis de l'ordre dans votre vie d'assujetti. Le corps devient alors un guide, la motricité sensorielle précède les pensées. En prenant pleinement conscience de ce que vous êtes, de ce que vous faites, de ce que vous dites, votre intuition se renforcera et vous permettra une meilleure compréhension et une plus grande écoute, respectueuse de vous et de l'autre. Ce subtil dosage entre raison et intuition murmure des réponses qui deviennent évidentes.

CULTIVER LE PLAISIR ET LA GAIETÉ

Une première précision s'impose quant au sens à donner au mot *plaisir*. Le plaisir pulsionnel et éphémère que nos sociétés stimulent à tout bout de champ n'est évidemment pas celui dont je voudrais parler ici. Le vrai plaisir doit s'apprivoiser et perdre son impulsivité enfantine. Jacob Needleman écrit que nous sommes nés pour le sens et non pour le plaisir, à moins que le plaisir ne soit imbibé de sens.

Les générations précédentes savaient raconter des histoires, rire et s'amuser. Mais aujourd'hui, dans un monde où tout est synthèse et analyse, prendre du bon temps et souligner les zygomatiques est malheureusement peu conventionnel. Alors octroyez-vous des petits plaisirs quotidiens, soyez curieux de tout ce qui se présente à voir, à faire, à découvrir, prenez du temps et rattrapez le temps perdu sans chercher à combler ce temps, car l'excès est absurde. Nous avons besoin de cohérence et de sens.

L'humour est une véritable faculté intellectuelle qui donne vie à la gaieté et au plaisir, sources de légèreté et de bien-être. Nous avons besoin de sourire et de rire pour nous lier les uns aux autres. Lorsque nous sommes prisonniers d'une émotion dite négative, notre taux d'endorphines baisse, mais il suffit d'un simple lien affectif agréable mettant de bonne humeur pour qu'il augmente. En 2006, l'équipe du docteur Lee Beck, de l'université de Loma Linda, aux États-Unis, a démontré que regarder un film comique augmentait la sécrétion de bêta-endorphines, hormones qui soulagent la dépression, et d'hormones de croissance, qui activent la vie dans le système immunitaire. Pouvoir prendre les choses avec humour permet de placer les situations dans leur contexte et d'avoir ainsi une meilleure vue d'ensemble. Si l'esprit en raffole, le corps lui aussi aime la lumière et les rires. Il faut dix minutes de sport intensif pour atteindre le rythme cardiaque obtenu après une minute de rire ! Il est évident que tant de changements à l'intérieur de soi suscitent le changement relationnel. L'étonnement vis-à-vis de soi et des autres est alors possible et l'inconnu franchissable. On crée ainsi de nouvelles voies neuronales susceptibles d'être empruntées pour répondre à une information sensorielle à venir.

Le psychologue Albert Ellis propose de s'attaquer à la honte, émotion qui entrave nos actions, en plaçant les patients en situation *in vivo,* c'est-à-dire en allant danser avec eux dans la rue sans s'enfuir aux premiers regards intrigués ! Si vous acceptez ce dépassement de soi, si vous vous octroyez cette chance qui consiste à repousser les limites du possible, si vous acceptez de jouer avec vos facultés et votre potentiel, la vie deviendra un jeu ; un terrain expérimental où vous pourrez déployer les ailes de la confiance.

CULTIVER L'OPTIMISME

Il y a une question que je pose à chaque nouveau patient assujetti : comment voyez-vous le monde ? Une grande majorité le voit moche, mauvais et sans espoir. Certes, il y a une certaine vérité dans cette réponse. C'est vrai que le monde ne tourne pas rond et l'influence du cartésianisme, qui place la critique au cœur de la pensée, n'arrange sans doute rien ! Au cours des derniers siècles, penseurs, philosophes et psychanalystes ont révélé la noirceur intérieure de l'homme et nous ont entraînés dans les méandres du pessimisme.

L'assujetti a une facilité déconcertante à tomber dans ce piège en voyant le verre plutôt à moitié vide qu'à moitié plein. Il pense déception, perte, trahison, échec, souffrance, mort…

Un jour, un patient m'a écrit ces quelques questions : « Pourquoi s'accrocher à quelque chose ? Pourquoi s'accrocher à quelqu'un ? Pourquoi s'accrocher à l'amour ? Pourquoi faire des choses que l'on ne veut pas faire ? Pourquoi s'accrocher à quelqu'un qui ne nous aime plus ? Pourquoi tant de questions ? Pourquoi pas de réponses ? Pourquoi s'accrocher à la vie ? Pourquoi la vie vaut-elle le coup d'être vécue ? Pourquoi s'efforcer de vivre ? »

L'assujetti est prisonnier dans ce que j'appelle la *tour des trois P : passivité, passé, peur.* Autrement dit, il nourrit une passivité invalidante et exténuante, un passé envahissant qu'il ne cesse de revisiter (il espère encore et toujours que l'autre ou les autres vont le comprendre et changer) et une peur du changement comme une peur de l'inconnu.

Je me souviens d'une patiente qui me raconta un affreux dimanche. Elle est partie avec son mari ramasser des champignons et ils se sont perdus, incapables de retrouver leur chemin. La nuit venant, son mari proposa qu'ils se réfugient dans une cabane de chasseur. Ma patiente, en état de panique, ne pouvait envisager la positivité de la situation. Et lorsque je lui dis qu'elle avait de la chance d'avoir pu vivre une telle expérience, elle resta dubitative.

Quel est l'enfant qui n'a pas rêvé de se perdre dans les bois, de dormir dans une cabane, de se blottir contre l'autre, d'allumer un bon feu ? Alors pourquoi ne pas profiter d'une telle expérience avec celui que l'on aime ?

L'optimisme, source de curiosité et de joie de vivre, tient en échec le mal-être. Toutefois, rien ne doit être absolu. Rappelez-vous l'équilibre de la balançoire ! Un peu de pessimisme ramène à la réalité, alors que trop d'optimisme minimise parfois exagérément le danger.

AVOIR DE L'EMPATHIE

Une bonne relation repose sur la recherche de l'équilibre entre donner et recevoir. L'*empathie* est la capacité à se glisser dans la peau de l'autre pour mieux le comprendre et vivre avec lui une relation harmonieuse. Elle permet une meilleure communication par une compréhension des différences et l'acceptation des divergences. La gestuelle, l'expression faciale, l'intonation de la voix, la fluidité du mouvement sont autant de langages non verbaux venant conforter l'échange empathique qui peut trouver son apogée dans une forme de mimétisme.

L'empathie permet le partage. L'écoute est réciproque et chacun donne ce qu'il peut donner et réclame ce qui est bon pour lui. L'empathie permet aussi d'être nourri de ce que l'on n'attend pas. C'est tout le sens de la richesse d'une relation empathique au sein de laquelle chacun apporte son bagage personnel, son savoir-être et son savoir-faire !

Plus nos relations sont empathiques et mieux nous nous portons car notre identité et notre sentiment d'exister se construisent dans la relation aux autres. Les figures d'attachement doivent apprendre aux générations suivantes les fondements d'une capacité interactionnelle fluide et équilibrée et permettre l'apprentissage du vivre ensemble et en paix, dans le respect de soi et des autres. Mais cela demande du temps, de l'énergie et des mots dits ; tant de qualités que malheureusement beaucoup de parents négligent.

Bien évidemment, vous ne pouvez être empathique qu'à condition d'avoir des relations amoureuses, familiales, sociales, professionnelles et associatives qui correspondent à vos choix de vie ; ce qui nécessite que vous ayez gommé votre assujettissement en amont. L'assujetti, dans sa phase réactionnelle, se trouve « nul », tout en estimant cela injuste, mais ne fait rien pour en sortir. Il est alors prisonnier de phrases victimisantes telles que : « Mes problèmes sont plus graves que ceux des autres », « Je souffre plus que les autres », « Ça se voit qu'il ne connaît pas ma vie »... Cet enfermement le coupe du monde extérieur. Il se désolidarise des autres et plus rien ne favorise l'harmonie relationnelle.

Je me souviens d'un patient en larmes qui commença sa séance par cette phrase : « Je préférerais mourir plutôt que de vivre cet enfer ». Et puis, en sortant de la salle d'attente, il croisa un autre patient qui se battait bec et ongles pour s'affranchir d'un cancer en phase terminale...

CHAPITRE 19
La place du passé

Vous avez compris l'origine de votre assujettissement en scrutant votre histoire de près et en acceptant de vous regarder sous toutes vos coutures: de face, de profil et de côté; du dedans et du dehors. Alors surtout, ne regrettez rien de la façon dont vous avez abordé et absorbé la vie. Vous aviez sûrement de bonnes raisons de ne pas agir ou de mal réagir; vous avez fait de votre mieux.

Vous êtes à présent dans l'action et n'utilisez l'inaction ou la réaction que dans les situations extrêmes. Vous testez vos premiers refus et essuyez vos premiers revers, mais petit à petit, de balbutiements en conquêtes affirmées, le Non prend sa place sur la balançoire de l'équilibre. La colère, comme une ceinture de sécurité, vient renforcer votre affirmation de ce que vous voulez être, avoir et faire. Le conflit ne vous fait presque plus peur et les peurs n'ont plus la violence d'avant.

Mais vivre trop de conflits finit par détruire une relation. Il y a épuisement réciproque. Se défaire de la relation ou la reconstruire autrement sont les deux seules solutions au désassujettissement. Se défaire de la relation si celle-ci est impossible pour les différentes raisons que nous évoquerons, ou la reconstruire autrement si l'autre (ou les autres) accepte votre changement. Le dilemme est inévitable et un choix s'impose: votre choix. Mais quel que soit ce choix, l'acceptation de l'histoire est nécessaire pour être en paix avec son passé, qu'il y ait réconciliation ou non, que le lien se défasse ou pas. Le pardon viendra après... peut-être.

ACCEPTER N'EST PAS OUBLIER

Le *deuil environnemental* concerne la perte d'une personne et le *deuil existentiel* la perte d'une illusion ou d'une croyance. L'acceptation de l'histoire relationnelle, qu'il y ait rupture du lien ou pas, s'assimile un peu au processus du deuil, avec une suite d'étapes qui doivent conduire au dépassement. Traverser ces étapes est une difficulté humaine mais ne pas les dépasser est un problème personnel.

Ainsi est-il normal, dans un premier temps, de se trouver dans l'impossibilité d'accepter le passé parce qu'il est jugé intolérable et inadmissible. C'est ce que j'appelle la *phase de refus.* « Avec tout ce qu'il m'a fait », « Avec tout ce que j'ai enduré »... Les trahisons et les attaques personnelles sont autant de raisons qui déchaînent les rancœurs. L'amour-propre est atteint et la perte de confiance paraît définitive. Certains passeront l'éponge et d'autres bloqueront parce que nous ne sommes pas tous égaux devant l'impardonnable. Plus la personne se fige dans un comportement de victimisation et plus la trahison s'ancre violemment. Son interprétation de la situation sera alors excessive et sans appel. Elle ne peut accepter de comprendre l'autre. Or, admettre que vous avez votre part de responsabilité dans l'histoire, c'est vous autoriser à comprendre ce qui a conduit l'autre à nourrir votre assujettissement. Sûrement qu'il était pris, lui aussi, dans les filets de ses propres dysfonctionnements !

Si certains actes sont effectivement impardonnables, d'autres pourraient être pardonnés, permettant l'accès à des jours meilleurs. Ainsi, pour accepter, il faut être lavé de toute rancœur et accéder enfin à la *phase d'abattement* : ne plus savoir que dire, que penser ; être perdu, vide. Cet état cognitif et comportemental s'accompagne d'une sorte d'anesthésie émotionnelle.

Puis un jour, la remémoration des bons souvenirs (parce qu'il y en a eu !), la capacité à voir la partie pleine du verre et non la vide et l'estime que vous pouvez à présent vous porter, permettent d'envisager l'acceptation de la relation passée. C'est ce que j'appelle la *phase de réaménagement.* Le docteur Megglé parle de *mûrissement* et le docteur Éric Bardot, de *maturation*. Cette phase de détachement autorise la question: «Que vais-je faire maintenant à partir de cet échec?» Cette étape est indispensable pour passer à autre chose et reprendre goût à la vie.

Mais attention, accepter l'histoire ne signifie pas effacer la souffrance et les dommages subis dans la relation assujettissante. C'est juste se détacher et ne plus entretenir le conflit et l'amertume. Le docteur Éric Bardot affirme que dans le deuil, la relation doit rester vivante alors que la personne est morte, et que dans la séparation, la relation doit mourir alors que la personne est vivante. C'est être en paix avec soi et avec l'autre ou les autres. Il ne s'agit pas de grandeur d'âme ou, inversement, de faiblesse humaine mais d'une profonde conviction que tous les progrès accomplis pour vous désassujettir vous autorisent à présent à envisager des jours meilleurs sous le signe de la sérénité. L'acceptation ne vous dégage pas non plus d'une certaine vigilance; une vigilance à ne pas confondre avec la méfiance!

Et puis, au-delà de l'acceptation, il y a le pardon; un pardon qui s'offre comme un luxe. C'est en quelque sorte un cadeau que vous faites à celui qui ne vous en a pas fait. Mais là, c'est autre chose!

LA NOTION DE RÉSILIENCE

Ce mot emprunté à la physique définit la capacité d'un matériau à résister aux chocs. Psychologiquement, la *résilience* est donc l'aptitude d'une personne à se reconstruire et à vivre le mieux possible, en dépit des circonstances traumatiques vécues. Une personne sur deux subirait un traumatisme au cours de son existence; qu'il s'agisse d'abus, de perte d'un être cher, de maladie grave… C'est la psychologue américaine Emmy Werner qui, à partir des années 1960, a développé ce concept de résilience en mettant en place des programmes destinés à favoriser la résistance aux traumatismes. Le mot «résilience» est ainsi devenu à la mode, à tort ou à raison, car tout le monde n'a pas cette faculté à rebondir et à reprendre sa vie en mains. Boris Cyrulnik œuvre merveilleusement dans ses écrits à conceptualiser avec justesse la résilience. La personnalité et l'histoire de la personne interviennent grandement, rendant le changement plus ou moins laborieux et douloureux. La résilience est un processus, non une recette miracle ouvrant systématiquement l'accès au bonheur. Elle est une stratégie pour dépasser les événements d'un passé sombre qui ne peuvent être oubliés, car l'oubli est impossible. Ce qui est sûr, c'est que le dépassement d'un mauvais coup du sort n'est envisageable que par la reprise d'un développement affectif et social favorisant une meilleure estime de soi. La résilience nécessite donc un certain nombre de conditions fondamentales.

- *La personne ne doit plus se considérer comme une victime.* Nous avons vu, tout au long de cet ouvrage, que plus on s'enferme dans ce rôle, plus on se plaint, et moins on est résistant aux difficultés ! Paradoxalement, la résilience s'oppose à la résistance.
- *L'existence d'un environnement compréhensif* pouvant offrir une stabilité affective est indispensable à l'évolution résiliente. La réussite dépendra en grande partie de la sécurité affective que l'assujetti trouvera dans une personne source d'attachement. Quitter un contexte de vie, quitter une interaction ne peut aisément se faire sans la stimulation et les encouragements d'une tierce personne compréhensive.
- *La capacité à l'empathie et la facilité à nouer des liens sociaux* forment une autre condition fondamentale, source de l'équilibre entre soi et les autres.
- *Une personnalité prête à s'engager, à prendre des risques* est également nécessaire pour dépasser le passé. Autrement dit, un tempérament vulnérable, impatient et une difficulté à accepter la frustration sont autant de freins à l'avènement de la résilience.
- *Une personnalité qui cultive le changement* par des loisirs, des activités physiques, de la créativité. L'humour et l'optimisme sont également des facteurs importants de résilience.

La résilience ne pourra se faire que s'il y a acceptation des événements. Or, tout le monde n'a pas la même faculté d'absorption. Un verre peut tomber d'une table, rebondir sur le sol et ne pas se casser alors qu'un autre peut se briser en mille éclats en tombant d'une très faible hauteur !

Si la résilience est impossible, il y a le risque que la personne assujettie fasse semblant en faisant comme si tout allait bien. Elle minimise les faits pour se protéger et protéger son environnement. Elle utilise des phrases telles que « Ce n'est pas grave », « C'est passé », « Il ne recommencera pas », « Il y a pire et plus malheureux que moi », « Je le mérite »...

Je me souviens d'une patiente me disant : « J'étais tellement insupportable, je le poussais tellement à bout que je comprends sa violence. »

Les pires actes peuvent ainsi être expliqués et excusés. L'assujetti a cette fâcheuse tendance à se dévaloriser et à survaloriser les autres. Attention donc de ne pas faire passer sous le manteau de la résilience le syndrome du plaisir inversé, source d'un dysfonctionnement fait de soumission ou d'abnégation importante.

Je voudrais terminer ce paragraphe sur la résilience avec quelques questions que je vous invite à vous poser :

- *Y a-t-il autour de vous un être que vous admirez beaucoup ?*
- *Quelles sont les qualités que les autres vous reconnaissent ?*
- *Y a-t-il des situations problématiques que vous avez dépassées avec fierté ?*
- *Qu'est-ce que vous amélioreriez ou changeriez en tout premier dans votre vie ?*

RENONCER À L'IMPOSSIBLE

Les deux causes de non-changement sont la relation à l'autre et le contexte (culturel, social, professionnel, familial) environnemental. Je crois qu'il est plus facile de se détacher d'un contexte environnemental que d'une relation, car dans la relation le lien affectif est important.

Alors, qu'est-ce que je gagne et qu'est-ce que je perds ? Avec quelle décision suis-je le plus en paix ? Le jeu en vaut-il la chandelle ? Où est le soleil et où est la pluie ? Autant de questions à se poser car vous n'êtes pas tenu de rester dans une relation qui génère des conflits perpétuels et des souffrances à répétition. Vous avez le droit de guérir ; toute plaie, si profonde soit-elle, peut en effet cicatriser !

Malheureusement, il existe des personnes avec qui l'échange est difficile et le respect de soi impossible. Des personnes manipulatrices, égocentriques, violentes, perverses, narcissiques avec qui le renoncement est la seule issue. Combien d'assujettis s'acharnent avec entêtement, perdant toute leur énergie dans une interaction destructrice, et se contentent finalement de si peu de bonheur sous prétexte qu'il y a plus malheureux qu'eux ?

Il est temps de prendre conscience qu'hier tout le monde a trouvé son compte dans l'interaction en question ; chacun a puisé dans les réserves, si bien qu'aujourd'hui, le compte est tellement à découvert qu'il est déconseillé de l'utiliser. Le temps est venu de regarder les choses en face.

Je me souviens d'une patiente dépitée par l'infidélité de son mari, partisan d'une vie de plaisir et de débauche sexuelle. Celui-ci n'avait pas l'intention de divorcer et souhaitait maintenir ouvertement plusieurs liens amoureux. L'assujettissement de ma patiente la poussait à accepter, du moins en apparence. Son mode enfant, avec toutes ses peurs, avait pris les rênes ! « Je ne peux pas refuser, j'ai trop peur de le perdre », disait-elle.

Les faux-semblants auxquels elle recourait, les mensonges qu'elle se racontait à elle-même, avaient pris possession de ses entrailles. Tout y passait. « Je n'ai sûrement pas fait ce qu'il fallait », disait-elle. Son abnégation et sa soumission l'obligeaient même à s'inquiéter pour lui. Elle était aux mains de son despote et n'arrivait pas à lui échapper par une décision juste et respectable pour elle. Bien qu'elle ait appris à dire Non, son conjoint ne voulait rien entendre. Ma patiente n'avait alors que deux choix possibles : accepter la situation ou partir ; ce qu'elle est finalement arrivée à faire.

Constat d'incompatibilité

Dans l'interaction, les dysfonctionnements se répondent et s'accordent comme lors de l'interprétation d'une mauvaise partition par deux musiciens complices dans leur cacophonie ! Jusqu'au jour où l'un des deux panse ses blessures et retrouve une cohérence cognitive, émotionnelle et comportementale. L'aveuglement n'est plus et les fausses notes dérangent. Après la cacophonie vient le temps de l'harmonie. Le mode enfant reprend sa juste place ; le mode adulte et le mode parent aussi. La maison intérieure vit mieux, sans cris ni pleurs inutiles. Chaque locataire est vivant, utile et reconnu, participant équitablement aux charges de la communauté. L'être de l'ancien assujetti tout entier s'endort sans cauchemar et les rêves sont enfin possibles.

Vous ne courez donc plus tête baissée vers des êtres avec lesquels les chances d'harmonie sont minimes. Votre besoin de vous plier à l'autre pour récupérer quelques grammes d'amour et de reconnaissance s'est envolé. Vous savez à présent ce que vous voulez être et ne plus être, faire et ne plus faire, avoir et ne plus avoir.

Ce constat d'incompatibilité est parfois difficile à regarder en face ; difficile d'admettre qu'il existe et qu'il existera toujours des personnes envahissantes et néfastes qui vous font perdre la tête en voulant tout et son contraire.

Des gens qui disent vouloir souhaiter votre bien-être mais surtout pas à leur détriment.

Des gens méchants qui ne cherchent qu'à blesser, humilier ou écraser.

Des gens pervers qui jouent immanquablement sur l'affectif ; là où ça fait mal.

Des gens profondément négatifs, voire psychologiquement perturbés, qui restent insaisissables et changeants.

Des gens de pouvoir qui ne le perdraient pour rien au monde.

Des gens qui préfèrent une dépendance au plaisir d'une rencontre humaine.

Des gens égoïstes qui ne pensent qu'à eux.

Des gens pessimistes qui vous tirent sans cesse vers le bas.

Des gens englués dans les filets d'une dépendance au conflit, pour qui tout est régi par l'affrontement systématique.

Des gens transis à l'idée que quelque chose puisse changer dans leur vie.

Des gens qui ne vous aiment pas pour ce que vous êtes et pour ce que vous pouvez être.

Des gens qui ne vous aimeront jamais quoi qu'il arrive, quoi que vous fassiez…

Alors, malgré tout ce que vous avez pu mettre en place et malgré les progrès indispensables que vous avez réalisés sur le plan de la communication, vous faites un constat: il y a incompatibilité, ainsi que l'écrit Boris Cyrulnik: « Entre ma chatte et la souris, ma femme et la fleur, il y a un éventail de significations tellement ouvert que la communication ne peut pas s'établir[25]. »

Je sais qu'il faut du courage et de la volonté pour renoncer à certains avantages, à un certain confort (celui de ne rien changer!), mais la liberté d'être soi et le bien-être sont bien au-dessus de cela. Partir n'est pas fuir et rompre le lien n'est pas une stratégie d'adaptation mais un choix clairement mûri. Vous ne vous abritez plus derrière de fausses excuses et une culpabilité malsaine, et vous ne vous dites plus: « Avec tout ce qu'il (ou elle) a fait pour moi ».

Je voudrais préciser qu'il peut y avoir encore des sentiments, malgré une incompatibilité dans les approches fondamentales de l'existence. Dans ce cas, ce mauvais amour ne sera pas suffisant pour nourrir l'échange et le partage. Vous avez tout essayé et il ne vous reste alors plus qu'à tirer votre révérence, à vous dissocier, vous séparer, vous éloigner, et oublier ces individus qui font votre malheur en n'acceptant pas et ne comprenant pas vos nouvelles demandes. Car si vous restez, ils finiront à nouveau par vous faire baisser la garde, à force d'épuisement.

25. Boris Cyrulnik, *Les nourritures affectives, op. cit.*, p. 113.

Je voudrais également parler de la notion de *représentation*. Se désassujettir permet de rééquilibrer l'interaction, mais la représentation que l'assujetti a de l'autre peut rester inchangée. Ainsi, lorsque l'image négative de l'autre vous a marqué au fer-blanc, il risque d'être difficile de l'effacer malgré l'acceptation ! Nous n'avons aucun pouvoir pour changer cela, nous n'avons aucun pouvoir pour faire germer une autre représentation. Combien de patients violentés physiquement, verbalement ou moralement ne peuvent plus aimer l'autre ou ne peuvent plus vivre ou travailler avec l'autre, malgré un désassujettissement respecté. Il y a là quelque chose d'inexplicable. L'image de l'autre plonge l'assujetti dans les souvenirs d'un passé dépassé qu'il ne veut plus voir. Alors l'acceptation de l'histoire ne suffit pas.

La problématique financière

Il existe des situations où rompre le lien est un risque encore plus dangereux que le conserver. Fuir une insécurité pour en mettre une autre à la place n'est pas satisfaisant ! Rappelez-vous la question : *Que me coûte et que me rapporte ce lien ?* Nous vivons dans des sociétés avec des contraintes matérielles qui nécessitent une certaine autonomie financière. Je ne parle pas d'un statut social et professionnel que l'on peut perdre sans grand danger, mais de cette sécurité financière absolument nécessaire pour subvenir à ses besoins vitaux. La perdre paraît dans certains cas aléatoire et peu judicieux.

Alors, en l'absence de véritable alternative, restez dans la relation mais soyez vigilant. Résistez aux pressions, aux menaces, aux chantages, aux plaintes, aux tentatives de suicide… Ne plus être corvéable à volonté vous demandera sans doute beaucoup d'énergie et de travail sur vous-même. Ne mettez plus de plaisir là où il n'y en a pas. Ne soyez plus porteur du syndrome du plaisir inversé en affirmant qu'il y a plus malheureux que vous !

Apprenez à être craint sans agresser, en modifiant votre communication, et à ne plus vous résigner en endossant la responsabilité de la situation. Prendre de la distance avec l'autre ou les autres, faire la part des choses et relativiser sera indispensable. Développez aussi des techniques physio-relaxantes, trouvez des activités qui favorisent votre épanouissement, des amis, un travail et pourquoi pas un amant qui vous comprendra le temps de quelques instants. Bref, cultivez votre propre changement sans compter sur l'autre et peut-être alors le miracle frappera-t-il à votre porte…

SIXIÈME PARTIE
Les 11 règles du STOP

Je me donne enfin le droit de me faire plaisir,
d'avoir du plaisir et de ne pas être parfait.
PATIENT ANONYME

Voilà, vous arrivez presque au bout de cet ouvrage. Avant que vous le terminiez, je voudrais vous donner quelques règles qui me paraissent fondamentales au désassujettissement.

La toute première de ces règles vous invite à comprendre les raisons de ce voyage. Elle vous permet de prendre conscience que votre histoire a inscrit en vous de mauvaises croyances, sources d'attente et de rejet insupportables. Les autres règles, tout aussi importantes, positionnent votre être tout entier sur le chemin de l'action après tant de temps passé dans l'inaction et la réaction.

Sachez également que chacun d'entre nous possède un passé et une carte pour trouver le trésor (certes plus ou moins enfoui) qui consiste à être libre. Rappelez-vous aussi qu'être libre n'est pas être égoïste ; ce qui est égoïste, c'est de ne pas s'offrir la liberté de laisser à l'autre la responsabilité de ses actes.

CHAPITRE 20
11 comme 1 + 1 ou 1 = 1

L'appartenance à une filiation et au groupe social est donc indispensable pour développer l'estime de soi, mais affronter la peur de l'abandon et du rejet par une recherche d'autonomie est tout aussi important et nécessaire. Autrement dit, le besoin d'être aimé par l'autre permet d'exister affectivement et s'aimer soi autorise l'exploration. Mais cette quête d'autonomie est seulement possible lorsque la sécurité affective n'est plus menacée.

Ainsi, les rencontres humaines étonnent et les différences surprennent et enrichissent nos vies. Et puis, il faut savoir s'isoler un peu pour mieux digérer ces nourritures affectives. S'isoler mais ne pas fuir. Toujours et encore ce subtil équilibre évoquant celui de l'oiseau sur la branche, des nuages dans le ciel, du bateau sur l'eau ou de l'homme sur la terre. *Un équilibre entre solitaire et solitude, entre singulier et pluriel, entre individuation et socialisation, entre individualisme et empathie* permettant de distinguer très clairement les relations qui stimulent et celles qui appauvrissent. Il y a donc, à terme, ce subtil compromis à trouver entre soi et les autres, synthétisé par la symbolique du nombre 11.

1 = 1 : symbole de notre identité et de nos valeurs égalitaires.

1 + 1 : symbole de notre lien et de notre appartenance à l'autre et aux autres.

NOUS NE SOMMES PAS DES « ROBINSON » SUR UNE ÎLE...

Dès l'enfance, la présence humaine est essentielle. Nous avons besoin des autres. À tout âge, il fait bon se blottir contre l'autre, et s'en éloigner peut susciter de l'insécurité. C'est une évidence. Les figures parentales sont les premières à nourrir cette quête, puis d'autres, les figures satellites, viendront faire de même. Si les premières faims sont suffisamment rassasiées, le lien conduira vers demain, vers d'autres liens faisant que lors de chaque nouveau lien établi, on ne tremble pas, on continue le chemin jusqu'à la prochaine rencontre humaine qui, bonne ou mauvaise, mène de toute façon quelque part.

Nos mains sont ainsi faites pour se tendre vers l'autre et nos jambes sont là pour nous faire aller vers les autres. Je répète, nous ne sommes pas faits pour vivre seuls sur une île ! La parole permet l'échange. Elle est source de lien et de compréhension. S'il faut aimer pour que battent nos cœurs, il faut parler pour mettre de l'ordre en soi. Lorsqu'on se coupe des autres, on se coupe de son histoire, et lorsqu'on oublie son histoire, c'est qu'elle n'est pas belle à nos yeux. C'est qu'elle fait mal, si bien que le simple fait d'oser y penser rend malheureux. Fuir alors, seul, dans l'enfermement du silence, ou vers les autres, en se précipitant dans le brouhaha de l'excitation et de l'agitation, risque de vous laisser endormi au pied de l'arbre de la solitude sans espoir de réveil. Chaque souvenir retrouvé est une pierre à l'édifice, et l'entourage a le droit, et même le devoir, d'apporter des explications ou des informations propres à éclairer votre désassujettissement.

NOUS RECEVONS CE QUE NOUS AVONS DONNÉ

Du fait de son histoire, l'assujetti préfère chercher l'attachement plutôt que l'autonomie, la résistance plutôt que la résilience, la dépendance et la fusion plutôt que la séparation. L'autonomie lui fait peur ; c'est comme partir explorer l'inconnu le ventre vide ! Voilà pourquoi il cherche en permanence à se remplir parfois jusqu'au trop-plein, jusqu'au trop mal. Pour cela, il s'offre à l'autre et aux autres comme un cadeau. C'est alors que l'attirance négative fabrique l'alchimie : il réclame l'impossible et il n'obtient que de l'impossible. Devant si peu de reconnaissance, fuir, se soumettre, lutter ou contre-attaquer sont les seules solutions. L'assujetti s'agresse et agressera peut-être l'autre en exposant ou en camouflant sa souffrance sans jamais modifier l'interaction douloureuse.

Vous avez bien compris maintenant qu'en donnant du trop ou du pas assez, on ne reçoit que du peu ou du mauvais. *A contrario,* si vous envoyez un message clair, fruit de pensées alternatives et d'émotions posées, vous pouvez vous attendre à une réponse appropriée ; ce qui nous renvoie invariablement à l'efficacité de la parole. *Votre langage doit donc acquérir du sens et du son !*

La réponse reçue n'est pas forcément celle que vous voudriez entendre ! N'oubliez pas que l'autre ne pense pas comme vous car le ressenti est le fruit de l'expérience de vie ! Cela n'est pas grave. L'éventuel conflit sera en effet source d'échange, de compromis et de changement réciproque, à condition bien évidemment que les désaccords ne soient pas systématiques et sans issue.

CHAPITRE 21
Les 11 règles fondamentales

Voici 11 règles établies comme une charte pour un bien-être que personne autour de vous ne pourra ignorer.

1. Prendre conscience des situations assujettissantes

Nous avons répété tout au long de ce livre que l'être humain existe avant tout à travers des croyances issues des valeurs familiales et qu'il préférera souffrir plutôt que de les transgresser. Ainsi, sans changement, nous reproduisons les mêmes erreurs en osant tout au mieux capituler, éviter ou surcompenser. Prendre conscience des situations d'assujettissement et du sens que vous leur donnez, c'est prendre la route des jours meilleurs en sachant garder un œil sur le rétroviseur. *Le passé est donc utilisé pour comprendre le comment du présent et non le pourquoi du passé.*

2. Développer ses propres opinions, choix et préférences

Nous sommes uniques et donc profondément différents les uns des autres. Cette différence est une richesse inestimable. Un patchwork est beau pour sa multitude de couleurs, de motifs, de formes et de matières ! Alors soyez unique et spécifique. Il est grand temps de respecter et de faire respecter ce que vous êtes, ce que vous faites et ce que vous avez. « Personne ne peut vous obliger à vous sentir inférieur sans votre consentement », a dit Eleanor Roosevelt. Est-ce que vous doutez de votre faim lorsqu'elle vous tenaille le ventre ? Sans doute que non, alors faites-vous confiance et écoutez cette petite voix qui vous guide.

3. Rétablir l'équilibre entre donner et recevoir en donnant moins et en recevant plus

Tout est équilibre: l'oiseau sur la branche, le bateau sur l'eau, l'avion dans les airs... Nous aussi nous devons trouver l'équilibre ; un équilibre physique bien sûr, un équilibre psychologique évidemment, mais aussi un équilibre relationnel.

Une interaction souple est faite d'acceptation réciproque : celle qui consiste à donner mais aussi à recevoir ; et parfois recevoir vous obligera à demander ou à déléguer. L'Échelle du niveau d'oppression vous accompagnera utilement dans vos actes d'engagement ou de refus. Vous ne rechercherez plus la reconnaissance et ne serez plus celui qui se dépasse invariablement parce que vous n'en aurez ni le temps, ni l'envie, ni la compétence.

4. Agir au bon moment, avec le bon ton et face à la bonne personne de façon juste, appropriée et proportionnelle

La maladresse, la confusion, l'agression, le silence et même la bouderie sont autant de comportements inadaptés et non tolérables qui incitent l'autre à ne rien entendre, ne rien voir et ne rien changer. L'assujetti se rebelle alors en devenant preneur d'otages, parfois de lui-même ! Sa personnalité, souvent timide, anxieuse et nerveuse n'arrange rien. N'ayez plus peur ni de vous, ni des autres, car le conflit est nécessaire, à condition, bien sûr, qu'il ne soit ni un jeu ni un règlement de comptes. Il est indispensable afin que chacun pose ses limites en disant ce qui est acceptable pour lui et ce qui ne l'est pas.

5. Aborder clairement et précisément un seul sujet à la fois

Il est difficile de distinguer chaque bruit parmi plusieurs car tous finissent par se mélanger et se confondre. Aborder le problème du moment en y rajoutant des situations passées et des rancœurs d'hier produit une cacophonie et une confusion au niveau du message. Alors contentez-vous de résoudre la difficulté présente sans perdre de vue votre choix.

6. Continuer de viser l'objectif fixé et demeurer ferme face aux résistances

Vous avez au préalable estimé votre positionnement sur l'Échelle du niveau d'oppression : désagrément, compromis, sacrifice, négation de soi. Vous savez qu'au-delà du deuxième niveau (le compromis), le Non s'impose coûte que coûte.

Ne sombrez pas dans des souhaits passifs et attentistes : « J'aimerais », « J'espère », « Je voudrais bien... » Ne laissez pas la peur et la culpabilité prendre les commandes : « Il va se venger, me rejeter », « Je suis égoïste, méchant »...

Prenez des décisions qui sont sans ambiguïté : « Je veux », « Je vais », « Je décide ».

7. S'assurer d'être bien entendu et compris

Imaginez que vous êtes sur un radeau à la dérive en pleine mer alors qu'un bateau passe au loin. Vous adopterez des attitudes permettant d'attirer l'attention sur vous en élevant la voix, en agitant les bras ; enfin bref, vous vous transcenderez pour être vu et entendu. Eh bien, votre communication de tous les jours répond aux mêmes principes ! Chaque mot, chaque geste adressé à autrui doit être perçu et compris, et vous devez vous assurer qu'il en est ainsi en reformulant votre message. Et n'oubliez pas que le silence posé pour respirer, réfléchir et prendre du recul n'est pas le même que le silence de la fuite, de la frustration et de l'exclusion. Le premier est un acte de communication – il en est ainsi du silence d'une partition de musique –, alors que le deuxième est une absence de communication !

8. S'autoriser le droit à l'erreur et accepter de décevoir

Personne n'est parfait, et il est essentiel d'identifier et d'accepter l'ensemble de vos qualités et de vos défauts. Vos choix, vos envies et vos désirs sont alors le fruit de ce que vous êtes et vous ne craignez plus le jugement, l'avis et l'influence des uns et des autres. « Je suis mon unique raison de vivre ». Bien que l'on puisse admettre l'idée que personne n'a raison et que personne n'a tort, vous devez respecter votre décision et accepter de vous tromper, de vous arrêter, de changer d'avis, de décevoir, de ne pas être compétent, de ne pas avoir le temps… Il vous sera même possible de revenir après coup sur votre choix, quitte à proposer un compromis.

Vous pouvez aussi reconnaître vos émotions sans vous laisser enfermer par l'une d'elles ou sans éviter de vous y confronter. Vous pouvez vous dire : « Oui, j'ai le droit d'être triste ou en colère », « Oui, j'ai le droit d'avoir peur ». Milton Erickson disait que la plupart des souffrances psychiques viennent d'un manque de sincérité envers soi.

9. Fuir les personnes invariablement destructrices

En corrigeant votre assujettissement, vous rendez possible le changement de l'interaction et donc de la relation. Il faut pour cela que l'autre (ou les autres) accepte ce changement. Attention, je parle bien de changement, non d'effort, car l'effort est éphémère. L'effort, c'est une tentative de changement sans changement ! L'effort, c'est penser pouvoir se tenir indéfiniment suspendu dans le vide juste à la force des bras !

Toutefois, il y a une chose que vous ne pouvez pas changer directement : c'est l'autre. Si cet autre ne veut rien entendre, s'il s'obstine dans ses pensées, ses émotions et ses comportements par volonté ou par peur de son propre changement, alors il n'y a malheureusement plus qu'à quitter l'interaction. Refusez désormais le jeu de « la claque et la caresse » car vous ne croyez plus aux multiples promesses et aux faux pardons. Vous n'êtes plus un enfant ni un « doudou » que l'autre peut aimer et martyriser à loisir. N'oubliez jamais que ne pas être respecté, c'est se laisser détruire, c'est-à-dire mourir.

10. Prendre conscience que vous valez autant que n'importe qui

Je voudrais rappeler ici la réflexion de Dostoïevski selon laquelle le précepte biblique *Aime ton prochain comme toi-même* mériterait d'être reformulé de la façon suivante : *On ne peut aimer son prochain que si l'on commence à s'aimer soi-même.*

Or, l'amour de soi, c'est reconnaître et admettre en toute objectivité ses forces et ses faiblesses. Nous sommes tous un mélange de ciels orageux et d'étoiles lumineuses, et la vie n'est pas un vase clos et hermétique rempli à tout jamais d'eau de rose ou d'encre noire. Rejeter la vie en bloc et la croire sombre pour toujours est une fausse réalité ; il suffit de sortir du fond du puits pour mieux voir le ciel !

Alors, si quelqu'un vous remercie pour un service rendu, acceptez ce remerciement, et surtout ne dites plus « de rien ! » car ce que vous avez fait pour lui n'est pas rien !

11. Se féliciter de ses victoires (*YES !*), si petites soient-elles, et cultiver le changement

Il vous a fallu neuf mois pour venir au monde. Il en faudra au moins autant pour changer et modifier votre processus PÉC. Chaque mois passé dans le ventre de notre mère fait naître et grandir quelque chose de plus, une fonction supplémentaire, une faculté nouvelle... Eh bien, chaque jour qui passe au cours de cette période de changement permet des progrès et de nouvelles joies. Chaque jour est une épine en moins et une lueur en plus. La chrysalide devient papillon. Alors, sachez observer et reconnaître votre belle métamorphose et vous en émerveiller. Il vous appartient à présent de vivre avec moins d'inquiétude et plus de quiétude.

SEPTIÈME PARTIE
Itinéraires de trois assujettis

Maintenant que je me sens intérieurement en sécurité affective, je peux partir explorer la vie.
PATIENT ANONYME

Je voudrais vous présenter les histoires respectives de Nicole, Éric et Valérie. Leurs histoires reflètent parfaitement toutes les pensées, les émotions et les comportements d'un assujetti. Le parcours de ces trois personnes est banalement affligeant d'assujettissement. Un mauvais itinéraire où la raison divague, l'inconscient souffre, l'intuition est tuée et le corps perd le Nord. Incroyablement étonnant d'assister à une synchronicité redondante d'événements à la façon d'ondes de choc. La question se pose alors : comment peut-on s'oublier ainsi et se faire autant de mal ?

Il n'y a rien d'extrapolé, de déformé, ni d'arrangé, dans ces trois histoires, pour les besoins de la cause. Parfaitement classiques, sans surprise et si souvent rencontrées, elles vous rappelleront sans doute des bouts de la vôtre !

L'HISTOIRE DE NICOLE

Nicole a 29 ans. Très vite, elle aborde le drame familial dont elle fut victime : dès l'âge de huit ans, elle subit régulièrement des attouchements de son oncle. « C'était mon deuxième papa », me dit-elle. Elle a confiance en lui. Son père, le vrai, est très souvent absent du foyer, il a un travail envahissant et sa vie de couple est dissolue. L'oncle s'est alors glissé dans la peau d'une figure d'attachement principale.

Nicole ne comprend pas bien ce qui se passe tous les dimanches matin dans la chambre avec son oncle. Elle est une enfant facile, docile. Sa mère ne voit rien et n'imagine pas ce qui a lieu derrière la porte ! Nicole pleure de culpabilité quand elle m'avoue avoir ressenti un fugace plaisir.

À 19 ans, elle décide de rompre le secret, et sa grand-mère, elle-même victime dans son enfance des attouchements d'un voisin, crie à la trahison. Pour elle, un tel acte était un secret qui ne pouvait être révélé. Reniant sa petite-fille pour avoir déchiré l'unité familiale, elle lui jette cette phrase à la figure : « Tu aurais dû faire comme moi, te taire. Maintenant tu vas le payer », ce que Nicole prend comme une gifle.

Nicole se retrouve ainsi avec ce lourd passé, incomprise par toute sa famille. Habitée par la culpabilité à l'idée d'être un monstre, elle se met à manger plus que de raison. L'aliment devient un bouc émissaire, un otage. Entre-temps, son père divorcé se met en ménage avec une « mauvaise belle-mère » qui l'éloigne définitivement de ses filles. Martine, la petite sœur de Nicole, a connu les mêmes actes de la part du même homme. Nicole porte le poids d'une culpabilité supplémentaire, celle de ne pas l'avoir protégée.

Après quelques histoires amoureuses chaotiques parsemées d'embûches et de mauvaises nuits, elle épouse un homme doux, si doux qu'il n'existe pas. Nicole porte le nouveau foyer à bout de bras. Elle s'épuise et son mari lui reproche son manque de plaisir sexuel. « Mon oncle était barbu, je ne supporte pas lorsque mon conjoint est mal rasé », indique-t-elle. Une grossesse mal engagée l'oblige à pratiquer une interruption volontaire de grossesse. Nicole, épuisée, continue à croire dans ce couple à la dérive. Elle se débat sans jamais prendre du temps pour elle ; elle respire pour les autres, elle vit pour les autres, pour faire plaisir, pour être irréprochable. Par-dessus tout, sa mère qui ne l'a jamais protégée ni avant ni après ces années d'abus tombe en dépression et réclame l'aide de sa fille. « Elle a besoin de moi. Je suis sa raison de vivre. On se comprend si bien, nous sommes fusionnelles », ajoute-t-elle. Dans tout ce désordre, Nicole attend un autre enfant. Enceinte de six mois, elle s'électrocute avec le frigidaire et voit la mort de près, mais son enfant naîtra. Les deux premières années d'éducation furent exténuantes. L'enfant pleurait beaucoup. Rien d'étonnant !

Aujourd'hui, Nicole est là, devant moi, désemparée, vidée de tant donner et déçue de si peu recevoir. Dans sa relation de couple, avec son fils, au travail, avec ses amis, elle fait de son mieux avec un perfectionnisme redoutablement efficace. Tout doit être parfait sur elle et autour d'elle.

Abandonnée par sa famille, qui lui reproche d'avoir osé dire la vérité, elle hurle à l'intérieur d'elle sa colère sans pouvoir prononcer un mot. Alors, elle me parle de vengeance tout en espérant que cet oncle se repentira de ses actes. Un leurre, elle le sait mais elle espère.

Elle termine son premier rendez-vous en me disant : « Je rêve, lorsque j'irai mieux, de partir accomplir une mission humanitaire. » Je pense alors au travail sur elle qu'elle doit d'abord accomplir afin de ne plus tomber dans l'abnégation et le besoin de reconnaissance.

L'HISTOIRE D'ÉRIC

Je reçois Éric, le corps abîmé suite à une multitude d'accidents. Le dernier en date est récent, à peine quelques mois. Un tournevis est venu malencontreusement se planter dans son œil droit. À peine installé face à moi, il me dit : « Je suis épuisé de vouloir toujours faire plaisir aux autres. Je vais à cent à l'heure et je n'ai jamais une minute pour moi. Résultat, je pique de violentes colères dès que les choses ne se passent pas comme je veux. »

Professionnellement, socialement et amoureusement, Éric a du mal à se faire respecter ; il cherche en permanence la reconnaissance et l'amour des autres. Enfant, il a souffert de la sévérité de son père militaire et de l'absence de sa mère, que son métier d'hôtesse de l'air éloignait souvent du domicile. Son esprit se fixe alors sur la frustration suivante : « Ma mère ne m'a jamais raconté d'histoires dans mon lit et mon père ne m'a jamais emmené à la pêche avec lui. »

Sa petite amie, beaucoup plus jeune que lui, vient de rompre la relation après sept ans de vie commune, justement à cause de ses excès de colère. « Je reconnais que je ne suis pas facile à vivre », dit-il, mais il m'avoue aussi qu'elle le pousse à bout, réclamant ses services et son aide comme une enfant.

Éric souffre de cette séparation et espère pouvoir reprendre la relation après un travail sur lui. Mais il continue à la voir, à passer des soirées voire des nuits avec elle, juste en amis. Elle réclame toujours autant ses services : garder son chien, repeindre son salon… Il n'ose pas lui dire Non par peur de la perdre définitivement. Alors il se contente de miettes, de bouts de tendresse effilochés et quelque part intéressés. Il faut dire qu'il a du temps : Éric est sans emploi. Il a dû fermer son entreprise suite à un dépôt de bilan. Sa gentillesse l'avait poussé à embaucher plus de salariés qu'il ne fallait !

J'ai beau lui proposer de prendre un peu de recul, de s'occuper de lui, de refaire son appartement au lieu de faire celui des autres… mais rien n'y fait ! Il accourt au moindre appel et se respecte si peu qu'il oublie son troisième rendez-vous thérapeutique. J'ose alors l'appeler, son fils décroche et m'annonce que son père vient d'être hospitalisé. J'en ignore les raisons. Je ne l'ai jamais revu.

L'HISTOIRE DE VALÉRIE

Valérie, âgée de 37 ans, affirme sa profonde envie de changer, de penser à elle et de se sentir moins stupide. « Je veux pouvoir être au *top* pour élever mon fils de quatre ans », rajoute-t-elle.

Lorsqu'elle me parle de ses parents, il semble n'y avoir aucun problème. À tout moment, ils sont là pour elle. Puis un instant de silence s'installe. Valérie se penche sur son enfance en baissant la tête et évoque la dureté et la violence verbale et physique d'un père impulsif. « Les couteaux volaient entre ma mère et lui et cela aurait pu tourner au drame, m'avoue-t-elle. Mon frère, ma sœur et moi-même en avions vraiment peur. Quand mon père rentrait le soir, il ne fallait surtout pas le contrarier. Ma mère subissait silencieusement cette violence qu'elle avait déjà connue dans sa jeunesse. Elle reproduisait ainsi ce qu'elle connaissait bien ! Il ne lui restait plus qu'à vivre pour ses enfants et à les protéger du mieux qu'elle pouvait. Ce fut sa stratégie d'adaptation. »

Valérie m'avoue que sa mère est dépressive, qu'elle n'aime plus son mari, qu'elle fait chambre à part mais ne peut le quitter par peur de sa violence. Sa mère a besoin de la fusion avec ses enfants et fait tout pour que l'éloignement géographique entre elle et eux soit minime. « Le chantage affectif, ma mère le pratique tout le temps ! », me dit Valérie excédée.

Valérie me parle ensuite de son frère, qu'elle a élevé comme une petite maman pour aider sa mère soumise et déprimée. « Jusqu'à l'âge de six ans, il m'appelait maman. J'aimais ce rôle, je me sentais exister et utile. »

Valérie a suivi un itinéraire désorganisé permettant la mise en place d'un bel assujettissement. Une sous-protection paternelle et une surprotection maternelle ont constitué une véritable bombe à retardement, créant une insécurité affective majeure.

Devenue une assujettie de la vie avec un enfant intérieur « écorcé vif », Valérie ne pouvait connaître que des histoires amoureuses bancales. Une première histoire comme un avertissement qui dure juste quelques mois, avec un homme alcoolique, violent et dévalorisant. Il la quitte du jour au lendemain sans dire un mot, sans une explication. Ouf, me direz-vous ! Eh bien non, le pire reste à venir. Valérie a ensuite une relation, pendant une dizaine d'années, avec un homme marié. Des années de va-et-vient pour cet amant ; des années d'allers-retours entre sa femme et sa maîtresse avec des promesses jamais tenues et des mensonges à la pelle. Valérie, peu contrariante, et surtout pas conflictuelle, avorte deux fois à la demande de son amant. Manipulateur en puissance, il peut être très protecteur du haut de ses 15 ans de plus, et parfois pleurnicheur comme un enfant, à genoux devant elle. Il promet sans cesse la lune et des jours heureux; ce qu'elle croit le jour où il la demande en mariage et réclame enfin avec certitude un enfant d'elle. Valérie pense être reconnue et aimée et se retrouve très vite enceinte. Mais l'enthousiasme de son homme est de courte durée. Il s'enfuit à nouveau, s'estimant incapable d'élever correctement un enfant. Valérie s'aperçoit qu'il a une autre maîtresse. Il nie les faits puis avoue et jure qu'il ne recommencera plus.

Aujourd'hui, Valérie a peur de le perdre et pourtant elle sait au fond d'elle qu'il ne sera jamais à ses côtés. Sa passivité à subir ainsi l'autre l'entraîne dans des crises d'impulsivité: elle le poursuit dans la rue en hurlant dès qu'il s'échappe vers ailleurs. Il la traite alors de folle, d'hystérique et de mégère. La culpabilité, la honte et la tristesse s'emparent de Valérie perdue, abandonnée.

Valérie se retrouve là, face à moi, complètement déglinguée, amoureuse d'un homme instable qu'elle attend encore et encore et qui ne lui a plus fait l'amour depuis plus de deux ans, jour de son enfantement. Valérie se trouve nulle, moche, grosse, incapable de voir en elle la moindre qualité; une adulte avec une âme d'enfant quémandant autant que faire se peut de l'amour et de la reconnaissance.

Conclusion

Le monde humain présente une fragilité par rapport au monde animal : l'absence de sagesse. Mais il a quelque chose d'inestimable et d'unique qui lui appartient : la capacité de changer. Cette capacité à penser autrement, à s'émouvoir avec justesse et à mieux agir rend l'homme plus fort face à l'adversité et face aux autres. Puisque nous ne sommes pas des « Robinson » seuls sur une île, l'interaction est inévitable. Le constat s'impose : nous ne pouvons pas vivre sans les autres. Après, tout est une question d'équilibre entre respect de soi et respect des autres. « Trop de soi » nous isole et nous prive de l'amour des autres et « trop des autres » fait que nous manquons d'autonomie et d'estime de soi.

L'assujetti que vous étiez a sans doute connu des failles dans l'éducation affective qu'il a reçue ; des jours avec et des jours sans, et peut-être pire encore, des jours d'affect et des jours de sang. Vous avez certainement eu de bonnes raisons d'être un assujetti et vous avez fait de votre mieux avec ce que vous aviez sous la main ; avec l'acquis et l'appris que vos figures principales et satellites ont pu vous transmettre ou renforcer en vous. Tant pis et peut-être tant mieux. De toute façon, personne n'est parfait. Boris Cyrulnik affirme avec justesse qu'« un enfant n'a jamais les parents dont il rêve. Seuls les enfants sans parents ont des parents de rêve[26] ».

Aujourd'hui, vous ne regrettez plus rien. Votre passé, avec son lot de carences affectives, est accepté et peut-être même pardonné. S'il n'y a pas eu de prérequis, un nouvel équilibre affectif est à présent possible. L'histoire est derrière, passée, dépassée, et si vous n'en riez pas, vous n'en pleurez plus. Vos expériences positives peuvent cohabiter avec les négatives. Rien n'est tout blanc ou tout noir. Tout est en harmonie. Le mauvais n'efface pas le bon ; vous savez qu'après l'orage vient le ciel bleu. Tout est différencié, canalisé, à sa place, sans que vous éprouviez de la peur ou de la rancœur. Vous pouvez enfin définir vos propres valeurs, vous accorder le droit à l'erreur, connaître vos limites, prendre du temps, exprimer et réguler vos émotions… Bref, vous ne confondez plus difficulté et problème. Un problème n'est à présent qu'une difficulté que vous pouvez dépasser avec courage et volonté.

Vous réclamez votre autonomie qui n'est plus le signe d'un abandon puisque votre sécurité intérieure est rétablie. D'ailleurs, il n'y a plus de peur d'abandon ni de recherche d'abondance. Tout est équilibre entre le trop et le pas assez. Vous remarquez enfin que le verre est à moitié plein même s'il est effectivement aussi à moitié vide !

Le nouveau processus pensées-émotions-comportements a fait grandir votre estime de vous et vous permet chaque jour d'acquérir la capacité de gérer vos propres affects sans attendre de « doudou ». L'autre n'est plus là pour résoudre vos difficultés et vous pouvez le percevoir comme une personne différente et non comme une menace. Le conflit respectueux est envisageable et la colère juste, appropriée et proportionnelle est devenue une alliée possible. Vous n'êtes ni conflictuel ni colérique et vous pouvez vous exprimer avec précision car vous savez maintenant que le langage est essentiel à la mise en place de bonnes relations amoureuses, familiales, sociales et professionnelles. Si l'enfant que vous étiez n'a pas trempé dans « un bain de parole », selon l'expression de Françoise Dolto, vous retrouvez l'usage de mots perdus ou jamais dits. En sachant dire Non ou STOP, vous vous autorisez à discuter toutes les contraintes et à ne plus tomber dans le piège de la résignation. Votre assujettissement par crainte ou par culpabilité est relégué au rang des vieilles valeurs. Vous exprimez votre désapprobation et acceptez de reconnaître et d'imposer que vous n'avez ni l'envie, ni le temps, ni la compétence pour satisfaire certaines demandes. Vous ne vous croyez plus égoïste et vous rendez à l'autre la responsabilité de ses actes. Vous n'êtes plus le Saint-Bernard qui abreuve l'autre ; vous avez aussi envie de trinquer et de déguster le plaisir. Rappelez-vous l'histoire du maître et du valet. L'un n'existe que par la présence de l'autre, mais aujourd'hui, vous n'êtes ni l'un ni l'autre. Vous êtes capable de danser seul et si vous choisissez un ou des partenaires de danse, c'est juste pour que la ronde soit plus belle.

Je voudrais terminer cet ouvrage en disant qu'il appartient à chacun de savoir ce qu'il veut offrir aux autres. Après avoir découvert votre itinéraire de désassujettissement, permettez aux générations suivantes d'atteindre cet équilibre affectif entre individuation rassurante et socialisation réconfortante, entre respect de soi et respect des autres ; le tout au-delà de l'histoire familiale et de la mémoire collective. Car si la répétition des scénarios n'est parfois pas évitable, elle est en tout cas modifiable pour l'avenir. Croire le contraire enferme chacun et chaque génération à venir dans une sorte d'impuissance, une condamnation, un sortilège. Alors soyez la lune ou le soleil ; celle ou celui qui guide les jours et les nuits des enfants de demain. Soyez l'infini repère de leur existence pour les conduire vers les étoiles, pépites de rêves et de rencontres innombrables. Et cela commence par cette implacable envie d'avoir envie d'être en vie, point de départ vers toutes les excursions humaines où l'autre et les autres sont au centre des rencontres. J'aime répéter la phrase suivante : « Avoir envie d'avoir envie d'être en vie ». Elle claque comme un véritable étendard de liberté et d'espérance planté sur toutes les plaines du passé, du présent et du futur.

Et si vous croisez au hasard de vos rencontres un autre assujetti, dites-lui que rien n'est acquis mais que le changement est toujours possible.

Dites-lui que la construction biologique, l'éducation affective reçue et l'environnement dans lequel il a évolué ne conditionnent pas la totalité de l'avenir. Rassurez-le en lui disant que beaucoup de personnes souffrent d'assujettissement et qu'il faut du temps au temps pour en sortir.

Dites-lui qu'il ne doit pas être dramatiquement fasciné par son histoire d'enfant et d'adolescent. Qu'il sache qu'une nourriture affective trop abondante, source de surprotection, désorganise tout autant qu'un vide affectif, source de sous-protection, et que la gentillesse parentale ne suffit pas à constituer une éducation affective de bonne qualité. Dites-lui aussi qu'il ne doit plus cultiver le souvenir de ses traumatismes. Non seulement il s'empêche de vivre d'autres histoires, mais en plus il risque, en répétant à l'infini la visualisation des mêmes scénarios, de transformer la réalité.

Dites-lui de n'être ni le touriste ni le plaignant de sa vie mais l'*acteur engagé*. Une simple stratégie d'adaptation est une fuite face à un assujettissement « dépassable ». Il faut souffrir pour devenir beau à l'intérieur, et la souffrance, à condition d'en sortir, vaut mieux que l'évitement, la soumission ou l'agression face au problème. Dites-lui qu'il lui appartient de contenir sa vulnérabilité pour aller pas à pas vers des lendemains meilleurs, avec ou sans l'autre.

Dites-lui qu'il est un humain libre d'être et non plus un être obligé de faire, qu'il peut apprendre l'équilibre entre donner et recevoir et qu'il n'a pas à sacrifier son équilibre individuel au profit d'un équilibre collectif. Et que même si tout va trop vite, même si maintenir la tête hors de l'eau est de plus en plus difficile, il peut éviter de tomber dans le piège d'une société individualiste qui fabrique de l'abandon comme on fabrique de la modernité. Qu'il peut cesser d'être attiré par les extrêmes et ne plus se polariser. Qu'il a comme tout un chacun des parts sombres à accepter comme étant une partie de lui vivante. Qu'il puisse à son tour dire un jour : « Je suis bien dans ma vie même si parfois je suis anxieux », ou bien « Je suis heureux dans ma vie même si parfois je suis triste. »

Dites-lui que la volonté est indispensable au changement et qu'elle permet d'avoir la confiance en soi nécessaire pour jouer avec une vie qui se révèle finalement enthousiasmante si on le veut bien. La volonté s'apprend. Voilà longtemps que psychologues, sociologues, philosophes s'interrogent et se divisent sur l'appartenance des comportements à l'inné ou à l'acquis. Est-ce fondamental ? Dites-lui que l'acquis et l'inné se mélangent et font ce que nous sommes aujourd'hui, dans le ici et maintenant. S'il peut cerner ses failles personnelles d'une part et identifier l'origine de son assujettissement d'autre part, tant mieux ; cela lui permettra de comprendre. *Mais si cette compréhension de l'histoire est importante, la volonté de changer est essentielle.* Changer sans le vouloir vraiment est impossible ; c'est croire au miracle !

Dites-lui que la curiosité est essentielle, source de nouveauté, elle-même source de créativité et d'accomplissement de soi. De la curiosité ? Il en a sans doute mais n'ose l'utiliser car on pourrait le surprendre et le juger. Dites-lui qu'il a du temps pour être curieux et chercher un sens à sa vie maintenant qu'il devient une priorité pour lui-même ; ce faisant, il n'a plus à s'efforcer de retirer la paille de l'œil du voisin alors qu'une poutre l'aveugle.

Dites-lui qu'un jour ou l'autre, l'assujetti ne se résigne plus. À rien, ni à personne. Peut-être même pas à la maladie et à la mort. Mais ça, c'est une autre histoire !

Dites-lui d'être fou, de se laisser emporter par une belle folie, d'être plein d'envie et de vie…

Les âmes apaisées transportent la lumière vers demain,
une lumière d'horizon…

Bibliographie

ANDRÉ, Christophe et François LELORD. *L'estime de soi*, Paris, Odile Jacob, 2008.

________________. La force des émotions, Paris, Odile Jacob, 2003.

BANDURA, Albert. *Les nouveaux psys*, Paris, Les Arènes, 2008.

BARDOT, Éric. *Séminaire de formation à l'hypnose et techniques stratégiques par les mouvements alternatifs (HTSMA)*, Sanary, 2010.

________________. « Prise en charge de la douleur par les mouvements alternatifs : HTSMA et fibromyalgie » dans Yves Doutrelugne, *Thérapies brèves : situations cliniques*, Issy-les-Moulineaux, Masson, 2009.

BARLOW, David. *Les nouveaux psys*, Paris, Les Arènes, 2008.

BATESON, Gregory. *La nature et la pensée*, Paris, Seuil, 1979.

BOWLBY, John. *Attachement et perte*, Paris, PUF, 1978.

CASTILLO, Michel. *La guitare*, Paris, Seuil, 1998.

CLONINGER, Robert. *Les nouveaux psys*, Paris, Les Arènes, 2008.

COTTRAUX, Jean. *Thérapie cognitive et émotion*, Issy-les-Moulineaux, Masson, 2007.

________________. *La répétition des scénarios de vie*, Paris, Odile Jacob, 2001.

CSIKSZENTMIHALYI, Mihaly. *La créativité, psychologie de la découverte et de l'invention*, Paris, Robert Laffont, 2006.

CYRULNIK, Boris. *Parler d'amour au bord du gouffre*, Paris, Odile Jacob, 2007.

________________. *De chair et d'âme*, Paris, Odile Jacob, 2006.

________________. *Le murmure des fantômes*, Paris, Odile Jacob, 2005.

_______________ . *Les nourritures affectives,* Paris, Odile Jacob, 1993.

DAMASIO, Antonio. *Le sentiment même de soi,* Paris, Odile Jacob, 1999.

_______________ . *L'erreur de Descartes,* Paris, Odile Jacob, 1995.

DARWIN, Charles. *L'expression des émotions chez l'homme et les animaux,* Paris, Rivage, 1872.

DOLTO, Françoise. *Paroles pour adolescents,* Paris, Le Livre de poche, 1989.

DOUTRELUGNE, Yves. *Thérapies brèves : situations cliniques,* Issy-les-Moulineaux, Masson, 2009.

EASTERBROOK, Gregg. *The Progress Paradox,* Random House, 2003.

EKMAN, Paul. *Emotion Revealed : Recognizing face and feelings to improve communication and emotional life,* Times Books, 2003.

ERICKSON, Milton. *Ma voix t'accompagnera,* Paris, Hommes et groupes, 1986.

FRANKL, Viktor E. *Découvrir un sens à sa vie avec la logothérapie,* Montréal, Les Éditions de l'Homme, 2006.

FREUD, Sigmund. *Trois essais sur la théorie sexuelle,* Paris, PUF, 2010.

_______________ . *Le Moi et les mécanismes de défense,* Paris, PUF, 2001.

_______________ . *Névrose, psychose et perversion,* Paris, PUF, 1979.

GOLEMAN, Daniel. *L'intelligence émotionnelle,* Paris, J'ai lu, 1997.

GOUNELLE, Laurent. *L'homme qui voulait être heureux,* Paris, Anne Carrière, 2008.

HALEY, Jay. *Un thérapeute hors du commun : Milton H. Erickson,* Paris, Épi, 1984.

HALMOS, Claude. *Pourquoi l'amour ne suffit pas,* Paris, Pocket, 2008.

HERFRAY, Charlotte. *Vivre avec autrui… ou le tuer !,* Toulouse, Érès, 2009.

ISRAËL, Lucien. *Cerveau droit, cerveau gauche,* Paris, Plon, 1999.

JURANVILLE, Françoise. *Les caprices de l'inconscient,* Paris, Larousse, 2009.

KAGAN, Jérôme. *Les nouveaux psys,* Paris, Les Arènes, 2008.

KUNDERA, Milan. *Le livre du rire et de l'oubli*, Paris, Gallimard, 1985.
LEDOUX, Joseph. *Les nouveaux psys*, Paris, Les Arènes, 2008.
________________ . *Neurobiologie de la personnalité*, Paris, Odile Jacob, 2003.
LE GOFF, Jean-Pierre. *La barbarie douce*, La découverte, 2003.
MASLOW, Abraham. *Être humain, la nature humaine et sa plénitude*, Paris, Eyrolles, 2006.
________________ .*Vers une psychologie de l'Être*, Paris, Fayard, 1972.
MEGGLÉ, Dominique. *La dépression*, Paris, Presses de la renaissance, 2002.
MEHRAN, Firouzeh. *Thérapie cognitive et émotion*, Issy-les-Moulineaux, Masson, 2007.
MELMAN, Charles. *L'homme sans gravité*, Paris, Gallimard, 2005.
NABATI, Moussa. *Guérir son enfant intérieur*, Paris, Le Livre de poche, 2009.
PINK, Daniel. *L'homme aux deux cerveaux*, Paris, Robert Laffont, 2007.
ROSENTHAL, Robert. *Les nouveaux psys*, Paris, Les Arènes, 2008.
ROTH, Gabrielle. *La danse des cinq rythmes*, Paris, Le Courrier du livre, 2009.
SALOMÉ, Jacques. *À qui ferais-je de la peine si j'étais moi-même ?*, Montréal, Les Éditions de l'Homme, 2008.
SELIGMAN, Martin. *La force de l'optimisme*, Paris, Interédition, 2008.
SELLAM, Salomon. *Le syndrome du gisant*, Saint-Drézéry, Éditions Bérangel, 2003.
WATZLAWICK, Paul. *Faites vous-même votre malheur*, Paris, Seuil, 1983.
WATZLAWICK, Paul et Giorgio NARDONE. *Stratégie de la thérapie brève*, Paris, Seuil, 2000.
WERBER, Bernard. *Le livre secret des fourmis*, Paris, Albin Michel 1997.
WINNICOTT, Donald W. *L'enfant et sa famille*, Paris, Payot, 2002.
YOUNG, Jeffrey E. *La thérapie des schémas, approche cognitive des troubles de la personnalité*, Bruxelles, De Boeck, 2005.

Informations pratiques

Le **Centre d'Hypnose et de Thérapies Brèves** a pour objectif de comprendre le « pourquoi » des dysfonctionnements cognitifs et émotionnels, mais aussi et surtout d'élaborer des solutions à mettre en place « ici et maintenant » en vue d'un changement.

Coordonnées du centre :
14, rue Loire 26100 Romans-sur-Isère (France)
Tél. : 04 75 02 55 40
Site : www.therapies-hypnose.com

Le **Centre de Gestion des Émotions** propose des ateliers, des stages et diverses autres formes d'échanges et de rencontres offrant à chacun et chacune la possibilité de réguler ses émotions, de reprendre contact avec sa force d'action afin de faire les meilleurs choix le concernant, de développer son pouvoir d'expression, sa créativité et son humour en augmentant sa confiance en soi et en les autres.

Coordonnées du centre :
14, rue Loire 26100 Romans-sur-Isère (France)
Tél. : 04 75 02 55 40
Site : www.gestion-emotions.com

Suivez toute l'actualité de Thierry Gaubert sur
www.thierry-gaubert.com

Table des matières

SUIVEZ LES ÉDITIONS DE L'HOMME SUR LE WEB

Consultez notre site Internet et inscrivez-vous à l'infolettre
pour rester informé en tout temps de nos publications
et de nos concours en ligne. Et croisez aussi vos auteurs préférés et
l'équipe des Éditions de l'Homme sur nos blogues!
EDITIONS-HOMME.COM

Achevé d'imprimer au Canada
sur papier Enviro 100% recyclé